Lucía, mi pediatra

DRA. LUCÍA GALÁN BERTRAND

LOS VIRUS NO ENTRAN POR LOS PIES

El libro que derriba todos los mitos sobre la salud física y mental de niños y familias

Planeta

A Carlos y Covi.
Ellos.
Siempre.

Av. Diagonal, 662-664, 08034 Barcelona
www.planetadelibros.com

Ilustraciones del interior: © Jesús Sanz

Diseño y maquetación: Rudy de la Fuente

Primera edición: febrero de 2024
Quinta impresión: junio de 2024
Depósito legal: B. 869-2024
ISBN: 978-84-08-28345-4
Preimpresión: J. A. Diseño Editorial, S. L.
Printed in Spain – Impreso en España

ÍNDICE

PRÓLOGO

El porqué de este libro

Gracias por estar aquí leyendo. Eso es que tienes curiosidad... y la curiosidad es grandiosa; la curiosidad nos mantiene vivos.

—Mamá, ¿por qué cae agua del cielo? —preguntó en una ocasión mi hijo Carlos con cuatro años cuando, veraneando en Asturias, salió al jardín, levantó la vista, abrió los brazos y, con esa inocencia propia y única de la infancia, por primera vez en su corta vida fue consciente de lo que era la lluvia—. ¿Y por qué el agua moja? —continuó en su análisis.

—¿Por qué sentir duele? —dijo en otra ocasión entre lágrimas, con las dos manos sobre su pequeño corazón, ante la que sospecho fue su primera gran decepción con la vida.

—Mamá, he descubierto que si estoy nervioso mi corazón late más deprisa. ¿Eso por qué sucede?

—¿Y por qué si estoy nervioso me sudan las manos, pero si corro me suda el resto del cuerpo y las manos, no?

—¿El cielo existe de verdad, mamá? Cuando las personas se mueren, ¿de verdad suben al cielo? No me mientas, mami, necesito saberlo —me dijo a sus seis años cuando empezó a aterrizar en la vida real, la de verdad, la que tenemos frente a nosotros, la única de la que disponemos.

Y mientras mi hijo Carlos se debatía en preguntas sobre la existencia humana, sobre la vida y la muerte y sobre los miedos propios y ajenos, mi hija no se quedaba atrás:

—¿Por qué hay mañanas en las que se ve el sol y la luna al mismo tiempo y mañanas en las que no?

—¿Por qué cuando hace frío sale humo de la boca? ¡Mami, mira! —preguntaba cada mañana mientras sacaba su carita enterrada en su bufanda rosa.

—Mamá, tú cuando hablas con una persona, ¿primero le miras al ojo izquierdo y luego al derecho o al revés? ¿O le miras solo a un ojo? ¿A cuál? —Y es que, antes de que pudiera pensar en la respuesta, me soltaba—: Mami, ¿qué prefieres: quedarte calva o quedarte sin cejas?

—Y si tuvieras que decirme siete lugares en los que has estado y a los que nunca volverías, ¿cuáles serían? Pero, espera, antes de que me contestes, ¿cuáles son tu tercera y cuarta mejor amiga?

Hermanos y diferentes hasta en la forma de preguntar, que no en la curiosidad, porque la curiosidad es innata en el niño. Y es maravilloso.

Los años han pasado y la profundidad de sus preguntas no ha hecho más que crecer al mismo ritmo que sus ganas de seguir explorando...

—Mamá, ¿crees que el universo es finito o infinito? —me sorprendió Carlos, con quince años, anoche mientras preparaba la cena y yo me debatía entre ensalada de arroz o pechugas a la plancha con tomate trinchado.

—¿Y por qué eres tan guapa? —me sigue preguntando ahora Covi a sus catorce preciosos años, mientras me mira encandilada y me acaricia el pelo.

—No soy tan guapa, tú me ves guapa —le contesté entre risas mientras ella fruncía el ceño y musitaba:

—No. Eres guapa y punto.

¿En qué momento los niños, o los jóvenes, o quizá los adultos perdemos esa curiosidad innata con la que nacemos? ¿Quizá porque lo más sencillo es callar y acatar las normas? ¿Quizá porque lo que espera todo el mundo de los niños es que estén calladitos y no molesten?

—Ay, Lucía, hija, deja ya de preguntar, que es que no callas —me dijo una vez un profesor en el colegio entre las carcajadas hirientes de mis compañeros.

—Pues ¿qué pasa? Si tengo dudas, tendré que preguntarlas, ¿no? Para algo vengo al colegio —contesté un tanto irreverente y ofendida frente a aquel profesor al que no le gustaba que nadie interrumpiera el curso de la clase.

¿Qué hubiese sido de la humanidad si no nos hubiésemos hecho preguntas? Si no hubiésemos cuestionado lo que nuestros mayores nos decían, lo que nuestros propios ojos veían o lo que nuestros sentidos sentían.

Y es que ya lo decía Sócrates:

«La ciencia humana consiste más en destruir errores que en descubrir verdades».

Dicho de otro modo, más de 2.000 años después, por Julio Verne:

«La ciencia se compone de errores, que, a su vez, son los pasos hacia la verdad».

Y hoy me siento aquí, tras casi veinte años de profesión como pediatra, en los que no ha habido ni un solo día en consulta en el que no haya escuchado:

Pues de toda la vida se ha hecho así y nunca ha pasado nada

Sí ha pasado, sí. Claro que ha pasado, lo que ocurre es que tú lo desconoces.

De toda la vida hemos viajado con tropecientos chiquillos ahí detrás en el coche y mira qué felices y lozanos estamos todos aquí

Estáis bien y lozanos los que sobrevivisteis. Los que sobrevivimos, ojo, que yo también hacía esos viajes de niña en el asiento de atrás durante horas con mi hermano y mis primos, sin cinturón de seguridad y por unas carreteras asturianas que en nada se parecen a las actuales. Era lo que había. Efectivamente. Pero eso no lo convierte en lo mejor.

Es más, en las tres últimas décadas, entre los años 1990 y 2019, el número de niños de cero a catorce años fallecidos cada año como consecuencia de accidentes de tráfico descendió de 307 hasta 32, es decir, una reducción del 90 %. Dicho de otro modo, por cada diez niños que fallecían en la carretera en España en 1990, hoy únicamente pierde la vida uno, y ya me parece mucho también.

De toda la vida se ha dado un cachete a tiempo y ningún niño ha salido traumatizado

No que tú hayas conocido. Los adultos con una infancia traumática no lo llevan escrito en la frente. Además, está ampliamente demostrado el impacto negativo —e incluso en ocasiones devastador— que produce la violencia en el hogar en el desarrollo de un niño. Y sí, dar cachetes, pellizcos, tirones de pelo y tortazos a mano abierta es violencia, lo mires por donde lo mires.

De toda la vida se ha mojado el chupete en un poco de miel para calmar a los bebés y ninguno se ha muerto

Ningún niño que tú hayas conocido se ha muerto, dirás. Porque lo cierto es que sí, se morían. A mí casi se me muere un paciente, de hecho. Fíjate lo que son las cosas. Es lo que tiene ser pediatra, que vemos lo que otras personas no ven.

Bebé de tres meses que llega a la puerta de urgencias somnoliento, sin capacidad de agarre al pecho de su mamá, en un estado de semicoma que nos puso en alerta nada más verlo. Tras días de estudio, pruebas e infinidad de horas dándole vueltas a aquel bebé, al fin llegó el diagnóstico: botulismo. Su mamá, en un intento de calmar el cólico del lactante, mojaba el chupete en miel y, como por arte de magia, el bebé se calmaba. Hasta que un día no se despertó a la hora habitual, no lloraba y no podía ni abrir los párpados con normalidad.

Botulismo, queridos míos, una infección muy poco frecuente, pero grave, causada por una toxina que libera una bacteria llamada *Clostridium botulinum*. Esta bacteria habita en el suelo, en las aguas contaminadas, en los botes de conservas caseros en mal estado, en los alimentos mal enlatados o conservados y en la miel casera. Cuando las esporas de esta bacteria entran en contacto con el intestino del bebé, se reproducen y pueden provocar la famosa toxina botulínica, afectando al sistema nervioso del bebé. Esto provoca una parálisis muscular descendente, que empieza por los músculos de la cara (de ahí la dificultad de este bebé para abrir los ojos) y que va progresando hasta afectar a los músculos necesarios para respirar, provocando, en último término y si no se diagnostica a tiempo, la muerte del paciente.

En Estados Unidos se diagnostican cada año entre 80-100 casos y, aunque es una enfermedad rara, puede resultar muy grave, como veis. Afortunadamente, una vez que el sistema intestinal de los bebés madura, en torno al año de vida, aunque ingirieran esta bacteria, sería excepcional sufrir esta enfermedad, ya que el propio organismo podría eliminarla sin apenas darnos cuenta. Por eso los pediatras nos ponemos tan pesados con lo de que la miel está prohibida en los niños menores de un año.

Así que aquí me tienes, la que fue una niña preguntona, una jovencita preguntona, una estudiante de Medicina preguntona y hoy una mujer adulta preguntona.

—¿Quieren postre?

—Hmmm, sí, una pregunta: ¿la tarta de queso es de horno o de nevera?

—De nevera.

—Pero... ¿lleva mermelada de frambuesa y galleta en la base?

—Sí.

—Hmmm, qué rica. Bueno, pues póngame una menta poleo.

Y es que lo que mucha gente aún no entiende es que todos los niños y niñas —y algunos pocos adultos preguntones que quedamos por ahí— preguntamos por el puro placer de saber, y ya está, sin más.

PRIMERA PARTE

Mitos de hoy y de siempre

1

Babymitos: la ramita de geranio por el culete y otras genialidades

Aunque *a priori* te puedas sentir abrumado o abrumada por el exceso de información, te puedo asegurar que siempre es mejor saber que no saber, que el conocimiento no es solo poder, sino que es control y es calma. Y esto, en la maternidad y paternidad, vale oro. Ahora mismo, afortunadamente, contamos con muchos medios y recursos para no tener que creer a pies juntillas lo que nos dice el curandero, nuestras abuelas, vecinas o suegras, aunque estas lo hagan desde la mejor de sus intenciones.

Los mitos en torno a los bebés son algo que genera entre risa, miedo y ansiedad: «Yo lo voy a hacer, no vaya a ser...». Pero es que estas creencias populares se han extendido también al terreno emocional, con frases tan demoledoras como «Déjalo llorar, que así se acostumbra», tirando por la borda la teoría del apego —sostenida por los más importantes psiquiatras de nuestro tiempo— y que confirmó desde hace años que un niño sano a nivel mental ha recibido desde pequeño un apego seguro. Y eso consistía en sentir seguridad de sus progenitores, ¡no en que lo dejaran llorar o en que se negaran a cogerlo en brazos!

RECIÉN LLEGADA DEL HOSPITAL

Acabas de llegar del hospital y, lejos de tener la sensación de estar en tu lugar seguro, resulta que de pronto te asaltan las dudas. «¿Qué fue lo que me dijo la pediatra? ¿Y aquella enfermera que fue tan agradable? ¿Qué era aquello tan importante que me comentó la otra madre que dio a luz conmigo? Pero... ¿y esto que le está pasando al bebé es normal? ¿Tendrá hambre? ¿Estará estreñido? ¿Y este hipo? ¿Y por qué llora?» Y en un abrir y cerrar de ojos de pronto sois conscientes de que por primera vez os encontráis solos con una criatura que depende cien por cien de vosotros. ¡Menuda responsabilidad!

Claro, acabas de tener un bebé y no paras de llorar. ¡Eso son las hormonas!

Las hormonas, ¿verdad? Ya. Las hormonas y el cansancio, el agotamiento, la falta crónica de sueño, el miedo atroz a que a mi bebé le pase algo, todo lo que hemos oído y leído sobre el síndrome de la muerte súbita del lactante, la fiebre, las vacunas, la próxima cita médica, la angustia al mirarme al espejo y no reconocerme, la barriga que aún me queda y de la que dudo seriamente que vaya a desaparecer algún día, la ingurgitación de mis pechos, el dolor de la episiotomía... **¡Por el amor de Dios! ¿Cómo puede doler algo tanto?**

Las hormonas, ¿verdad? Ya. Y la sensación de soledad, de incomprensión, de frustración, de angustia a veces, de sentir que nadie te entiende y que, aunque lo intenten, no los sientes cerca..., de tener sentimientos encontrados hacia tu pareja, hacia tu familia, hacia la familia de tu pareja. **Por favor, ¿me estaré volviendo loca?**

Las hormonas, ¿verdad? Ya. Y el estreñimiento y el dolor solo de pensar que un día de estos tengo que armarme de valor e ir al baño para soltar lo poco o lo mucho que he comido estos días. Y es que tan solo de pensarlo me echo a llorar. Sí, deben de ser las hormonas y también el llevar más de tres semanas sangrando «por ahí abajo» sin parar, repito, sin parar. **¡Harta estoy ya de compresas y curas y puntos y entuertos! ¿Es que esto no va a parar?**

Las hormonas, ¿verdad? Ya. Y las visitas no esperadas, y el «Pero ¿a ti qué bicho te ha picado hoy? Estás un poco irascible, ¿no crees?»; los comentarios de la suegra, la madre, la amiga, la cuñada y la vecina. Los «deberías, tendrías y por qué no haces...». Los comentarios desafortunados del pediatra de turno que te hace sentir la peor madre del universo, de la vecina en el ascensor: «Uy, pues si parece que aún lo llevas dentro», del «Pues el mío a tu edad ya dormía toda la noche» o del «Este bebé pasa hambre». **¡Que me importa un pimiento tu opinión!**

Las hormonas, ¿verdad? Ya. Y las fotos no solicitadas, y que se asomen al carro y lo despierten y lo toquen, cansada de los que lo cogen incluso en brazos y le hablan como si fuera su hijo, de los besos ajenos en sus manitas, en sus pies, en su cabeza.

Déjame decirte algo, y ahora soy yo, Lucía, la que te habla; la mujer que ha pasado por donde tú estás ahora en dos ocasiones junto a sus hijos y junto a cientos de mujeres a lo largo de casi veinte años de profesión. He de confesarte que no fue hasta que tuve a mis hijos en brazos cuando tomé conciencia de lo solas que estábamos, de lo poco que se nos prepara, de la incomprensión que existe a nuestro alrededor y de la cantidad de juicios de valor que una recibe como dardos envenenados directos a donde más duele. Me apena ver que, a pesar de haber escrito ríos de tinta sobre ello y de abrazar a cientos de recién mamás en su proceso, el sentimiento de miles de mujeres sigue siendo el mismo, incluso en ocasiones más duro aún, debido a comentarios injustos y crueles que se leen en redes sociales y que ponen nuestro cuerpo de nuevo en el centro de todo.

—¿Y tú cómo estás? —les pregunto siempre a las recién mamás cuando llegan a consulta con sus bebés de apenas unos días en brazos.

—Ay..., ¿me preguntas a mí? —me contestó sorprendida María la semana pasada, como si mi pregunta la hubiese pillado por sorpresa.

—Sí, te pregunto a ti, porque el bebé ya sé que está bien. Pero ¿y tú, cielo? ¿Cómo lo llevas? —insistí de la forma más suave, empática y compasiva de la que fui capaz.

María tomó aire, miró a su pareja, le hizo una caricia y después se tapó la cara con la mano, pues con el otro brazo sostenía a su bebé, ajeno al tsunami que estaba sufriendo su madre, y se echó a llorar.

—El bebé, el no dormir, el pecho..., estoy agotada, Lucía, no puedo más. El miedo que tengo a hacerlo mal, el no saber qué le pasa cuando llora... y esta barriga. Ayer me preguntó una vecina que cuándo salía de cuentas —dijo señalándose la barriguita propia de una mujer que acaba de dar vida.

—Mira, María —le dije extendiendo mi mano para que me la cogiera y pudiera sentirme aún más cerca—, el posparto es un proceso muy complejo en el que intervienen muchos factores y recuperar nuestra figura o deshacernos de nuestras barrigas no es primordial. **Lo más importante ahora es mantener tu salud mental a salvo.** Esto es lo único que importa en el posparto. Hay mujeres que recuperan la figura sin hacer apenas nada, las hay que se quedan con unos kilos de más durante años, las hay que tras mucho esfuerzo y ejercicio logran volver al punto de inicio y las hay que asumirán que su cuerpo ha cambiado y no volverá a ser el mismo. Y ¿sabes qué? Todo está bien. **Somos diversas y diferentes y nuestros cuerpos y procesos también lo son.**

Cuidemos nuestros cuerpos (con barriga o sin ella, con estrías o sin ellas, con el pecho más o menos caído), pero, sobre todo, cuidemos nuestros cerebros.

»Escúchame bien, María, es nuestra mente la que nos salvará de las crisis que atravesemos, no la báscula. Será tu fortaleza mental, tu equilibrio emocional y tu resiliencia los que actúen como salvavidas; ahí es donde tenemos que poner toda nuestra atención y todo nuestro amor. En cuidar y salvaguardar esa parte tan importante de nosotras mismas, nuestra salud mental. Tu barriguita a mí me da igual, María. Yo no veo barrigas cuando entráis por la puerta de la consulta, yo veo a mujeres, algunas arrasadas, que acaban de traer al mundo a un bebé y que os encontráis en el momento más vulnerable de vuestra vida.

Su pareja escuchaba atentamente, asintiendo con la cabeza y apretando con fuerza la mano temblorosa de María que yo había soltado hacía unos segundos, en señal de «Cariño, estamos juntos en esto». Aquella escena me conmovió. Lo miré, sonreí tímidamente con los labios sellados y asentí a cámara lenta mientras mis ojos humedecidos le decían: «Gracias. Esto justamente es lo que necesita».

Vaya por delante que mi obligación como pediatra es promover estilos de vida saludables, y eso es lo que hago: pero que no giren en torno a nuestros kilos, os lo pido por favor. Cultivemos nuestras mentes, ellas son las que nos hacen verdaderamente FUERTES, PODEROSAS Y CAPACES.

¡¿Queréis dejar de tocar y besar a mi bebé?!

—Ay, cómo te pones. Es que las hormonas te están volviendo loca.

Las hormonas, ¿verdad? Ya. Eso y no tener ni un minuto para ducharme tranquilamente, para mirarme al espejo, para hacer algo que no tenga que ver con el bebé, sus cuidados, la casa y la tormenta de todo aquello que retumba en mi cabeza: queda con tus amigas, haz cosas, duerme mientras el bebé duerme, no entres en internet, cuídate, piensa en ti... **¡Basta ya! Dejadme en paz.**

Quizá sean mis hormonas, las mías, sí, más todo lo demás. ¿Te parece poco? Pues hablemos con propiedad: hormonas, no, esto se llama POSPARTO y en muchas mujeres es un horror.

Es un horror, pero afortunadamente pasa... Sí, todo pasa y esto también.

Tres frases mágicas que le puedes regalar a cualquier mujer que está en este justo momento:

¿En qué te puedo ayudar?

¿Qué necesitas?

Cuenta conmigo...

Ya está, no es tan complicado, ¿verdad? Y es que en este momento vital lo único que necesita una recién mamá es... que le hagan la vida más fácil.

Mis consejos para la mamá

- Tranquila, todo pasa. Esto es normal. No te culpes.
- No te hagas preguntas profundas, no tomes decisiones trascendentales, vive día a día.
- La casa puede esperar. Siempre. Lo primero, tu bebe y tú, lo demás, cuando se pueda.
- ¿Tienes ganas de llorar? Llora. Está bien, no pasa nada. Todo está bien.
- Busca apoyos, haz tribu. Rodéate de las personas que tú elijas que te hagan sentir mejor. No lo vivas sola.
- Date tiempo, sal a pasear todos los días... Os vendrá fenomenal a ti y a tu bebé.
- Y, por último, si pasado un mes sigues llorando, sigues abatida, cansada, triste, si tienes pensamientos extraños hacia ti misma o hacia tu bebé que te angustian y te impiden avanzar, si no ves salida, por favor, busca ayuda profesional con un psicólogo o un psiquiatra. Están ahí para ayudarte y lo harán.

Mis consejos para la pareja, cuando la hay

- No busques conflicto ni enfrentamiento.
- Intenta ponerte en su lugar, sé que es difícil, pero inténtalo.
- Hazle la vida fácil, solo necesita eso.
- Día a día estará mejor. Volverá a ser ella.
- Confía en ella y en el amor que os ha llevado a este lugar en el que estáis ahora: ¡vuestro primer hijo! ¡Es grandioso!
- Si pasado un mes sigue triste, abatida y llorando a diario, busca ayuda profesional, podríamos estar hablando de una depresión y esto es algo muy serio.
- ¡Ánimo! ¡Lo lograréis!

¿Salimos a la calle desde el primer día?

Sí, si a ti te apetece. No hay justificación médica alguna que impida sacar a un bebé recién nacido a la calle a pasear: es más, deberíamos recetarlo al alta de la maternidad.

«¡Es que con este frío!»

Como me decía mi madre: no hay frío, hay ropa inadecuada.

Y así es: ¿sabías que en buena parte de los países del norte de Europa sacan a los bebés a dormir la siesta en su carrito, bien abrigaditos, a la puerta de casa o de la escuela infantil, para que estén en el exterior?

Y es que los niños, incluidos los bebés, donde se resfrían, donde cogen las distintas infecciones respiratorias, no es al aire libre: es en el interior de las casas, junto a otros niños, o, por supuesto, en el interior de los colegios y escuelas infantiles, donde necesariamente conviven decenas de niños, todos ellos muy juntitos en espacios no siempre amplios y no siempre ventilados.

CHUPETE Y DIENTES

El chupete es el demonio

Ni es el demonio ni está aquí para solucionar todos nuestros problemas. Cómo nos gusta polarizar el mensaje. Cómo venden los extremos, ¿verdad? Parece que la vida se resume en amor u odio, en todo o nada, en bueno buenísimo o peligro de muerte. Y lo cierto es que casi nada en este mundo se rige por estas ideas radicales.

Vayamos con el chupete: amado por unos, proscrito por otros. Pues ahora veréis que ni una cosa ni otra.

Pónselo desde el primer día, así se acostumbrará

Pues depende. Si es una lactancia materna, recomendamos esperar hasta que esté bien establecida, cosa que suele ocurrir entre la segunda y la cuarta semana. ¿Y eso por qué?, os preguntaréis. Por lo que llamamos la *confusión del pezón*. El bebé que está amamantado succiona el pezón de una forma que se aleja mucho de la forma en la que se succiona el chupete, y esto puede confundir al bebé y traer como consecuencia un mal agarre y, en último término, un abandono de la lactancia materna porque el bebé no termina de encontrar la forma de hacer una succión efectiva del pecho de mamá. Es por ello que se recomienda esperar al menos de dos a cuatro semanas, momento en el que vosotras mismas reconocéis y sabéis que vuestro bebé ya es una fiera mamando y no habrá chupete que logre que se olvide de la teta.

Si, por el contrario, se trata de una lactancia adaptada o —por el motivo que sea— se le da la leche en biberón, no hay inconveniente en ponérselo desde el nacimiento.

Jamás de los jamases, que le deforma el paladar

Pues, de nuevo, depende. El chupete puede ser la causa de malformaciones orales si su uso se alarga más allá de los 18-24 meses. Sobre todo, más allá de los 24 meses. Pero antes de los 18 meses, el chupete tiene un efecto tranquilizador, calmante, los ayuda a relajarse y de hecho está descrito como un factor de protección en el síndrome de la muerte súbita del lactante durante los primeros seis meses de vida. Por lo tanto, no lo demonicemos y aprendamos a usarlo.

La regla de los cinco segundos: si se cae al suelo y está menos de cinco segundos en contacto con el suelo, no se contamina

Esto no es así. Se puede contaminar igualmente. No hay un tiempo mínimo de contacto con el suelo que garantice esterilidad; de hecho, tampoco el chupete es estéril. Es evidente que, cuanto más tiempo esté en el suelo y cuanto más sucio esté este, más riesgo de contaminación; pero de ahí a asegurar que si han pasado menos de cinco segundos, no se ha contaminado, hay un largo camino. Si se cae al suelo, debemos recogerlo y lavarlo con agua y jabón. Meterlo en nuestra boca para limpiarlo tampoco es la mejor de las opciones, que os veo venir... Agua y jabón de toda la vida.

Entonces, ¿qué debemos saber del chupete?

Cinco datos muy sencillos:

1. El uso de chupete durante el sueño parece ser un factor de protección frente al síndrome de muerte súbita del lactante.
2. El chupete consuela, calma, relaja y ayuda a conciliar el sueño, de ahí que en inglés se llame *pacifier* ('pacificador').
3. Si estás con lactancia materna, no se lo debes ofrecer hasta que la lactancia esté bien instaurada, cosa que suele ocurrir entre la tercera y la cuarta semana. De este modo evitaremos la llamada *confusión del pezón,* que podría poner en riesgo la continuidad de la lactancia materna.
4. Evita los chupetes grandes de bola, «de cereza», son los que más riesgo de problemas orofaciales producen; el chupete, cuanto más pequeño, mejor.
5. A los 18 meses le decimos adiós al chupete para evitar problemas en la estructura de la boca y la dentición.

Los dientes, ay, los dientes...

Nunca nada tan pequeño había generado tantos bulos. Ríos de tinta se han impreso a causa de los mitos con respecto a la dentición.

Bebé de seis meses.

—Si es que, pobrecito, está desesperado, de-ses-pe-ra-do.

—¿Desesperado el bebé? ¡No me digas! ¿Qué le pasa?

—Los dientes. Rabia de dolor. Si es que esto es inhumano.

¿Conocéis el *emoji* de la carita con ambos ojos mirando hacia arriba en busca de un argumento que no hiera la sensibilidad de nadie? Pues ese mismo.

—No, mujer, los dientes no duelen tanto como dicen. De hecho, los estudios que hay publicados hasta la fecha afirman lo contrario: que pueden generar una ligera molestia, pero nunca deben ser la causa ni de un llanto exagerado y continuado, ni de rechazo de la alimentación ni de la pérdida de peso. Ni siquiera de la fiebre.

—Pero ¿qué me estás contando? ¿Me estás diciendo de verdad que los dientes no dan fiebre?

—Sí, así tal cual. Los dientes no dan fiebre.

—Me has dejado muerta.

Y es entonces cuando a tu mente viene el meme de «*emosido* engañados».

Pues no, queridos míos, los dientes no dan fiebre. Ante la elevación de la temperatura por encima de los 38 °C en un bebé debemos buscar la causa fuera de la erupción dental.

Es más, os dejo aquí las conclusiones de esta interesante revisión sistemática publicada que recoge los resultados de los últimos cien artículos más relevantes de los últimos cinco años:

> Los síntomas y signos más frecuentemente detectados fueron irritación gingival, irritabilidad y babeo. Otros, de mayor a menor frecuencia, fueron pérdida de apetito, sueño inquieto, mucosidad, aumento de la temperatura y diarrea. **Ninguno de los síntomas o signos referidos es específico de la erupción dentaria primaria y atribuirlos a la misma podría retrasar o impedir el diagnóstico de enfermedades coincidentes con la salida de los dientes.**

Además, si la erupción dental doliera, ¿no crees que los niños de dos, tres, cinco, seis años que aún siguen dentando nos lo dirían? Y mira que son grandes los dientes que les salen cuando se les caen los de leche. Pero la realidad es que rara vez el niño de seis años al que se le han caído las paletas te dice:

—Uy, me están saliendo los dientes definitivos y lo cierto es que me duele, mamá.

No, esto no sucede. O al menos, no de forma generalizada.

Sí puede haber una ligera inflamación de las encías, como es lógico, y secundariamente a esa inflamación puede aumentarse algo el babeo, pero nada más.

—Ya, ya, ya... Y las muelas del juicio, ¿qué? A mí me las tuvieron que quitar por el dolor que me producían.

Cierto. En ese caso, sí. Pero eso ocurre porque en muchas ocasiones no hay espacio suficiente. En otras, el dolor de las muelas del juicio se debe a una ***pericoronaritis,*** que sucede cuando la erupción de la muela no se completa del todo por falta de espacio y queda semicubierta por tejido de la encía. Esto provoca una acumulación de bacterias o restos de comida que provoca infección e inflamación en la encía.

—No sé si me convences, el mío fue empezar a babear a lo grande y justo después le salieron los dientes. ¿Casualidad? Pues no lo creo.

Y aquí es cuando explicamos la diferencia entre **casualidad** y **causalidad.**

Según la RAE, *casualidad* es la combinación de circunstancias que no se pueden prever ni evitar: «Ayer fui a comer a un restaurante al que no había ido nunca en un pueblo remoto de la montaña y me encontré allí a mi amigo de la infancia, que ahora vive en Sudáfrica. ¡Qué casualidad!».

Pues sí. Esto es una casualidad.

Pero ¿y si os digo...?: «Mi hijo fue empezar a comer *pizza* como un loco a los catorce años y de pronto le salieron muchísimos pelos en las piernas y se le llenó la cara de granos. Por Dios, a saber lo que llevan esas *pizzas* hoy en día, hasta hormonas deben de llevar; si ya le digo yo que mucho mejor hacerlas caseras».

¿Es casualidad también, o es **causalidad,** como su madre plantea (*pizza*-pelos-granos)? Pues vamos al origen. ¿Qué ocurre en la adolescencia? El adolescente tiene un apetito voraz porque es una de las etapas de más rápido e intenso crecimiento y transformación. Empiezan a comer de una forma desmedida, las visitas a la nevera son constantes; de hecho, si entras en la habitación de tu hijo adolescente y no está, solo hay dos posibles lugares donde lo puedas encontrar: en el baño, su segundo hogar, o delante de la nevera mirando el interior como un pasmarote con la creencia de que quizá por mirarlo mucho van a aparecer cosas nuevas.

Por supuesto, la visita a la nevera termina con el consiguiente portazo y un:

—¡Es que en esta casa nunca hay nada!

Yo en esto ya no entro, queridos, en la adolescencia también hay que elegir las batallas y esta, creedme, no merece la pena.

Mi actitud cuando escucho esa frase suele ser la siguiente: levanto la vista de mi café, alzo las cejas, lo miro con compasión y digo así, muy bajito:

—Sí que hay, cariño, lo que pasa que no hay las cosas que a ti te apetecen en este preciso instante.

Porque es que, además, en este periodo ocurre algo muy curioso: les apetecen mucho más que antes los ultraprocesados, y cuanto más guarros y pringosos, mejor. Su cerebro está ávido de estímulos diferentes e intensos. Al mismo tiempo que todo esto sucede, comienzan los cambios en su cuerpo: pegan el estirón, les sale vello en las piernas, axilas y genitales, les cambia la voz, huelen a sudor si no se echan desodorante (y a veces si se lo echan también) y muchos de ellos sufren acné. Y todo esto es debido a sus hormonas sexuales, que están en pleno apogeo. Y así debe ser. Pero no es por comer *pizza*, no. Y mucho menos es por las hormonas que llevan las *pizzas*, o el pollo, o la leche.

Causalidad es la ley en virtud de la cual se producen efectos. La causalidad se refiere a la relación causa-efecto de las cosas, los hechos y los acontecimientos. «Nunca me ataba los cordones de las zapatillas de deporte porque me daba pereza hasta que un día, bajando unas escaleras, los pisé, me caí y me partí un brazo.»

Causa-efecto. O, lo que es lo mismo, resoplido y «te lo dije».

Pues bien, volvamos a los bebés. ¿Qué ocurre entre los cuatro y los seis meses de vida de un bebé?

Que la glándula parótida de los bebés, donde se fabrica la mayor parte de la saliva de la boca, empieza a funcionar. El bebé, hasta que se acostumbra a recibir en boca esa cantidad de saliva, la tira, babea. No es hasta pasadas unas semanas que empieza a tragarla de forma natural y espontánea. Si este proceso se produce a la par de la salida de su primer diente, ya lo tenemos.

—¿Ves?, si ya te lo decía yo, eso eran los dientes.

Y hay quienes están con la cantinela de los dientes meses y meses y, claro, cuando al fin salen los dientes, redondo y en botella: «Ves, si ya te lo decía yo».

No hay causalidad, no; lo que hay es casualidad. Hay dos procesos que ocurren al mismo tiempo de forma paralela, pero que **no necesariamente** están relacionados.

—Bueno, dirás lo que quieras, pero mi hijo fue empezar a salirle los dientes entre los siete y los doce meses y cada dos semanas tenía fiebre y se ponía medio malo.

—Hmmm, ¿tu bebé va a la escuela infantil? ¿Tiene hermanos mayores? ¿Estamos en invierno?

—Sí. ¿Y eso qué tiene que ver?

—Pues que los bebés entre los seis meses y los dos años, además de salirles los dientes, contraen diversas infecciones con mucha frecuencia. Y estas infecciones suelen provocar algo de fiebre, irritabilidad y rechazo de la alimentación. Pero el origen, muy probablemente, sean las infecciones y no los dientes.

De nuevo, casualidad no es causalidad.

Sí sería **causalidad** la fiebre 24 horas después de la administración de una vacuna, por ejemplo. O un despeño diarreico tras la toma de un antibiótico. O alteraciones en el carácter de un niño en sus primeros días de cole o de escuela infantil. Causa-efecto.

Esto que parece tan obvio creedme que en la práctica no lo es tanto y tendemos a buscar culpables donde no los hay, tratándose en muchas ocasiones de acontecimientos que suceden al mismo tiempo.

Así que, por cerrar este tema, lo que la evidencia científica nos dice hasta la fecha es que **la erupción dental podría causar cierta irritabilidad leve, cierto babeo leve y limitado e inflamación de las encías. Pero ni fiebres mantenidas, ni diarreas, ni culete rojo, ni trastornos del sueño ni pérdida de peso.**

Rizando más el rizo. Seguro que habéis escuchado alguna vez: «Yo le froto jarabe de paracetamol en las encías para el dolor», y digo yo, cuando te duele la cabeza, ¿también te frotas una pastilla de ibuprofeno en la frente?

Si tu hijo presenta un dolor o malestar lo suficientemente importante, sea del origen que sea, como para precisar un analgésico, dáselo vía oral con la dosis exacta ajustada a su peso, como te haya indicado tu pediatra.

Y si los dientes dan de sí, las cacas, ni os cuento...

CACAS E HIGIENE

Caca verde, caca amarilla, caca negra, caca blanca..., pero ¿esto qué es?

Entendamos que las cacas van cambiando a medida que el bebé va creciendo. Y van cambiando en color, en texturas y en olor. Sí, he de informaros de que llega un día en el que las cacas y los pedos de vuestro hijo o hija huelen. ¡Qué le vamos a hacer!

Que a veces venís escandalizados con el olor de sus pedos, y siento deciros que todo el mundo, toda persona que te pueda venir ahora a la mente, se tira pedos y estos huelen; los de tu bebé, también. Y si sus cacas de repente te huelen a «agrio», como muchas veces nos contáis, no es que tu leche esté agria, no. Libérate de esa culpa, que nada tiene que ver.

El color de las cacas de un niño sano puede variar: negras en los primeros dos o tres días de vida (lo que se suele llamar *meconio*); amarillitas mostaza y líquidas durante la lactancia; churritos marroncitos tipo pasta de dientes cuando empiezan a comer; a veces marrón más oscuro o verde militar, a veces son más gruesas o más pastosas... Tranquilos. Si el bebé está bien, está feliz, contento, come bien, gana bien de peso y tu pediatra está confiada y relajada, no os preocupéis porque un día sus cacas sean de otro color.

Solo resaltamos tres excepciones:

- **Cacas blancas.** Pero blancas, blancas; no marroncito claro, no, blancas. Si vuestro hijo o hija, tenga la edad que tenga, hace deposiciones blancas, hay que consultar, porque esto podría indicar que tiene algún problema hepático.
- **Cacas con hebras de sangre.** Se ven unas deposiciones del color que sea, pero sobre ellas se observan unos hilitos oscu-

ros (hebras de sangre) o a veces manchas rojas, señal clara de que se trata de sangre fresca. En este caso también deberíais consultar, ya que puede ir desde un estreñimiento y que se haya hecho una fisura a una alergia a la proteína de leche de vaca, una enfermedad inflamatoria o una gastroenteritis que haya dañado la mucosa intestinal.

- **Cacas negras.** Pero cuando os decimos *negra,* es negra, negra, como el carbón. En este caso también tenéis que acudir al pediatra, ya que podría ser señal de lesiones o enfermedades intestinales.

Empuja, empuja y empuja y no sale nada. Eso es que está estreñido

—Pobrecito, si es que lo pasa fatal. Dame algo para este estreñimiento, porque no lo puedo ver así.

—Vaya, a ver, cuéntame. El bebé empuja, empuja, empuja, se pone muy rojo, aprieta y cuando por fin logra hacer, la caca... ¿cómo es?

—Pues la verdad es que es medio líquida. Qué raro, ¿no? Lo que hace es blando, a veces incluso líquido.

—Muy bien. Pues ya lo tenemos. Esto no es estreñimiento, esto se llama ***disquecia del lactante*** y no es más que un proceso por el que pasan casi todos los bebés en los primeros meses de vida. Hacer caca parece algo fácil, ¿verdad? Te entran ganas, empujas, relajas esfínter y la caca sale. Fin. Bueno, pues esto para tu bebé es todo un aprendizaje: él empuja, empuja y empuja, pero en lugar de relajar el culito, lo que hace es contraerlo. Imagínate. Él aprieta y lo aprieta todo: cara, puños, barriga y esfínter anal. Y claro, por ahí no sale nada. Pero en una de estas el bebé relaja el culito y, zas, sale toda la caca. Y así un día y otro y otro hasta que lo aprende y el problema desaparece.

—Anda, mira tú qué cosas. ¿Y cómo puedo ayudarlo?

—Pues favoreciendo esa relajación. Cuando lo veas empujar, quítale la ropa, quita el pañal, coge sus piernas, flexiónalas y muévelas en movimientos circulares apoyando sus rodillas y muslos sobre su barriguita. Todo muy despacio. Esa postura lo ayuda a relajar el esfínter anal. ¡Eso sí! No te pongas en su línea directa de disparo, que te puedo asegurar que la presión con la que sale todo aquello es superior a los chorros de un *spa*.

Pues el mío hace siete veces al día, ¿tendrá diarrea?

La frecuencia con la que hacen caca los bebés es muy variable, sobre todo en los primeros meses. Hay bebés que hacen una deposición tras cada toma porque tienen un tránsito intestinal acelerado y esto es normal; estos bebés pueden sumar seis o siete u ocho deposiciones al día. Pero también hay bebés que hacen una deposición a la semana y también puede ser normal. Lo importante en ambos casos es: ¿cómo está el bebé? ¿El bebé hace una caca a la semana, pero está contento, feliz, come bien, gana bien de peso y todo fluye? Pues entonces no nos preocupamos. Sin embargo, si entre deposición y deposición al bebé no lo ves bien, no come bien, llora, tiene muchos cólicos y quizá su peso no va como esperábamos, veamos qué ocurre.

Y si tienes un bebé que hacía dos o tres veces al día y de pronto empieza a hacer siete veces y además está irritable, se queja, come peor o tiene algo de fiebre, en ese caso, ante ese cambio brusco de ritmo, quizá nos encontramos ante una gastroenteritis. Tendrías que consultar con tu pediatra.

Como veis no todo es tan sencillo como algunos pintan, pero tampoco es tan complejo como para no entenderlo. Eso sí, necesariamente debemos tener la información adecuada; solo así viviremos un poco más tranquilos, lograremos aislarnos de opiniones no solicitadas y disfrutaremos plenamente de nuestro bebé, que, al final, es de lo que se trata.

Ramita de geranio y estreñimiento

Bebé de un mes acude a consulta y, en la revisión, su madre me comenta que lleva dos días haciendo deposiciones con sangre.

—Por lo demás el bebé está muy bien, come muy bien, no tiene diarrea, tampoco son duras ni grandes las cacas, no vomita ni tiene fiebre y, como ves, está ganando muy bien de peso, pero eso sí, al hacer caca llora, y mira qué cacas.

En ese momento me enseña varias fotos que tenía en su móvil guardadas en una carpeta que alcancé a leer con el nombre de *Cacotas de Mariete*.

Una vez dentro de las *Cacotas de Mariete,* observé como la madre deslizaba la pantalla a toda velocidad. Se movía por aquella carpeta como si conociera al dedillo todas y cada una de las fotos de las cacas de Mariete y, claro, ante esa cantidad de documentos gráficos de las deposiciones de su bebé, no me pude contener.

—Pero, Silvia, ¿cuántas cacas hay ahí? ¿Son todas de Mario? —bromeé. Me parecía imposible que con un mes de vida hubiese acumulado cientos de fotos de sus pañales.

—Todas, todas. Cosas mías. Mira, aquí están.

Y me muestra unas diez o doce fotos en las que efectivamente había sangre abundante y fresca sobre las cacas.

—Uy, mucha sangre veo yo aquí para pensar en una alergia a la proteína de leche de vaca, con lo bien que está Mario de todo lo demás.

Miré las cacas, miré a Mario, gordito y lozano sobre mi camilla.

—Vamos a explorarlo. No te preocupes.

Al mirarle el culete, vi como salía un reguerito de sangre fresca de nuevo, y entonces pregunté.

—¿Está estreñido? ¿Le cuesta hacer caca?

—No especialmente. Eso sí, mi madre lo estimula todas las noches.

Si pudiera mover las orejas, ese sería un momento para hacerlo igual que un perro de presa cuando escucha un ruido extraño.

—Lo estimula todas las noches... —repetí mientras ya me olía el final de esta historia—. ¿Y cómo y con qué lo estimula? —pregunté muy lentamente.

—Pues con una ramita de geranio. Dice mi madre que es mano de santo para el estreñimiento.

Alcé las cejas mientras le mostraba a la mamá el reguerito de sangre que salía del culete de Mario y dejé que ella misma sacara sus propias conclusiones.

—Noooooo. ¿El geranio? —preguntó espantada.

—Es probable —asentí.

Misterio resuelto.

No sufráis. Mario está fenomenal. Su abuelita dejó de estimularlo, la herida que probablemente le había ocasionado cicatrizó sin mayor problema y, por supuesto, Mario dejó de sangrar y dejó de llorar al hacer caca.

Moraleja: no se estimula el culete del bebé con una ramita de geranio ni con ninguna otra cosa que no os haya recomendado el pediatra.

Para el culete irritado, lo mejor, los polvos de talco

Pues tampoco. Ya lo siento, porque no hay abuela que no diga:

—Uy, los polvos de talco, lo mejor, hija, lo mejor, mano de santo.

El caso es que yo recuerdo como mi abuela me embadurnaba de polvos de talco y yo luego me pasaba la noche rascándome. Eso sí, según ella, era lo mejor para la piel. Pues sería para otra piel, porque para la mía ya os digo yo que no.

Es verdad que el polvo de talco tiene un efecto astringente, es decir, secante, por lo que, si hay un roce o una herida, la seca. Correcto. Pero la seca y a veces la infecta. Las micropartículas del talco se incrustan en la herida abierta y nuestras propias células reparadoras empiezan a rodear esas partículas para intentar expulsarlas, ya que las identifican como extrañas. Pero no siempre lo logran y, en ocasiones, se forman verdaderos abscesos (colecciones de pus) bajo la piel debido a esa lucha titánica entre nuestras células y el talco, que, a todos los efectos, está invadiendo tejido abierto de nuestra piel.

He visto casos en bebés de todas las edades y, en el caso de los muy pequeños, hay que recordar que estas heridas no curan tan fácilmente como cuando ya son un pelín más grandes: a veces, hasta hay que drenarlos o ponerles antibiótico y, por supuesto, son lesiones muy dolorosas. Así que polvos de talco si hay una herida abierta o un roce, no, gracias.

La mejor hora del baño es la tarde y, eso sí, todos los días

Pues no tiene por qué. Habrá bebés que prefieran la tarde, habrá bebés que prefieran la mañana y los habrá que les dé exactamente igual si es la tarde, la noche, la mañana o si los bañas una vez al mes. Nadie mejor que tú para saber cuándo le sienta mejor el baño.

—Es que he descubierto que si lo baño al anochecer el bebé se espabila, se pone en alerta y tarda mucho en dormirse. Es como si el baño lo activara.

—Puede ser, sí. Escuchemos sus señales. ¿Y si le das el bañito por la mañana?

—Pues sí, voy a probar.

O quizá ocurra al revés:

—Pues el mío es darle el baño de la tarde y ya se queda fritito..., directo a la cama.

—Entonces, maravilloso, sigue así.

A veces, ni una cosa ni otra:

—Jo, al mío no le gusta nada el baño, se pone hecho una fiera. Qué agonía tener que bañarlo todos los días.

—Es que no tienes que bañarlo todos los días, no es necesario. Si no le gusta, báñalo cada dos o tres días, bañitos cortitos, comprueba la temperatura del agua, que esté templadita, en torno a los 37 °C, luz tenue en el baño, voz suave y ambiente tranquilo. Estos baños multitudinarios de padres, madres, abuelos y tíos allí todos metidos en el aseo como que no termino de verlo. Ponte en su lugar. ¡Qué follón, ¿no?! Si me pasara eso a mí, yo diría: «Si me queréis, irse», a lo Lola Flores.

El cordón no se puede mojar

El cordón sí se puede mojar. No pasa nada. Bañamos al bebé, utilizamos jabón neutro específico para bebés y al salir del baño lo secamos muy bien. Y poco más. Lo que necesita el cordón umbilical es una buena higiene con agua y jabón diaria, y no es verdad que no se pueda mojar.

Los cuidados del cordón son un tema que nos ha tenido muy entretenidos a los pediatras desde hace años y lo cierto es que cuando yo empecé en esta profesión hace veinte años las recomendaciones oficiales eran curarlo con alcohol de 70°; posteriormente vinieron las recomendaciones de la cristalmina como antiséptico y desde hace ya años se ha demostrado que, en un ambiente controlado y limpio, con lavarlo con agua y jabón a diario es suficiente para que no se infecte.

LOS MITOS DE LA SUEGRA

Entendamos por este título los comentarios no solicitados de alguien muy cercano a la familia, que bien puede ser la suegra, pero a veces es el suegro, la madre, la cuñada, el cuñado, la hermana o cualquier familiar que pasaba por ahí y que, con la mejor de las intenciones, suelta su opinión, que cae como un jarro de agua fría sobre una madre que hace lo que puede...

El kit «perfecto» del recién nacido: gorro y guantes

Error. El único momento en el que tiene sentido taparle la cabeza a un bebé con un gorrito es minutos después de nacer, ya que, durante esas primeras horas, los recién nacidos —muy especialmente los prematuros (bebés nacidos antes de la semana 37 de gestación)— no regulan bien la temperatura. La cabeza supone una parte importante de su superficie corporal, a través de ella pierden calor y eso podría desestabilizar sus constantes vitales.

No les tapéis las manitas, por favor. Los bebés tienen unas manos delicadas y maravillosas que les sirven para empezar a explorar el mundo. «¿Qué mundo?», diréis. Pues el tuyo. Esos deditos diminutos acariciarán tu piel, la de tu pareja, y el bebé empezará a establecer conexiones neuronales en su cerebro estimuladas por el sentido del tacto. Se llevará las manos a su boca, a veces a la tuya, se chupará los dedos. Un poquito más adelante, mirará fijamente sus manitas, las moverá lentamente en un intento de captar cada uno de los detalles, que permanecerán grabados a fuego en su cerebro, y con cada uno de esos movimientos una nueva y maravillosa conexión neuronal se creará. No lo prives de ello poniéndole unos guantes.

Uy, si ya está estornudando y tiene un día de vida. ¡Ya se ha resfriado!

No había día en el pase de Maternidad en el hospital que no entrara en una habitación de un bebé con pocas horas de vida y alguien de la familia te dijera esto.

—¿Será posible que ya se ha resfriado el chiquillo? Si es que no me extraña, con estos cambios de temperatura.

Yo sonreía, miraba amablemente a la familia y les decía: no, no es que se haya resfriado. Estornudan de forma refleja. Tened en cuenta que sus fosas nasales están trabajando por primera vez, están fabricando algo de moco para proteger la mucosa de su vía aérea. Los pelillos que recubren la parte interna de su nariz están empezando a funcionar en lo que será un maravilloso sistema de filtro de sustancias extrañas y partículas diminutas que se irán colando por su nariz. Así que ante cualquier estímulo externo, o sustancia, o quizá un poquito de moco de más, el bebé estornuda para expulsarlo.

Manzanilla para limpiar los ojos

Me temo que no. Manzanilla para tomártela a media tarde un día frío y lluvioso. Eso sí. A los que les guste, porque yo he de confesar que en mi colegio, cuando algún niño se ponía enfermo, te mandaban a las cocinas a que la cocinera te preparara una manzanilla. Esa era nuestra *enfermería*.

—Profe, es que me duele la barriga.

—Baja a la cocina y te darán algo.

Manzanilla al canto.

—Profe, es que me duele la cabeza.

—Baja a la cocina, a ver qué te dan.

Manzanilla al canto.

—Profe, es que me he caído y ahora me duele la rodilla.

—Baja a la cocina, a ver quién está por ahí.

Manzanilla al canto.

Así que a mí me vais a tener que perdonar, pero yo ya me he tomado todas las manzanillas que me tenía que tomar y ahora no puedo ni olerlas.

Los ojos de los bebés y de los niños se limpian con agua y gasita, o con suero fisiológico. Nada más.

Pues sí que le han salido engordaderas al bebé

Pues sí, son muy habituales. Pero nada tienen que ver con el peso que esté ganando o perdiendo. Las famosas *engordaderas* no son más que unos milimétricos granitos de queratina, llamados *millium* o *milia*, de aspecto blanquecino, que suelen salir sobre la superficie de la nariz o a veces en las mejillas. Son fáciles de identificar, porque tienen el aspecto de unos granitos blancos de 2-3 mm de diámetro.

Ni pican, ni molestan ni duelen.

Y no, no son granos de pus y por supuesto no hay que apretarlos, manipularlos ni saciar vuestra ansia «explotagranos» con el bebé, eso déjalo para tu pareja, si es que se deja. Si lo hacéis con vuestro bebé, lo vais a molestar y además se pueden infectar con facilidad. Así que NO TOCAR.

En ocasiones vemos esos mismos quistecitos de queratina en las encías o en la zona central del paladar. Es lo que llamamos ***perlas de Epstein*** y tampoco hay que hacer nada con ellas.

Collar de ámbar y más patrañas

—Ponle un collar de ámbar, que a mis tres hijos les ha ido genial con los dientes. Nada de dolor.

Cuando escucho o leo un comentario así, mi cerebro responde automáticamente en silencio: «Y como a tus tres hijos, tres, les ha ido genial, deducimos que a los millones y millones de niños que hay en el planeta también les va a ir igual de bien, ¿verdad? Sin embargo, la evidencia científica hasta la fecha no ha demostrado el efecto analgésico ni terapéutico del ámbar en la dentición y sí ha documentado casos de estrangulamiento en bebés por su uso, hasta el punto de estar totalmente desaconsejado».

SALUD

Muere un bebé estrangulado en la siesta por un collar contra el dolor de dientes

Estamos ante un claro caso de «amifuncionismo», ante el cual difícilmente puedo permanecer callada:

—Me vas a disculpar, pero es que no solamente el ámbar no hace nada de nada, sino que además es una práctica desaconsejada por toda la comunidad científica internacional debido al riesgo de asfixia o estrangulamiento.

—Pues menuda tontería. Jamás les ha pasado nada a ninguno de mis tres hijos y mira que lo usaron meses. Bobadas. A mí me ha funcionado y lo voy a seguir recomendando.

—Y como a ti te ha funcionado, le va a funcionar al resto de la población mundial, ¿verdad?

—Pues sí. ¿Por qué no?

Y es en ese momento, ese preciso momento, cuando aprietas los dientes, le regalas una sonrisa forzada, tus hombros caen abatidos, tus brazos también, tomas aire y mientras espiras lentamente, intentando mantener la calma, piensas: «A tomar por saco el método científico, así, de golpe y porrazo, sin paños calientes, venga, total... Siglos y siglos de estudio, sacrificio y pérdidas por un "a mí me funciona". Mis disculpas, Hipatia de Alejandría, Francis Bacon, Galileo Galilei, Descartes, Alexander Fleming, Marie Curie,

Rosalind Franklin, Santiago Ramón y Cajal, Margarita Salas..., no sabe lo que dice».

Pero te resistes a que crea que tiene razón y añades:

—Ah, ya veo. Pues entonces debe de ser como lo de... «Yo es que siempre cruzo en rojo, porque no tengo paciencia para esperar a que se ponga en verde y, mira, nunca me ha pasado nada». Así que podemos afirmar que cruzar en rojo es igual de seguro que cruzar en verde, ¿verdad? Porque como a mí nunca me ha pasado nada..., o también podemos decir que, como cuando éramos niños viajábamos en coche sin cinturón de seguridad y aquí estamos vivitos y coleando, el cinturón no sirve para nada, porque, fíjate, a mí no me ha pasado nada. O, espera, espera, mi preferida: «Mi abuelo fumó hasta los 105 años y se murió de una caída al tropezarse con un escalón». Cuando pocas cosas tienen más evidencia que esta, es más, el tabaco mata hasta a la mitad de las personas que lo consumen. Cada año, más de ocho millones de personas fallecen a causa del tabaco. Más de siete millones de estas muertes se deben al consumo directo de tabaco y alrededor de 1,2 millones son consecuencia de la exposición de no fumadores al humo ajeno. Y no lo digo yo, lo dice la OMS.

—Ya, bueno, lo que tú digas, pero yo no estoy exponiendo a humo de tabaco a mi hijo. Hasta ahí llego.

Un inciso: esto suele ser muy habitual, de todo lo que les dices y argumentas, solo se quedan con un dato para intentar cargarse de razón.

—¡Qué manía con meteros en la vida de los demás! ¡Le pongo el collar y ya está! ¡Que yo no le hago mal a nadie!

—Es que sí le puedes hacer daño..., y justamente a la persona que más quieres, que es tu hijo. Ser padre o ser madre es una responsabilidad enorme. Y si ahora ya sabes que la comunidad científica desaconseja estos collares porque no funcionan y porque además pueden ser peligrosos, sí es responsabilidad tuya cambiar algunas prácticas y cuidar y velar por el bienestar de tu hijo hasta que él pueda tomar decisiones por sí mismo dentro de muchos años.

Hipo y papelito en la frente

Bebé de mi consulta, seis meses, su madre lo tumba en la camilla y yo, nada más verlo, sonrío y, con el «modo madre» *on,* le digo:

—Ay, espera, que este chiquitín tiene aquí un papelito que se le ha quedado pegado a la frente. A ver, Carlitos, que te lo quito.

—¡Noooooo! —de pronto escucho detrás de mí.

La abuela hablaba:

—No se lo quite, doctora, que si no le vuelve el hipo.

Paralizada, con la mano a medio camino entre su frente y el bolsillo de mi bata, me quedo inmóvil. Miro a la madre de la criatura, que me devuelve la mirada alzando una ceja en señal de «Cosas de mi madre, ya sabes. Yo ya no discuto».

Y le digo a la abuela:

—Vale, vale, no se lo quito, Mari Puri, pero quiero que sepa que eso no hace nada. No le quita el hipo. Es más, no pasa nada porque tenga hipo.

—Bien, vale, pero mejor se lo dejamos. Que no le hace mal a nadie.

Sonreí y asentí. La mujer tenía razón, en este caso no le hacía mal a nadie. Una ha de elegir las batallas que libra, y esta no merecía la pena.

Si le corto el pelo, le saldrá más fuerte

Me temo que no. Aunque te insista tu madre, tu suegra o tu vecina. Ni en los bebés ni en los adultos.

El grosor, color y ritmo de crecimiento del pelo viene determinado genéticamente y, aunque hay factores externos que pueden alterar su composición de forma temporal y hacer que los niños puedan tener el pelo más débil, por ejemplo, estados carenciales de hierro (anemia ferropénica) o una enfermedad celiaca cuando esta aún no se ha diagnosticado, cortarlo no lo hace más fuerte. Lo que ocurre es que, si llevamos tiempo sin cortarnos el pelo, este puede estar dañado en las puntas, por lo que estas se ven más finas, abiertas, más frágiles y quebradizas. Al cortar el pelo dañado, es decir, la parte final del pelo sano, lo veremos cortado en una sección robusta, ya que habremos quitado la parte de pelo quebradizo. Pero esto es una percepción de la parte final del cabello y no afecta nunca a la raíz ni a su crecimiento, ni por supuesto va a salir más pelo porque lo hayamos cortado.

Así que, si se lo quieres cortar, córtaselo, pero no esperes que se le rellenen las calvitas. Dale tiempo y, poco a poco, ese pelo de recién nacido madurará y se hará más fuerte y denso.

Si os sirve de consuelo, yo apenas tuve pelo hasta los dos años y medio. Mi madre contaba como se le caía la baba cuando veía a niñas de mi edad con sus coletas y sus trenzas y a mí me ponía unos lacitos diminutos que no duraban ni dos horas, porque se me caían. Eso sí, una vez me creció el pelo, mi madre decidió que me lo iba a cortar lo menos posible y en todas mis fotos de infancia se ve a una niña sonriente con unas larguísimas trenzas rubias. Quizá mi madre pensó lo contrario, que si me las cortaba no me volverían a salir...

¿Dormir boca arriba?
¿Y si vomita?
¿No se ahogará?

Cuánto daño ha hecho leer en las noticias que legendarias leyendas del *rock* fallecieron «ahogados en su propio vómito». Y, claro, una lee estos titulares y piensa: «Si a alguien como ellos, que llenaban estadios, eran aclamados en todo el planeta y disponían de todos los recursos que desearan en cada momento, les ha pasado esto, ¿qué no le pasará a mi bebé indefenso de apenas seis kilitos de peso si lo pongo boca arriba?».

Pues es que en toda esta historia se nos olvida algo muy importante y, de hecho, determinante: consumir drogas, barbitúricos y altas dosis de alcohol y dormirse boca arriba en un estado semicomatoso en el que el nivel de consciencia está prácticamente anulado parece que seguro, seguro, lo que se dice seguro no suena, ¿verdad?

Pero no es el caso de los bebés.

Los bebés han de dormir boca arriba siempre. Ni de lado, ni boca abajo, han de dormir boca arriba. ¿Y si vomita? Pues si vomita o regurgita de forma espontánea y natural, el bebé girará su cabecita a un lado y su vía aérea estará a salvo.

De hecho, hay familias que por este motivo ponen a sus bebés a dormir de lado, «no vaya a ser que vomite». Sin embargo, las recomendaciones oficiales son muy claras y contundentes: si ponemos de lado a nuestro bebé y este tiene un vómito violento, puede darse la vuelta involuntariamente, poner su cara sobre el colchón y comprometer su respiración, dado que durante los primeros meses de vida aún no saben voltearse de nuevo boca arriba.

Desde el comienzo de las campañas preventivas en todo el mundo animando a los padres a poner a dormir a sus hijos boca arriba a principios de los años noventa, se vio un descenso de más de un 50 % de la incidencia de mortalidad en todos los países.

Es por ello que, desde entonces, todos los organismos oficiales emiten las mismas recomendaciones en cuanto al sueño seguro: los bebés han de dormir boca arriba durante los primeros meses de vida hasta que ellos mismos sean capaces de darse la vuelta.

CRIANZA Y APEGO

¿Por qué será que casi todo lo que yo leía respecto a la crianza y cuidado de mis hijos hace diecisiete años me generaba un profundo sentimiento de culpa? ¿Por qué todo se centraba en el qué hacer y qué no hacer y nunca en el cómo te sientes y cómo crees que se siente tu hijo? Os confieso que fue esa desazón tras leer libros culpabilizadores lo que me animó a escribir mi trilogía que empieza con *Lo mejor de nuestras vidas*. Y lo hice en un intento de hablar de lo que nadie hablaba. Necesitaba encontrar el sentido a mi propia maternidad. Yo, una mujer de ciencia, estudiosa, lectora empedernida, pero que por primera vez en su vida no encontraba las respuestas en los libros.

«Déjalo llorar, eres una blanda, los estás malcriando, a estos niños les faltan límites, dónde se habrá quedado la disciplina de antes...»

¿Os suenan estos comentarios? Seguro que sí..., aún los escucho en parques, trenes, supermercados y hasta en mi propia consulta.

Si lo coges en brazos, se acostumbrará

—No pasa nada porque llore un poco, así va aprendiendo. Si lo coges en brazos cada vez que llore, se va a acostumbrar.

Chupito.

Chupito.

Chupito.

¿Cuántas veces habremos escuchado esto con un bebé que no ha cumplido siquiera los tres meses? ¿Cuánta culpa innecesaria ha generado este comentario tan extendido? ¿Cuántas mamás acuden a la consulta y se derrumban cuando te confiesan que por ellas lo cogerían, pero que todo el mundo a su alrededor les insiste en que el bebé se tiene que acostumbrar a llorar y a no estar en brazos?

Y es entonces cuando yo a todos estos «expertos» les digo:

—Mira, vamos a imaginar que yo soy el bebé y tengo la capacidad de hablar, esto es lo que te diría:

Hola, soy un bebé que acaba de cumplir tres semanas en este mundo. Digamos que de momento es tu mundo. Tres semanas respirando tu oxígeno, pero eso no significa que acabe de nacer. En realidad, llevo casi un mes aquí y otros nueve meses más con vida. ¿Sabes? Antes de nacer, estuve muchos días dentro de la barriguita de mamá, a una temperatura constante, calentito, sin saber lo que es el frío ni el calor, sin saber lo que es el hambre, sin saber tampoco lo que es hacer caca o tener retortijones. Además, durante todo este tiempo escuchaba las 24 horas del día el corazón de mi mamá, su voz, su risa, hasta sus carcajadas... Es curioso, pero podía sentir hasta cuando estaba más nerviosa y estresada o cuando se daba un baño relajante y su corazón latía más despacio. Yo allí estaba, flotando en un líquido que me mantenía seguro y en calma, y, ¿sabes?, allí fui muy feliz. No me extraña que haya bebés que no quieran salir. Allí dentro se está muy bien. Pero, de pronto, todo cambió. Aparecí en otro lugar: un lugar donde ya no flotaba, no había líquido, de repente dejé de oír el corazón de mamá, pero sí oía muchos otros ruidos para mí desconocidos. Sentía que me cogían en brazos, que me ponían ropa, que de pronto tenía hambre. Comí por primera vez, hice mis primeras digestiones, mis primeras cacas. Descubrí lo que era la luz del día y la oscuridad de la noche. Descubrí también que durante el día hay mucho movimiento, hay ruido, hay luces y hay muchas cosas a mi alrededor, sin embargo, durante la noche, no sé muy bien por qué, no escucho nada, tampoco veo nada, todo está en silencio, ni siquiera escucho a mamá... Y eso me angustia.

Me angustia mucho. No entiendo qué está ocurriendo. Me encuentro tumbado en una cuna que no se parece en nada a la barriguita de mamá, estoy muy tapado con ropa y me ponen boca arriba. Es una sensación rara. No me gusta, por eso cada vez que me ponen ahí, automáticamente me quejo. Y no es que la cuna tenga pinchos, no; es que yo dormía flotando, escuchando a mi mami. A veces pego mi carita a la esquinita de la minicuna, o si estoy en la cama con mamá, me pego a su bracito o al de papá y ahí me quedo, muy pegadito a ellos, porque me recuerda a cuando estaba en la barriga de mamá, que tenía la placenta pegadita y calentita sobre mi cara. Y sí, en todo este cambio he sentido miedo, y frío a veces, o calor, y también hambre, y he vomitado y he tenido que aprender a empujar para hacer caca, que parece fácil, pero no lo es... ¿Y sabes más cosas? Que la única manera que tenía de manifestarme cuando no me encontraba bien era llorando.

Descubrí que al llorar me cogían en brazos y, si era mamá, volvía a sentir su olor, y su calor, y volvía a escuchar su corazón, y eso me gusta.

Me gusta mucho.

Me hace sentir seguro.

Así que, hasta que aprenda todas estas cosas de tu mundo, hasta que entienda que por la noche hay más silencio y oscuridad y que no se duerme flotando, sino tumbado; hasta que aprenda lo que es el hambre y la sed; hasta que aprenda que tengo que hacer caca y que eso hace que me duela menos la barriguita; hasta que aprenda que mamá no siempre está conmigo todo el rato, como sí estaba antes, cuando vivía dentro de su barriga, pues me tendréis que escuchar llorar, para que me cojáis en brazos y me calméis con vuestro calor, con vuestra voz y con vuestro amor. Por favor.

Cuando mis hijos eran pequeñitos siempre estaban entre mis piernas o en mis brazos. De hecho, en todas las fotos que tengo con ellos están sobre mi regazo o pegaditos a mí.

Con siete años, mi hija me regaló un dibujo por mi cumple. En la hoja arrancada de su libreta del cole se leía: «Disfruta de la vida». Bajo este gran lema que ella ha hecho suyo, dibujó una piña bailando con gafas de sol.

Cuando lo vi, sonreí y le pregunté:

—¿Y esta piña, mi amor?

—Somos nosotros tres: una piña, mami.

Me emocioné.

Y es que así hemos sido siempre, una piña, los tres.

Siempre juntos.

Han crecido, pero así siguen, siempre a mi lado; por eso os pido por favor que cuando os digan que no los cojáis, que les dejéis llorar, que han de acostumbrarse, no les hagáis caso.

A lo que se deben acostumbrar nuestros hijos es a que estamos a su lado siempre, incondicionalmente.

Han pasado dieciséis años desde que yo misma escuchaba esta frase a la que hacía oídos sordos; mi instinto era tremendamente poderoso y mi fuerza mental lo suficientemente armada como para saber que debía aislarme de este tipo de opiniones que chocaban de manera frontal con mi sentir. Ahora mis hijos llegan a casa y me besan, y se van de casa y me besan, y se levantan por las mañanas y me abrazan..., y mi sofá es grande, pero ellos siempre están buscando el contacto. Y hoy, mientras te escribo estas líneas, te puedo asegurar que no hay nada más grandioso que esto, sentirse PROFUNDAMENTE AMADO.

*Déjalo que llore,
así se le ensanchan los pulmones*

Pero ¿cómo que déjalo que llore? Si tú rompieras en llanto, ¿te gustaría que las personas que te quieren y te cuidan pasaran a tu lado y te ignoraran?

Los pulmones no se tienen que «ensanchar». Los pulmones vienen ensanchados de serie al nacer. Si un bebé llora, es nuestra obligación intentar averiguar el porqué de su llanto, y para ello por supuesto que hay que cogerlo en brazos, y mimarlo, y acunarlo y hablarle muy bajito y despacito hasta lograr calmarlo.

¿A ti no te gusta que, si te derrumbas, si te vienes abajo delante de un ser querido, este se acerque a ti, te abrace, te consuele y te susurre un «Tranquila/o, estoy contigo»?

Llora de mentirijilla, no ves que el bebé no suelta ni una sola lágrima. ¡Nos está tomando el pelo!

Pero ¿cómo va a llorar de mentirijilla un bebé de quince días? Cuando escucho esto, no sé si reír o llorar.

No, los bebés no llegan a este mundo con la lección aprendida de tomarnos el pelo, no. En absoluto.

Los bebés lloran ante cualquier situación de malestar: hambre, dolor, frío, calor, miedo, etc. Y durante las primeras semanas de vida es verdad que lo hacen sin lágrimas. La explicación no es otra que las glándulas lacrimales que se encuentran bajo los párpados de ambos ojos no terminan de madurar lo suficiente como para producir tanta lágrima. Durante las primeras semanas de funcionamiento de las glándulas, estas fabrican la lágrima necesaria para mantener el ojo bien hidratado, húmedo y limpio. Pero aún no son capaces de fabricar suficiente lágrima como para que esta desborde en caso de llanto, cosa que empieza a ocurrir a partir del mes, más o menos.

Así que ni lágrimas de cocodrilo, ni nos está tomando el pelo, ni llora de mentirijilla. El bebé llora y ante ello hay que cogerlo, besarlo, calmarlo, achucharlo y ofrecerle un lugar tranquilo y seguro entre nuestros brazos.

2

Lactancia materna: «Esa teta que le das ya es puro vicio» y otras perlas

Si le das pecho, que si «Dale una ayudita, que pasa hambre». Si le das biberón, todas las miradas recaen sobre ti con un «malamadre» escrito en su rostro. Si tienes muchas dudas con respecto a la lactancia, tu mente trata de engañarte con un «Déjalo, si es que no merece la pena, con lo cómodo que es dar un *bibe*». Si decides darle ese *bibe,* «Pues sí que has aguantado tú poco, menuda blanda». El caso es que, entre lo que escuchamos y lo que nosotras mismas nos decimos, hay mujeres para las que la lactancia se convierte en un infierno.

Vamos a intentar arrojar un poco de luz, de conocimiento científico y de sensibilidad a este tema tan importante para muchas mujeres y que tantas cicatrices deja a su paso...

PRIMEROS PASOS, PRIMERAS CREENCIAS

Y es que aquí empieza todo. La mayor parte de las lactancias que se pierden, lo hacen en las primeras semanas, en los primeros días. En esos días donde se dan las condiciones perfectas para que caigamos en barrena: recién dada a luz, dolorida, bajo los efectos del posparto, cuando indudablemente estamos más inseguras, miedosas e irascibles y rodeadas de muchas más personas que de costumbre con un único tema de conversación: tu hijo y lo que vas a hacer con él.

Dale un bibe hasta que te suba la leche

—Mujer, acabas de dar a luz, estás agotada. Deja al bebé en la cuna o dámelo a mí y tú descansa, bonita. Cada tres horitas le damos un *bibe* y ya, cuando te suba la leche, le damos tu pecho.

¡Boom!

Y esto te lo dicen sin despeinarse. Ay, cuántas lactancias perdidas por este tipo de consejos que, aunque bienintencionados, distan mucho de lo que sucede en realidad en el cuerpo de la madre y del hijo.

El principal estímulo que tiene nuestro organismo para fabricar leche es la succión del pezón. Si no hay succión, no hay leche. Si hay mucha succión, hay mucha leche. Si tenemos un bebé y lo ponemos al pecho muy frecuentemente (que es lo que debemos hacer al principio), fabricaremos leche para ese bebé. Si tenemos dos bebés y el estímulo es el doble, fabricaremos leche para dos bebés. Si somos una perrita y hemos tenido una camada de seis perros y los seis se ponen a mamar, fabricaremos leche para seis hambrientas criaturas. ¿No os parece alucinante lo bien diseñado que está nuestro cuerpo?

Si, por el contrario, desaprovechamos las primeras horas o los primeros días tras el nacimiento de nuestro bebé y no lo ponemos al pecho, nuestro cuerpo podría interpretar que no hay bebé y por tanto no activaría la maquinaria de la producción de leche, que se inicia con la síntesis de dos hormonas: la prolactina, encargada de la fabricación de la leche, y la oxitocina, que favorece la eyección de la leche.

Así que, como ya os contaba en mi primer libro, *Lo mejor de nuestras vidas,* ante la duda, póntelo al pecho. No mires el reloj, no cuentes los minutos, no sueltes a tu bebé si no deseas hacerlo... Cuanto más contacto piel con piel, cuanto más bracito con mamá y más succión de la mama, antes llegará la subida de la leche.

La lactancia materna es algo natural y, por tanto, es fácil

Como es algo que se ha hecho desde que el ser humano existe, muchas veces se da por hecho que es fácil, que no necesita preparación ni formación y que cuando no llega a instaurarse bien es porque simplemente la madre no tenía leche. La realidad es que la **hipogalactia** (menor producción de leche) se da en menos de un 5 % de todas las mujeres. Matizando este comentario, lo cierto es que en ocasiones la lactancia puede ir rodada, pero en otras muchas las madres necesitan de asesoramiento y preparación. No es lo mismo un bebé nacido a término que un bebé prematuro, no es lo mismo una mamá que acaba de tener a un primer hijo que una madre con más experiencia, no es lo mismo una mujer con un gran soporte emocional a su alrededor que una que se encuentra mucho más sola...

**No, la lactancia no siempre es fácil.
Y no, la culpa no es de las madres.**

Busca una sólida red de apoyo: amigas, familia, profesionales..., personas que te entiendan, te acompañen y te hagan el camino más fácil. Huye de los juicios y las lecciones magistrales. Busca profesionales expertos en la materia con quienes te sientas respetada y bien acompañada. Y en cuanto a nosotros, compañeros de profesión, hagamos autocrítica y reconozcamos que durante muchos años ni recibimos formación en lactancia ni los consejos que se daban eran los adecuados. También es nuestra responsabilidad formarnos y transmitir la información según las últimas recomendaciones.

Yo he de confesar que empecé a estudiar todo lo que caía en mis manos de lactancia materna a raíz del nacimiento de mi primer hijo allá por el 2007, cuando os puedo asegurar que no había ni una décima parte de la información de que disponemos ahora ni existían las redes sociales tal y como las tenemos. Y ahora es cuando yo hago la siguiente reflexión: si yo misma, pediatra de profesión, tuve dudas con la lactancia y empecé a estudiar de forma exhaustiva llegado el momento, ¿qué no padecerán los millones de mujeres ajenas a esta profesión?

En este campo os recomiendo el libro de la doctora Raquel Velasco, pediatra e IBCLC (Consultora Internacional de Lactancia Materna, por sus siglas en inglés), llamado *Lactancia materna*, en el que no se deja nada en el tintero, una auténtica joya.

Si te lavas los pezones antes de dar el pecho, mejor

Error. Los pezones no necesitan de preparación alguna. De hecho, el exceso de higiene podría empeorar la barrera cutánea del pezón y producir dolor. Ni jabones con perfumes, ni antisépticos, ni lociones. Higiene diaria con un jabón neutro y poco más.

Pero es que además tampoco hay que preparar los pezones durante el embarazo, al igual que no tienes que entrenarte para no dormir, ya que las primeras semanas tras dar a luz serán duras. No, el cuerpo está maravillosamente diseñado para ir adaptándose a los cambios. Si tuviéramos que destacar una cualidad del cuerpo humano es justamente esta: la capacidad tan asombrosa que tenemos de adaptarnos a los cambios y al medio. Eso es lo que nos ha hecho sobrevivir como especie. Y nuestros pezones no van a ser menos.

Los pezones se preparan solos; comprobarás como la areola se va oscureciendo y como incluso adquiere el olor del líquido amniótico para que nuestro bebé lo reconozca fácilmente y lo busque. Por lo tanto, más que preparar nuestros pezones, preparemos nuestras lactancias, como bien dice la doctora Raquel Velasco.

No puedes tomar ninguna medicina si das pecho. ¡Aquí hemos venido a sufrir!

¿En qué momento nos han vendido aquello de que si eres una madre sufridora eres mejor madre? No pasa nada porque quieras aliviar tu dolor de cabeza con un paracetamol. Aguantar el dolor no te convierte en mejor madre. ¿Por qué además sigue habiendo profesionales sanitarios que, en lugar de tomarse unos minutos para consultar la medicación en cuestión, recomiendan retirar la lactancia materna como el que retira los guisantes de un guiso? Como si fuera tan fácil. Pero es que además os diré que, en la inmensa mayoría de los casos, no es necesario retirar la lactancia.

Es tan fácil como consultar la página e-lactancia.org. Lugar que visitamos profesionales sanitarios cada día ante la menor duda y cuyo contenido es absolutamente fiable.

¡Cuántas madres abatidas he visto en consulta porque se han visto obligadas a retirar una lactancia exitosa por un mal consejo médico! Por favor, un poco de rigor, compañeros.

Pezón plano, ¡uy, uy, uy, olvídate de dar el pecho!

Ni pezón plano, ni pecho grande, ni pecho pequeño... *A priori* casi todas las mujeres pueden dar pecho; otra cosa es que necesiten más o menos ayuda y, sobre todo, más o menos consejo especializado. Pero no, no tires la toalla sin antes haber consultado y haberlo intentado. Muchas mujeres con pezón plano dan el pecho felizmente.

«La teta cada tres horas.» ¿Todavía no lo hemos superado?

Se ve que no, porque aún se escucha por ahí... Aún llegan mujeres abatidas con el conocido:

—Es que yo ya no sé cómo aguantarle las tres horas. Ya desde las dos horas empieza a llorar y no hay manera, hasta que no le doy pecho, no calla, y a veces esa hora que falta se me hace interminable. ¡No puedo verlo llorar!

Pero ¿qué sentido tiene aguantarle el hambre a un bebé, máxime si el chiquillo está llorando? La lactancia es a demanda; es más, ya sea pecho o biberón, es a demanda, es decir, cuando el bebé pida. Habrá bebés que mamen cada hora y media y los habrá que lo hagan cada cuatro horas. También los hay que al inicio del día espacian más las horas porque por la noche comieron mucho y cuando llega la tarde se enganchan cada hora y media y nos preguntamos el porqué. Pues porque sí, porque los bebés no son relojes suizos ni máquinas que podamos programar y porque parte del bienestar de los bebés y de sus madres nace de aprender a conocernos... Aprende a conocer las señales de tu bebé y a escuchar tu propio instinto. ¡Es poderosísimo!

El bibe, cada tres horas

Claro, con el *bibe* pasa exactamente lo mismo. Como os acabo de contar, hemos escuchado hasta la saciedad que la lactancia materna es a demanda, ¿verdad? Que no se debe mirar el reloj. Que no se debe dar cada tres horas, sino cuando el bebé pida, ¿no? Y así es. Pues con las fórmulas adaptadas, también. **La lactancia, ya sea materna o adaptada, es a demanda, cuando el bebé quiera y cuanto el bebé quiera.**

Solo aplicamos una excepción y es en los primeros días de vida: habitualmente vuestro pediatra os asesorará en las cantidades y horarios hasta que comprobamos que la ganancia de peso es adecuada y que el bebé no sufre ninguna complicación propia de los primeros días, especialmente frecuentes en prematuros, bajo peso, hijos de madre diabética o bebés con algún problema o enfermedad. Hay bebés que no tienen suficiente fuerza para succionar, que son muy dormilones, que salen con un peso justito, que han tenido hipoglucemia... Es en estos casos cuando os decimos que, si no se despierta a las tres horas, le ofrezcáis. Pero una vez ha superado esta fase, el bebé comerá a demanda.

Cuando explicamos esto, siempre viene la siguiente pregunta: «Pero..., entonces, ¿no lo tengo que despertar por la noche para comer?».

Si la ganancia de peso ha sido adecuada, si ya has ido a la revisión con tu pediatra y te ha dicho que todo va viento en popa y ha recuperado el peso que tenía al nacimiento, no hace falta despertarlo. Si duerme cuatro o cinco horas, déjalo y cruza los dedos para que siga así... Eso sí, si hace un descanso largo por la noche, lo normal es que al despertarse coma más de lo normal o que incluso las primeras tomas de la mañana sean más seguidas. Es normal; al haber estado varias horas en ayuno, su cuerpo le pide compensar. Así que, si descubres que por la mañana mama más a menudo o, en el caso de lactancia adaptada, se tomaría un *bibe* más grande, adelante con él. Las cantidades de leche del biberón las irá marcando tu bebé: cuando veas que empieza a acortar las tomas (que cada vez te pide con más frecuencia) o que inmediatamente después del *bibe* se queda muy agitado y succionando aún, es que toca aumentar en 30 ml ese biberón.

La lactancia duele

Puntualicemos: la lactancia no debe doler y, si duele, hay que buscar ayuda. Porque si duele es que pasa algo. No hay que normalizar el dolor en la lactancia; por supuesto, tampoco hay que lanzar estos mensajes tan categóricos tipo «la lactancia no duele», porque en realidad a veces la lactancia sí duele, pero, como acabo de decir, si duele es porque está sucediendo algo que necesariamente debemos investigar: un mal agarre, una mala postura, una anquiloglosia (frenillo lingual corto), de la que hablaremos a continuación, una mastitis, un problema orofacial o maxilar en el bebé, etc.

Tu leche está aguada, no lo alimenta. ¿No lo ves?

Repite conmigo: no hay leche aguada. No existe. Es un mito. Toda leche proveniente de una madre sana es buena. Da igual que tu bebé tenga un mes, un año o tres. La leche materna no se deteriora ni pierde cualidades con el paso del tiempo.

Si bebes refrescos, cuidadito, que le pasas el gas a tu bebé

Tampoco. El gas no pasa. La cafeína, en caso de llevarla, sí. Y el alcohol, por supuesto, también.

Mi suegra dice que para fabricar leche materna hay que comer cocido

Cocido puedes comer, madrileño, gallego o maragato, pero de ahí a que produzcas más leche, me temo que no. Al menos no hay evidencia científica disponible sobre este asunto. Ojo, que ahora vendrá la suegra aventajada y dirá: «Ah, pues como no se ha estudiado, tampoco se sabe si se produce o no más leche». Y razón no le falta a la mujer; pero, vamos, os diré que no hay indicio alguno para asegurar tal asociación.

La cerveza, lo mejor para aumentar la producción de leche

Quizá leas esto y te suene a otra época, pero te diré que una semana antes de sentarme a escribir estas líneas, estaba en una terraza tomándome algo con mis hijos y observé como a mi lado había una mesa con cuatro mujeres; dos de ellas con sendos bebés en brazos. Tres de ellas bebían cerveza. La estampa me sorprendió un poco, pero servidora, que ya está curada de espantos, siguió a lo suyo pelando cacahuetes y hablando animadamente con mis hijos.

El rabillo de mi ojo es traicionero, qué le vamos a hacer, y mi audición demasiado fina y, ¿cómo no?, ambos forman una pareja implacable. En un momento de silencio en mi propia mesa, porque mis hijos buscaban en el móvil algo que querían mostrarme, lo escuché:

—Una cerveza al día, nena. Pero cerveza normal, ¿eh? Nada de cero cero ni esas *blandengadas*. La cerveza aumenta la producción de leche. Que sí, que me lo ha dicho Mari Carmen, que controla mucho de estos temas; así que, mira, yo ya no la perdono; todos los días, antes de comer, me abro mi botellín. A veces mientras ceno con Paco me abro otro y, oye, tan a gusto. ¡Duermo hasta mejor!

Al tiempo que los pelillos de mis brazos se iban poniendo uno a uno como escarpias, el rabillo de mi ojo, de nuevo, captó el momento exacto en el que la protagonista de esta historia compartía su «sabiduría» con el resto de sus amigas mientras su bebé, que no tendría más de seis meses, mamaba plácidamente.

Vamos a ver: no, la cerveza no aumenta la producción de leche. Tampoco se aconseja beber alcohol mientras estás dando pecho a tu bebé, y mucho menos a diario.

EL FRENILLO LINGUAL

Os confieso que hace diecisiete años, cuando nació mi primer hijo (y hace mucho menos también), nadie hablaba del frenillo lingual corto. Pero el hecho de que no se hablara de ello y por tanto no se diagnosticaran bebés con anquiloglosia no quiere decir que esta problemática no existiera. De igual forma que en los años sesenta y setenta nadie hablaba del trastorno del espectro autista, porque no fue hasta 1980 cuando se incorporó el autismo como categoría diagnóstica específica.

¡Lo del frenillo es una moda más!

Por supuesto que no es una moda. Perdonadme que os diga que este comentario suele venir de personas que desconocen las implicaciones que un frenillo corto (la llamada *anquiloglosia*) puede tener en el bebé, en su manera de alimentarse, en la forma de su cavidad oral y también en la madre que da pecho.

Ni todo bebé que no se engancha bien es por culpa de un frenillo lingual corto ni el frenillo es una nueva moda a la que no hay que hacer ni caso. Ni una cosa ni otra. La evaluación de una sospecha de anquiloglosia requiere de una atención especializada por personal sanitario experto y familiarizado con este tema. Cuando se trata este asunto, se suele simplificar («Eso es una moda») o se polariza mucho el mensaje: «Pues se corta y ya está».

No hay que cortar todos los frenillos, técnica que se llama *frenectomía;* hay casos que se benefician de una corrección exitosa de la postura al mamar, como nos cuenta maravillosamente bien la doctora Raquel Velasco en su libro *Lactancia materna,* que ya os he recomendado, junto a fisioterapia oral. Por ello es tan importante que busques personal cualificado: pediatras formados, IBCLC (Consultoras Internacionales de Lactancia Materna), fisioterapeutas, logopedas infantiles o matronas con experiencia y formación acreditada.

Si no te duele el pecho, aunque el frenillo lo tenga corto, no hay que hacer nada

Pues no siempre. A veces no hay que hacer nada, efectivamente. Y otras, sí. Como veis, no es tan sencillo. Puede que no tengas problemas en la succión en este mismo momento, pero puede que los desarrolles en el futuro. O puede ocurrir que, sin haber problemas en la succión, el bebé tenga ya un paladar claramente deformado (paladar ojival) debido a la falta de movilidad de esa lengua dentro de la boca y esto le acarree problemas en el futuro, no solo de pronunciación, sino también de deglución.

Entonces, a ver si nos aclaramos, ¿hay que cortar sí o no?

Pues os voy a contestar a la gallega, que ya sabéis que es una tierra que me enamora: depende.

Unas veces sí, otras veces no, y otras podemos esperar a ver cómo va evolucionando.

¿Qué debo vigilar para saber que hay algo que no va bien con su frenillo?

- Problemas en la succión, en el agarre, en las tomas en general. No se engancha bien.
- Grietas en los pezones.
- Dolor al mamar. Grabémoslo en nuestra mente: **LA LACTANCIA NO DEBE DOLER** y si duele hay que buscar la causa **SIEMPRE**. Ya está bien de normalizar que la lactancia duele, no es así.

No os conforméis con ese comentario. Buscad profesionales formados, que los hay.

- No gana peso y el bebé está muy inquieto e intranquilo. Al no hacer las tomas completas, piden con mucha frecuencia porque tienen hambre.
- Chasqueo de la lengua al succionar.
- Callo de succión: en algunos bebés se observa una pequeña ampolla justo en la parte central del labio superior. Ojo, no siempre que la presentan quiere decir que haya frenillo lingual corto; pero es un dato más. Mi hijo mayor tuvo un callo de succión durante muchos meses y nunca tuvo problemas. Siempre lo achaqué a que mamaba tanto y con tanta fuerza e intensidad que hizo un callo en el labio. Era una auténtica pequeña bestia mamadora y yo, como buena asturiana, una fábrica de leche *non stop*.
- Lengua en forma de corazón: el frenillo es tan corto que al intentar sacar la lengua esta adquiere forma de corazón con una muesca central.
- Observa a tu bebé mientras llora o mientras duerme y consulta si no sube la lengua hasta el paladar. Comprobarás como se queda anclada en el suelo de la boca; ese es el motivo por el que el paladar, en lugar de tener una forma plana ligeramente curva, presenta una forma en bóveda gótica, puntiagudo, lo que llamamos ***paladar ojival,*** porque la lengua nunca ha reposado sobre el paladar durante el desarrollo fetal y no le ha dado la oportunidad de ir moldeándolo.

3

La consulta de una pediatra puede ser la mar de divertida

Soy consciente de que lidiar con las creencias populares no es tarea fácil y que estas están muy arraigadas en nuestra sociedad, sobre todo en aquellas personas que no están familiarizadas con el concepto de ciencia como progreso, como avance y como cambio.

Soy consciente también de que, en ocasiones, en un intento de derribar los mitos más populares que escuchamos en pediatría, pecamos de efusividad y de intensidad en nuestro mensaje y conseguimos alejarnos más aún de lo que pretendemos. Por lo tanto, vaya por delante que en ciencia las cosas no suelen ser ni blancas ni negras, que jugamos siempre con una escala de grises que es muy variable y que, casi de cualquier tema que busquemos información, vamos a encontrar al menos un artículo que apoye nuestra teoría, por muy disparatada que parezca. Y si no, haz la prueba con «la Tierra es plana» en Google y te darás cuenta de ello. Pero es importante saber que encontrar un único documento, o dos o tres, sobre algo no lo convierte en verdad. Que el método científico es algo mucho más complejo y que las recomendaciones científicas se emiten basándose en revisiones sistemáticas, donde son cientos de estudios los que se comparan y se revisan metódicamente.

EL FRÍO COMO MALVADO VILLANO

Es que, como camina siempre descalzo, se ha resfriado

Os encanta, lo sé. Venga, repetid conmigo, que de esta sacamos camisetas: **los virus no entran por los pies.**

—No entrarán por los pies, pero se enfrían y luego te constipas.

Que no. Bueno, en realidad, los pies se enfrían, cierto, pero eso no hace que tengas mocos, ni tos, ni que te duela la garganta. Lo siento, pero no. Las infecciones respiratorias se contraen por el contacto directo boca con boca con una persona que esté resfriada; no por contacto suelo-pie ni pie-pie.

Los virus respiratorios y muchas bacterias propias del invierno habitan en nuestra mucosa nasal y orofaríngea y a través de las gotitas de saliva que emitimos al hablar (o al toser, o al estornudar, o al reírnos a carcajadas), llamadas *gotas de flugge,* los virus «saltan» de un individuo a otro: es por ello que, para que nos contagiemos, nuestras bocas han de estar muy cerca, algo que ocurre a todas horas en las escuelas infantiles y los colegios, donde los niños juegan juntos y pegaditos unos a otros.

También esas gotitas de saliva que emitimos al hablar se pueden quedar en nuestras manos o en objetos como juguetes, chupetes, etc. y ser estos los que hacen de «vehículo» de los siguientes contagios. **Por eso es tan importante insistir en el lavado de manos frecuente para disminuir en la medida de lo posible el riesgo de contribuir a diseminar infecciones.** Y esto es algo que podemos enseñar a nuestros niños desde que son muy pequeños, tanto el lavado de manos frecuente como toser y estornudar sobre el codo y no sobre su propia mano.

Ha salido al patio sin la chaqueta y por eso ahora tiene esta pulmonía, ¿verdad?

Pues tampoco. Las neumonías, que es en realidad como se llaman, pueden tener básicamente dos orígenes en la infancia:

- Víricas, es decir, producidas por virus, como por ejemplo la gripe.
- Bacterianas, producidas, por ejemplo, por el *Streptococo pneumoniae* o el *Mycoplasma pneumoniae,* entre otros.

En ambos casos el contagio se produce de la misma manera que los catarros y resfriados comunes: por contacto directo.

Pero vamos un poco más allá: si además estamos en una sala poco ventilada, con ventanas cerradas y muchos niños (o adultos), el riesgo aumenta; si, por el contrario, abrimos ventanas y aumenta la ventilación, el riesgo disminuye, y si además salimos al patio y jugamos al aire libre, el riesgo es aún más pequeño. Por lo tanto, nuestros hijos no contraen una neumonía por salir a jugar sin la chaqueta, sino que la contraen dentro del aula (con o sin chaqueta).

Pero, entonces, ¿el frío no resfría?

Esta pregunta siempre cae. El frío en sí y por sí mismo no resfría, lo que ocurre es que las bajas temperaturas producen ciertos cambios en nuestro organismo que facilitan que los virus y bacterias circulantes provoquen una enfermedad una vez se encuentren dentro de nuestro cuerpo. **Pero lo que causa la enfermedad no es el frío, es el virus o la bacteria que contraemos por el contacto directo con otras personas contagiadas.**

Cuando inspiramos y el aire atraviesa nuestra nariz, este **se filtra, se calienta** y **se humedece** gracias en parte a los cilios, unos pelillos muy finos que recubren nuestra mucosa nasal.

El aire exterior idealmente ha de pasar por la nariz para que sea filtrado en esa primera barrera de entrada, lo limpie y lo deje húmedo y caliente para que llegue en buenas condiciones a nuestros pulmones, donde se hará el intercambio gaseoso.

En épocas de frío, esos pelillos funcionan más torpemente; nuestras barreras naturales son algo más deficientes. Si a esto le sumamos que en épocas de bajas temperaturas circulan más virus respiratorios, estamos más tiempo en sitios cerrados y no ventilamos como lo hacemos en verano, nos encontramos ante la tormenta perfecta para que enfermemos con más frecuencia que durante los periodos de sol y calor.

Pero es que, además, la nariz, y mira lo pequeña que es, también tiene una función defensiva en cuanto a nuestra inmunidad: en su mucosa fabricamos defensas. Sí, así como lo lees. En sus paredes se sintetizan agregados linfocitarios que luchan contra cualquier agente externo que nos pueda dañar y cuya misión es impedir la adhesión y entrada de gérmenes a la mucosa. Pues esta función, con las bajas temperaturas, se ve alterada, digamos que no es igual de efectiva, por lo que nos hace más vulnerables.

Entenderás ahora también las múltiples complicaciones que sufren niños y adultos que por algún motivo no respiran por la nariz y lo hacen directamente por la boca; automáticamente nos saltamos ese primer peaje de este viaje donde el aire inspirado ni se limpia, ni es examinado por nuestro implacable ejército defensivo de la mucosa nasal, ni se humedece ni se calienta antes de llegar al pulmón.

Y si se acuesta con el pelo mojado, ¿no se resfriará?

Pues tampoco. Tras haber leído el mecanismo por el cual los virus entran en nuestro organismo, entenderéis que tener el pelo húmedo no hará que cojas un resfriado.

LOS VERDADEROS VILLANOS: VIRUS Y BACTERIAS

¿Sabías que el lavado de manos es una de las estrategias sanitarias que más vidas salva en el planeta?

Pues así es. Yo misma me quedé impresionada cuando, en uno de mis viajes con Unicef a África, nos comentaban los compañeros de allí los datos que habían obtenido tras el «sencillo» gesto de dotar a las aldeas de pastillas de jabón. Lugares donde la diarrea es una de las principales causas de mortalidad. De hecho, cada año pierden la vida más de un millón y medio de personas, mayoritariamente niños, por esta causa. Escuchar de primera mano a aquellas madres africanas emocionadas cómo esas pastillas de jabón les habían cambiado la vida y que sus hijos ya no se morían de diarrea, me conmovió.

—Si pudiese pedir algo para los siete hijos que me quedan vivos, sería justamente esto, un pozo de agua cerca y estas pastillas de jabón —me decía una madre con una delgadez extrema y una cara ajada prematuramente por la hambruna y las sequías que azotan el Sahel.

Y es que los datos son escalofriantes. Según informes de Unicef, organización a la que tengo el honor de pertenecer, cada día fallecen 1.800 niños en el mundo por diarrea, una enfermedad prevenible.

Así que, queridos niños del mundo, lavaos las manos a menudo y caminad descalzos por casa si así lo deseáis: no os vais a resfriar.

Ahora bien, volviendo a los pies y al frío, cada vez que sale este tema, siempre hay un pequeño sector que dice:

—Ya, claro, y si sales a la montaña desnudo a tres grados bajo cero, tampoco, ¿verdad?

Entenderéis que este escenario en el que corres un alto riesgo de entrar en hipotermia y sufrir graves complicaciones que incluso te pueden costar la vida no se parece en nada a caminar descalzo por tu propia casa, ¿verdad? Pues eso.

Y LLEGÓ EL ACABOSE, ¡LA FIEBRE!

Ocho días con fiebre y ocho días encerrados en casa sin salir. ¡Estamos que nos subimos por las paredes!

Entiendo que cuando el bebé, o el niño, o el adolescente esté con fiebre, no queráis salir. A nadie le apetece salir cuando está en plena subida, ¿verdad? ¿Dónde mejor que en el sofá con tu manta y tus mimos? Sin embargo, si a tu hijo ya le ha bajado la fiebre y está animado, no hay problema alguno en que salga a despejarse y que respire aire fresco. Básicamente lo que hacemos cuando están enfermos es buscar su confort y bienestar; si ya no tiene fiebre, habéis logrado que coma algo y lo veis animado, podéis ir a dar un paseo; es una gran «medicina» para todos.

Fiebre alta, ¡qué miedo! ¡A ver si va a convulsionar!

Otro mito más. Los niños que están genéticamente predispuestos a tener convulsiones febriles lo harán con fiebre alta y, sobre todo, he de decir, con fiebre más baja. Los grados de temperatura, una vez superados los 37,5 °C, no aumentan las posibilidades de convulsionar.

Es más, cuando convulsionan lo suelen hacer en el primer pico de fiebre, cuando esta todavía no ha alcanzado los 38,5 °C. El hecho de que suba a temperaturas superiores a 39 °C no lo hace más propenso a convulsionar. Las convulsiones febriles típicas son una entidad benigna frecuente en la infancia, cuya presencia está determinada genéticamente y que, en casi la mitad de los casos de un primer episodio, se vuelve a presentar en las ocasiones sucesivas en que el niño caiga enfermo. Pero... ¿hasta cuándo?, preguntáis aterrados. Pues habitualmente, si reinciden, lo harán hasta los cinco años. Y luego las convulsiones desaparecerán.

Pero, insisto, el valor numérico de la temperatura no es el factor desencadenante de la convulsión febril simple.

***El niño tiene fiebre.
¡Uy, eso es que
está dando un estirón!***

Crecer no provoca fiebre. Ahora bien, desgranando esta creencia popular nos encontramos con distintos aspectos que muy probablemente estén relacionados con esta opinión tan extendida. Por un lado, la hormona de crecimiento aumenta su producción durante el sueño y, por otro, cuando los niños están enfermos, suelen dormir más, de ahí que muchos padres, madres y abuelas relacionen una cosa con la otra.

Sin embargo, y en contraposición a esto, lo que sí sabemos es que variables como algunas enfermedades crónicas en la infancia o atravesar periodos en los que un niño está enfermo de forma continuada tienen una repercusión negativa en su crecimiento, lo que también tiene su lógica. Al estar enfermos, normalmente comen menos, hacen menos deporte, les da menos el sol, factores que, cuando están presentes, favorecen el crecimiento en los niños. Además, en estos largos procesos de enfermedad, su cuerpo digamos que ahorra energía para superar la enfermedad y lo hace a costa de la talla.

Por lo tanto, no se puede generalizar ni afirmar categóricamente que cada vez que nuestros hijos tengan fiebre pegan un estirón, porque entonces los niños que acuden a la escuela infantil desde tempranas edades y que además sufren el triple de enfermedades infecciosas que los que no van a la escuela infantil en los primeros años serían todos más altos y no es así. La realidad es que la talla final de nuestro hijo va a depender básicamente de la talla del padre y de la de la madre. Y esto ya viene de serie, impreso en su material genético.

Pero ¿entonces no hay nada que favorezca su crecimiento?

Sí, sí que lo hay.

- Hacer deporte regularmente.
- No sufrir enfermedades graves.
- Huir del sedentarismo.
- Hacer actividades al aire libre para que les dé el sol y sinteticen vitamina D, que es fundamental para su metabolismo óseo.
- Comer una dieta rica en frutas, verduras, legumbres, hidratos de carbono, a ser posible a costa de cereal de grano integral, y proteínas de alta calidad como huevos o pescados, huyendo de los ultraprocesados, refrescos y azúcares.

Todos sabemos que fumar mata, ¿verdad? Pues el sedentarismo también.

Ya que hemos tocado el tema del sedentarismo, aprovecho para comentar que la Organización Mundial de la Salud lo identifica como un grave problema de salud en los niños y jóvenes de cinco a diecisiete años. De hecho, estima que **las personas con un nivel insuficiente de actividad física tienen un riesgo de muerte entre un 20 y un 30 % mayor** que las personas que alcanzan un nivel suficiente de actividad física. Es más, afirman que cada año podrían evitarse entre cuatro y cinco millones de muertes si todo el mundo se mantuviera más activo físicamente.

Pero lo que me preocupa de verdad de este asunto, y llevando todo esto a nuestro día a día, son los resultados de un reciente y extenso estudio presentado en el **Congreso de la Sociedad Europea de Cardiología** en el pasado 2022, en el que tras analizar los datos de 766 niños y niñas se concluyó que:

«Las horas de inactividad durante la infancia aumentan el riesgo de sufrir infartos de miocardio y accidentes cerebrovasculares en la edad adulta temprana, incluso en personas con peso y tensión arterial normales».

Andrew Agbaje, de la Universidad de Finlandia Oriental, en Kuopio (Finlandia), participante del estudio *Children of the 90s*, que comenzó en la década de los noventa y que recoge una de las mayores cohortes del mundo, con mediciones del estilo de vida desde el nacimiento, afirma que:

> **Todas esas horas de pantalla en los jóvenes se suman a un corazón más pesado.** Lo que sabemos por estudios en adultos es que aumenta la probabilidad de infarto e ictus en su etapa adulta temprana.

Lo que viene a decir que cuando éramos pequeños lo normal era escuchar casos de infartos en personas mayores de sesenta o setenta años y ahora, por desgracia, ya no es extraño encontrarnos con casos de infarto o ictus a los 35 o incluso antes.

UN POCO DE TODO

Como está malito con muchos mocos, no lo bañamos

Cuando aún era una pediatra novata y me decían esto, reconozco que me quedaba siempre unos segundos enganchada con pensamientos en bucle. Y es que aquí, una, que necesita respuestas, no lograba llegar a entender el origen de esta creencia popular, hasta que un día me lancé a la piscina y pregunté:

—Pero ¿qué tiene que ver que tenga mocos para no bañarlo?

—Uy. —Pili, la madre, me miró sorprendida—. Pues a ver si se va a resfriar más aún —contestó convencida.

Sonreí y pensé: «Al final siempre terminamos en el mismo punto, "el frío resfría"».

Aun pensando que el origen de su comentario podía estar ahí, no me quedé conforme con su respuesta y le dije:

—Pero hablamos de bañarlo en casa, en la bañera, con agua calentita, ¿no?

—Claro, claro... ¡Como para meterlo en agua fría tal y como está! —me contestó.

—¿Entonces? —Os prometo que mi cabeza hacía todo lo que estaba en su mano para encontrar un razonamiento lógico.

Mientras, Pili me miraba con cierto recelo. «Esta pediatra no se entera», parecía leer en su frente, y yo seguía dándole vueltas mentalmente: «Si ella cree que el frío resfría, pero el agua está calentita, entonces lo que cree que resfría es el agua, aunque esté hirviendo y me saque al chiquillo escaldado».

Y en esa reflexión se ve que sufrí una ausencia de unos cuantos segundos mientras mis conexiones neuronales echaban humo, porque Pili se empezó a impacientar:

—Bueno, entonces ¿qué? ¿Lo puedo bañar o no lo puedo bañar? Porque la verdad es que le vendría genial para soltar todo ese moco.

Fue entonces cuando una risotada se me escapó ante su mirada atónita. Ella misma había llegado a la conclusión de que podía bañarlo, de que incluso le vendría bien, y todo ello sin que yo hubiese tenido que intervenir, salvo para hacerle un par de preguntas que pretendían aliviar mi curiosidad más que cualquier otra cosa.

Objetivo conseguido.

Por si no ha quedado claro: si tu hijo o hija están malitos, los puedes bañar. No hay problema. En la bañera de casa, entiéndeme, no en los lagos de Covadonga.

Leche cuando está acatarrado, ¡no, por Dios! ¡Todo el mundo sabe que la leche produce mocos!

No, la leche no produce mocos. Es un mito. Tampoco hay que retirarla en caso de cuadros catarrales ni en bronquitis de repetición. No tiene ningún sentido ni existe evidencia científica que justifique tal retirada. Retiramos la leche en aquellos casos en los que hay una alergia a la proteína de leche de vaca constatada, y lo hacemos por razones obvias, pero no se retira la leche en cuadros catarrales.

Otra cosa que sucede a veces es que, cuando tienen mucho moco, van tragándolo y acumulándolo en el estómago. Ese exceso de moco también se encuentra en garganta y fosas nasales. Todo ello hace que, en los niños más pequeños, al beber un biberón entero de leche (o de cualquier otro líquido), haya un conflicto de espacio entre el moco que tiene en toda la vía aérea superior y en estómago y esa gran cantidad de líquido que entra, y por ello vomitan. Al vomitar expulsarán no solamente lo que han bebido, sino toda esa mucosidad que habían acumulado y que en condiciones normales no está ahí. Digamos que el cuerpo siente la necesidad de desatascar y lo hace de la forma más efectiva que conoce, que es a través del vómito.

Venimos porque le han salido manchas blancas en las uñas: eso es que le falta calcio

Mito. Las manchas blancas en las uñas no tienen nada que ver con los niveles de calcio en sangre ni con la cantidad mayor o menor de leche que toman los niños.

Estas manchitas tienen un nombre: ***leuconiquia,*** y se deben a pequeñas lesiones en la matriz de la uña producidas la mayor parte de las veces por microtraumatismos como, por ejemplo, dar golpecitos con las uñas sobre las superficies. También en adultos se ven con frecuencia ante la exposición a determinados productos químicos, como es la manicura.

¿Infección de orina?
Te tengo dicho que no te sientes
en la taza del váter
de los baños públicos

La cantidad de veces que hemos oído esto de nuestras madres y de nuestras abuelas, ¿verdad? Pues me temo que tampoco es correcto. Esto es un mito.

Las causantes de las infecciones de orina, tanto en la infancia como en la vida adulta, suelen ser unas bacterias llamadas *E. coli,* entre otras que se encuentran en nuestra propia zona perianal (alrededor del ano).

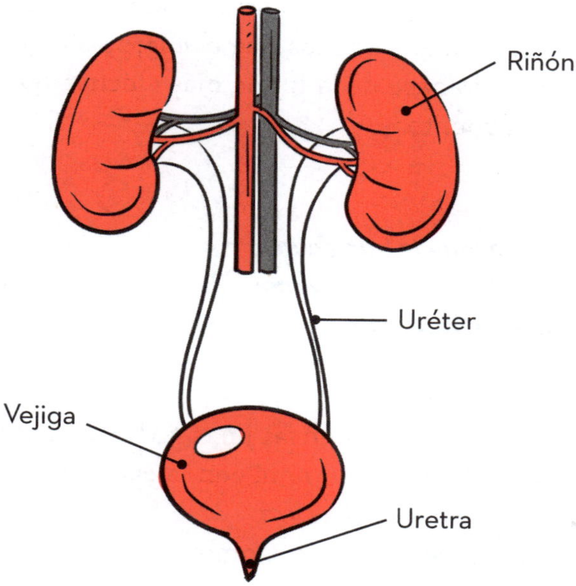

Recordemos que la orina es estéril, es decir, no lleva gérmenes, pero las heces, no; en las heces hay millones de bacterias. Si estas se escapan de su área y «viajan» hasta la uretra (orificio de salida de la orina), ya sea en niñas o en niños, pueden causar una infección de orina al trepar la bacteria uretra arriba y llegar a la vejiga, en cuyo caso sería una infección de orina de vías bajas (cistitis), mientras que si la bacteria asciende por el uréter hasta el riñón, podría causar una infección de orina de vías altas (pielonefritis).

Ahora entenderás por qué las infecciones de orina son mucho más frecuentes en las niñas que en los niños:

1. Porque la distancia que hay entre el ano y la uretra es muchísimo menor. En los chicos, entre el ano y la uretra están los testículos y el pene, por lo que el viaje de la bacteria hasta el sistema urinario es más largo.
2. En las niñas que aún usan pañal, al hacer caca es fácil que, por esa proximidad, las cacas invadan la zona genital y asciendan uretra arriba hasta la vejiga.
3. El trayecto de la uretra en sí hasta la vejiga es más cortito en las niñas que en los niños, que cuentan con toda la longitud del pene hasta llegar a la vejiga.
4. Las niñas no siempre se limpian bien al hacer caca y, si usan el papel de atrás hacia delante, arrastrarán todas esas bacterias hasta la uretra. Por eso es tan importante enseñar a nuestras niñas a limpiarse de adelante hacia atrás, e incluso hacerlo nosotros también cuando limpiamos a las bebés.

***Pues mi hija no sé,
pero yo, cuando cojo frío,
tengo infección de orina***

No se ha demostrado hasta la fecha evidencia científica sólida que apoye este argumento, aunque confieso que es una creencia muy extendida y que en muchos casos viene determinada porque, cuando una tiene una cistitis (infección de orina de vías bajas), aplicar calor local, como puede ser usando una manta eléctrica o mediante duchas con agua caliente, alivia los síntomas. Es muy probable que este hecho nos haga pensar que el frío pueda ser el culpable. Pero lo cierto es que no. El frío no es el agente causal de la infección. De hecho, entre el 80-90 % de las infecciones de orina, como ya hemos visto antes, están producidas por esa bacteria que se encuentra a nivel intestinal llamada *E. coli.*

También es verdad que las mujeres que han tenido una cistitis tienen más posibilidades de repetir, y es por ello que debemos conocer cuáles son los factores de riesgo de estas infecciones tan sumamente molestas y dolorosas.

Factores de riesgo para sufrir infecciones de orina

- **Exceso de higiene íntima,** lo que altera la flora bacteriana natural que tenemos, que representa la primera barrera ante las infecciones. Higiene sí, pero a todas horas, no. Lo que sí es muy importante es que, a la hora de ir al baño, nos limpiemos adecuadamente, siempre de adelante hacia atrás y no al revés, ya que arrastraríamos todos los gérmenes de la zona anal a la vaginal/uretra.
- El **estreñimiento** favorece las infecciones de orina, tenlo en cuenta.
- **Uso incorrecto de antibióticos:** tomarlos menos o más días de los que te ha recomendado tu médico, utilizar antibióticos de amplio espectro cuando no son necesarios o automedicarse favorecerá que sigas padeciendo estas infecciones.
- **Diabetes mal controlada.**
- **Relaciones sexuales:** es muy importante el vaciado de la vejiga y el lavado genital tras la actividad sexual para evitar que las bacterias que han llegado hasta allí por el intercambio de fluidos suban uretra arriba y nos causen una *cistitis poscoital,* que es como se llama.

- **Retención urinaria y escasa ingesta de líquidos,** es decir, si tenemos por costumbre aguantar el pipí y además bebemos poca agua, favorecemos que la vejiga esté siempre llena, lo que facilita que las bacterias que suban uretra arriba se instalen en la vejiga y hagan de las suyas. Cuanto más tiempo pasen esas bacterias en la vejiga, más posibilidades hay de que causen una infección. Si somos conscientes de ello, bebemos agua con frecuencia y vamos al baño regularmente, disminuirá este riesgo, porque no daremos la oportunidad de que las bacterias campen a sus anchas: antes de que se den cuenta de que han llegado a nuestra vejiga, ya estaremos tirando de la cadena del váter.

¿Qué ocurre en invierno con las infecciones de orina? Que solemos beber menos líquidos que en verano y por eso hay mujeres que asocian el invierno y, por tanto, las bajas temperaturas con el hecho de que padecen más infecciones.

- Si por el contrario bebemos frecuentemente, ya sea verano o invierno, y vamos al baño con asiduidad, esto hará que, por efecto arrastre, limpiemos la vía urinaria de forma más efectiva.
- **¿Y qué ocurre en verano con los bañadores mojados?** Que la humedad y las altas temperaturas ayudan a que los gérmenes proliferen con más facilidad, de ahí la común recomendación de no permanecer con el bañador húmedo si eres propensa a tener infecciones de orina o utilizar ropa interior de algodón que transpire para huir de dicha humedad, que hace que se lo pongamos un poco más fácil a los gérmenes para provocarnos una infección.

La cebolla y la tos

Pues mucho me temo que lejos de dejar un aroma a cebolla en toda la habitación, y si te descuidas en la casa entera, hasta el momento no se ha demostrado que cortar una cebolla en trozos y ponerlos en la mesita de noche disminuya la tos. Aun así, os confesaré que, en lo que se refiere a este mito, dado que no tiene ningún efecto contraproducente, soy bastante clara y al mismo tiempo flexible con los padres y madres de mi consulta:

—Evidencia, hasta el momento, no hay.

—Pero ¿es malo?

—Malo no parece tampoco —les digo arqueando las cejas.

—Entonces seguiré poniéndosela.

Y llegados a este punto, os diré que una pediatra experimentada como yo, al igual que hago con mis hijos adolescentes, o con la abuela y el trocito de papel en la frente de su nieto para quitar el hipo, elige las batallas que sí merece la pena librar, y esta de la cebolla no la merece.

—Pues bien..., venga, vamos a quitarle la ropita a ver cómo va ese pecho. —Y continúo con alegría.

No le lavo el pelo todos los días, que es malo

También es un mito. Tanto en niños como en adultos. Tampoco es verdad que el lavado frecuente del cuero cabelludo haga que se nos caiga el pelo.

—Pero... ¿me lo puedo lavar todos los días?

—Te lo puedes lavar todos los días.

Aquí una que se lo lava a diario desde que tiene uso de razón. Yo personalmente no sé salir de casa sin antes ducharme y lavarme la cabeza.

Se recomienda lavar el cuero cabelludo las veces que sean necesarias para que esté limpio; y habrá personas para las que esto implique hacerlo todos los días y las habrá que con tres o cuatro veces a la semana tengan suficiente.

Se quemó con un poco de aceite, pero, oye, pasta de dientes ¡y mano de santo!

Error. Ni pasta de dientes ni remedios caseros que lo único que pueden hacer es empeorar la lesión. Inmediatamente después de quemarse, debemos poner la lesión bajo el chorro de agua fría durante al menos quince minutos. Esto es lo más efectivo. Si sale una ampolla, estaríamos hablando de una quemadura de segundo grado y convendría consultar con el pediatra. No, las ampollas no se pinchan en casa con una aguja de coser que hayamos calentado con un mechero, que os veo venir...

La complicación más frecuente de las quemaduras es la sobreinfección. Por eso es fundamental tener una exquisita higiene, con agua y jabón y antisépticos.

Una cucharadita de leche condensada al día es buena para los huesos

Para los huesos seguro que no, pero para hacer unas fantásticas y profundas caries seguro que sí. Ten en cuenta que, si vas al etiquetado de las leches condensadas, todas ellas acumulan entre un 40 y un 60 % de azúcar. ¡Ahí es nada! Y hasta la fecha las altas concentraciones de azúcar en los alimentos no solamente no son buenas para los huesos, sino que no son buenas para ningún órgano de tu cuerpo.

Vicks VapoRub en la planta del pie y se va la tos. ¡Magia!

La primera vez que escuché esta leyenda urbana fue durante una noche de guardia en el hospital. Me llamaron desde enfermería porque uno de los bebés que teníamos ingresados por bronquiolitis había empeorado y tosía mucho. Cuando entré en la habitación, pensé:

—¡Uy, cómo huele aquí! ¿Se habrán traído el ambientador de eucalipto de casa?

Y no os riais, que aquí una ha visto de todo.

Total, que, al ir a explorar al bebé, no sé por qué razón le toqué el piececito ese regordete que movía alegremente a pesar del trabajo respiratorio que tenía.

Nada más tocarlo, lo solté y me miré la mano: «¿Qué es este pringue?», pensé mientras trataba de disimular frente a la mamá, que parecía preocupada.

No debí de disimular muy bien, porque en seguida la madre dijo:

—Ay, que se habrá puesto perdida, doctora. Es que le pongo el Vicks VapoRub en la planta de los pies para mejorar la tos y, ya de paso, aunque lo que funcionan son los pies, también se lo pongo en el pechito y a veces también debajo de la nariz.

«No me extraña que tosa el chiquillo. En una de estas, le salen raíces por la nariz y ramas de eucalipto por las orejas», pensé mientras sonreía amable y sinceramente a la mamá.

Vayamos por partes. De entrada, este tipo de ungüentos están desaconsejados en menores de dos años porque, de hecho, en muchos casos, esos olores tan intensos lo que provocan son broncoespasmos (les irrita la vía aérea y esta se cierra) y, por tanto, tosen más. Que es lo que justamente le pasó a este paciente. Y, en segundo lugar, no, no está demostrado que mejoren la tos a ninguna edad. Aplicado en la planta de los pies, tampoco.

EL FILÓN DE LAS DEFENSAS

Una cucharadita de miel para subir las defensas

Me temo que no. La miel no «sube las defensas».

Lo que sí produce, y así está descrito, es cierto alivio en procesos faríngeos en los que hay inflamación de la garganta debido al efecto emoliente de la propia miel. Los pacientes refieren alivio en síntomas que describen como «picazón» o incluso en toses irritativas.

Los autores de las múltiples revisiones que existen sobre ello concluyen que:

> La miel podría ser, en niños mayores de un año de edad, una alternativa elegible frente a los jarabes para la tos, por su perfil de seguridad y por su posible beneficio para el tratamiento sintomático, aunque en muchas ocasiones la mejor opción será no prescribir tratamiento alguno.
>
> Resulta prudente y esencial comunicar a los pacientes y sus cuidadores sobre la naturaleza autolimitada de la tos aguda durante las infecciones respiratorias agudas altas para así lograr disminuir la ansiedad que genera dicho síntoma, evitar el uso innecesario de antibióticos y evitar compras de jarabes para la tos, que pueden no tener utilidad y sí potenciales riesgos para la salud.

Recordemos que en los niños menores de un año no se debe administrar miel en ninguna circunstancia debido al riesgo de desarrollar una enfermedad grave denominada *botulismo,* que puede tener lugar por la inmadurez inmunológica propia de los lactantes menores de doce meses.

Está malito semana sí, semana no. ¿No tendrá las defensas bajas?

Probablemente esta sea una de las preguntas que con más frecuencia hacéis cuando vuestro hijo acude por primera vez a la escuela infantil o al colegio y sufrís en primera persona todo aquello que habíais escuchado pero que no os habíais terminado de creer. **Efectivamente, los niños escolarizados enferman hasta tres veces más que los niños no escolarizados, con una media de entre seis y ocho procesos infecciosos al año.** Y esto lo vemos en niños y niñas sanos por todo lo demás. Es decir, sin afectación de su sistema inmune ni enfermedad de base. Vamos, que lo normal cuando escolarizamos a un hijo es que al principio coja todo al vuelo: catarro, gastroenteritis, alguna otitis. Y esto, aunque es desesperante, es lo habitual y a nosotros los pediatras no nos hace sospechar que haya ningún problema de base. Por lo tanto, aunque cueste encajarlo, que tu hijo haya enfermado muchas veces, pero nunca haya sido nada grave, es una buena noticia.

Distinto es el niño o la niña que no coge infecciones banales, sino que ha sufrido dos neumonías en un mismo invierno, o ha sufrido tres o más bronquitis o infecciones de vías bajas en apenas tres o cuatro meses, o ha tenido una sepsis, una meningitis o varias otitis medias supuradas y febriles en un mismo invierno, o quizá más de tres amigdalitis bacterianas febriles en las que se constató la presencia de un estreptococo en los test rápidos en el mismo curso escolar... En estos casos sí debemos detenernos y estudiar en detalle qué puede estar ocurriendo.

Sea como sea, yo siempre os recomiendo hacer un pequeño registro que posteriormente a tu pediatra le va a ayudar mucho. Es decir, escribir en una libreta, o en la propia agenda del móvil, los días exactos en los que enfermó con los síntomas que ha tenido, y si habéis tenido que acudir al pediatra o a urgencias.

Por experiencia de madre os diré que, si no lo anotamos, en muchas ocasiones se nos olvidan detalles importantes que pueden resultar de utilidad al médico; puede incluso pasar que distorsionemos la realidad. La falta de sueño y el hartazgo de tanta infección nos hacen mella, a mí también.

Por lo tanto, a partir de ahora, registro en mano y objetividad y así no solo se lo pondremos mucho más fácil a tu pediatra, sino que evitaremos pruebas y estudios innecesarios a tu hijo o hija.

Zumito de naranja todas las mañanas para subir las defensas

Mito. Es más, **la fruta no se bebe, la fruta se muerde, se mastica y se traga.**

Idealmente es mucho más saludable ofrecerles a nuestros hijos la fruta entera que en zumo, ya que al hacer el zumo estaremos desechando la parte más interesante nutricionalmente hablando de la fruta. Ahora bien: ¿pasa algo porque le dé un zumito de vez en cuando? Obviamente, no; la excepción no es lo que marca el hábito ni nuestra salud.

Sin embargo, debes conocer los cinco motivos por los que no se recomienda el consumo habitual de zumos naturales en los niños.

1. En el zumo **perdemos toda la fibra,** tan recomendada en nuestra dieta.
2. Si exprimimos la fruta, **los azúcares naturales de la fruta natural se convierten a todos los efectos en azúcares libres.** Al tirar la pulpa, se pierde «la matriz», que es la que retiene los azúcares. En condiciones normales (fruta entera), la matriz hace que se liberen de una forma más lenta los azúcares en nuestro organismo. Al desaparecer este mecanismo exprimiendo la fruta, el azúcar se comporta como azúcares libres que directamente pasan a nuestro torrente circulatorio y provocan unos picos de insulina nada recomendados, y menos aún en los niños.
3. **Masticar la fruta es mucho más saciante** que en zumo. La masticación juega un papel clave.

4. Los zumos son **hipercalóricos** si los comparamos con la fruta entera. Un niño se toma como mucho una naranja entera o una manzana entera, pero en zumo o licuado sería capaz de tomarse tres o cuatro piezas. ¿O no? No es raro encontrarnos en consulta a niños con sobrepeso u obesidad que te comentan que beben zumo cada día, en muchas ocasiones hasta dos o tres veces al día.
5. Si, por el contrario, nos encontramos con los niños mal llamados ***malos comedores,*** para cuyos padres darles de comer es todo un desafío, y les ofreces un zumo a media mañana o a media tarde, estarás hipotecando la siguiente comida. Es probable que se le quite el apetito con ese «chute» calórico y tengamos que pagar el precio de ver como ni prueba las lentejas. Así que eso de «al menos, que se tome un zumito», por favor, desterradlo. Es preferible que no tome nada y luego haga una comida como corresponde que regalarle esas calorías muertas.

***Bébete ya el zumo,
que se le van las vitaminas***

Y antes de sentarte a la mesa ya te bebías el zumo de un trago, ¿verdad? Pues mucho me temo que esto, de nuevo, es un mito. No, las vitaminas, en concreto la vitamina C, de la que tanto nos hablan nuestras madres, no están esperando a caer en el vaso para pegar un salto y salir volando. Es más, se necesitarían temperaturas superiores a los 100 °C para descomponer de forma irreversible la vitamina C.

Lo he apuntado a la escuela infantil para que vaya cogiendo defensas

Pues si las vitaminas no salen volando del vaso, las defensas no entran en tu cuerpo el mismo día que entras en la escuela infantil. Lamentándolo mucho, la mayor parte de las infecciones que contraen nuestros hijos en la escuela infantil no generan inmunidad permanente, es decir, pueden volver a sufrir esas infecciones si el virus o la bacteria en cuestión entra en contacto de nuevo con su cuerpo. Así es como la Asociación Española de Pediatría afirma que los niños menores de tres años escolarizados enferman el triple de veces que los no escolarizados. La mayor parte de esas infecciones son resfriados comunes, laringitis, bronquitis, otitis medias, faringitis, amigdalitis y gastroenteritis, y ninguna de estas enfermedades logra disminuir el número de infecciones a corto plazo. Es más, la inmunidad en menores de tres años es más pobre y digamos que es más torpe, por lo que los niños, cuanto más pequeños, se desenvuelven peor frente a estos gérmenes, de ahí la famosa frase:

—Es que no es normal; desde que va a la escuela infantil, está malo semana sí, semana no.

Y así es. Es desesperante, lo sé. Pero debemos entender que, además de ser niños pequeños con un sistema inmune inmaduro, se encuentran en espacios cerrados, no siempre ventilados, con una docena de niños a su alrededor y en un entorno en el que, aun extremando todas las medidas higiénicas aconsejadas, como el lavado de manos frecuente, los niños son propensos a compartir juguetes, besos y abrazos y con ellos los virus que llevan en su pequeño cuerpo.

Pero no todo son malas noticias. Existen estudios como este publicado en *Archives of Pediatrics and Adolescent Medicine,* en el que, tras el seguimiento de más de 1.200 niños que acudieron a la escuela infantil, los autores concluyen que:

> La asistencia a guarderías grandes se asoció con más resfriados comunes durante los años preescolares. Sin embargo, se descubrió que protege contra el resfriado común durante los primeros años escolares, presumiblemente a través de la inmunidad adquirida. Esta protección se desvaneció a los trece años de edad.

Ahora, también es verdad que los resfriados comunes citados en este y en otros estudios similares representan un solo grupo de patologías dentro del abanico tan amplio de enfermedades infecciosas que sufren los niños y las niñas cuando están escolarizados (gastroenteritis, enfermedad mano pie boca, impétigo, bronquitis...).

También os diré que hay niños que acuden a la escuela infantil desde edades tempranas y, contra todo pronóstico, ni enferman ni se ve afectada su salud en lo más mínimo. Con ello quiero dejar claro que la escolarización temprana es una decisión familiar que en ningún caso debería ser motivo de juicio ni hacia un lugar ni hacia otro.

La cantidad de opiniones no solicitadas que tenemos que escuchar: si lo llevas a la escuela infantil, eres una «mala madre» por dejarlo allí con lo pequeño que es. Y si no lo llevas, porque, pobrecito, lo que se está perdiendo.

Pues no. Ni blanco ni negro.

Tenemos niños pequeños para los que los pediatras claramente recomendamos la escolarización temprana porque hay aspectos de su neurodesarrollo o de su lenguaje a trabajar, y también los hay a los que les desaconsejamos entrar en la escuela infantil porque los riesgos que asumimos en su caso en concreto no nos compensan. Por ejemplo, grandes prematuros, niños con patologías crónicas que se desestabilizan con cada infección, etc.

Por lo tanto, te recomiendo que lo hables tranquilamente con tu pediatra, con tu familia, que escuchéis las necesidades de vuestro hijo y las vuestras propias. Que, si los progenitores necesariamente tienen que trabajar y sus horarios son incompatibles con cuidar del bebé en casa, y no hay otro cuidador de confianza, pues adelante, busquemos un lugar seguro y amoroso. Tu hijo estará en manos de profesionales que velarán por su cuidado. Pero si existe la posibilidad de que un familiar o un cuidador de confianza se encargue de tu hijo los primeros años de vida, no hay una necesidad real justificable, en un niño sin ningún problema, de escolarizarlo tempranamente.

Hagáis lo que hagáis, tened presente que, con el paso de los años, entraréis en una maravillosa «luna de miel» en la que vuestros hijos dejan de ponerse enfermos, o al menos no lo hacen tanto. Comprobaréis como con seis, siete, ocho años, y más adelante, los catarros duran apenas unos días y los episodios febriles se cuentan sobradamente con los dedos de una mano.

Como siempre os digo..., todo pasa.

YA QUE ESTAMOS, NOS CONVALIDAMOS MEDICINA

Ya hemos aprendido cómo nos resfriamos, qué estrategias nos podrían ayudar y cuáles no sirven para nada por mucho que nos las repitan una y otra vez. Sin embargo, la realidad es que, por mucho que nos hayamos lavado las manos y hayamos ventilado, nuestro hijo en algún momento cae enfermo. Y ahora, ¿qué hacemos?

Dame el antibiótico de los tres días, anda

Pero no solo esto. A esta frase tan popular se le suman todas estas:

—Por favor, danos el antibiótico, que ya llevamos tres días y estos mocos no paran...

—Muy bien el antibiótico que me has dado, sí. Pero, como iba mejor, a los cinco días se lo dejé de dar.

—Su hermano empezó con los mismos síntomas y le di el mismo antibiótico que me había sobrado en casa. Total, tenían lo mismo.

¿Os suena todo esto?

La resistencia a los antibióticos es un grave problema mundial. Tanto es así que la OMS estima que, si seguimos por este camino, en el año 2050 morirán diez millones de personas al año, siendo la resistencia a los antibióticos la primera causa de mortalidad, por encima ya del cáncer.

A lo largo de estos años, he tenido la suerte de participar como ponente en varias mesas redondas en el Ministerio de Sanidad durante el Día Europeo para el Uso Prudente de los Antibióticos, una iniciativa europea de salud pública anual que se celebra el 18 de noviembre y cuyo objetivo es sensibilizar sobre la amenaza que la resistencia a los antibióticos supone para la salud pública y fomentar su uso prudente. Y os puedo asegurar que los testimonios tanto de pacientes como de sanitarios, investigadores y científicos no dejan a nadie indiferente.

Y es que esta batalla la libramos todos. Porque no es que uno se vuelva resistente si abusa de antibióticos, no. La que se hace resistente es la bacteria, no nosotros.

¿Y qué quiere decir esto?

Que si las bacterias se hacen multirresistentes y tienes la mala suerte de encontrarte con una, da igual que no hayas tomado nunca un antibiótico o que no lo haya tomado nunca tu hijo: ella es la resistente y las consecuencias son nefastas para quien la padece.

Por eso es tan importante que todos tomemos conciencia, porque el mal hacer de algunos repercute en toda la humanidad.

Volviendo al antibiótico de los tres días, la azitromicina es un fármaco que se prescribe para infecciones concretas en las que tu pediatra sospecha la infección por determinadas bacterias, pero no es el antibiótico de elección en catarros (que son de origen vírico y nunca se tratan con antibióticos), ni en faringoamigdalitis ni en otitis, salvo en los alérgicos a la penicilina.

Por lo tanto, no se debe recetar indiscriminadamente bajo la presión de pacientes que nos lo solicitan, a pesar de la comodidad de dárselo solo durante tres días.

Tampoco se debe suspender un tratamiento pautado por tu pediatra sin antes consultarlo, ni por supuesto dar antibióticos sin la prescripción adecuada.

Tampoco, estimados compañeros sanitarios, debemos matar moscas a cañonazos y tratar infecciones bacterianas comunes con antibióticos potentes, los llamados antibióticos de amplio espectro.

Hagamos un esfuerzo entre todos, porque, como os digo, esta es una batalla en la que todos tenemos nuestra parte de responsabilidad.

Por favor, dame pronto el antibiótico, que así se le pasa antes

Más de lo mismo. Si es una infección vírica, el hecho de que le des un antibiótico no hará que mejore antes, en absoluto. Los virus no se tratan con antibióticos.

Mira qué mocos verdes, eso es que necesita un antibiótico

Tampoco.

El color del moco no determina si el niño necesitará o no antibiótico. De hecho, la inmensa mayoría de las infecciones respiratorias que provocan estos tan molestos mocos en los niños son víricas, **y los virus, repitamos una vez más, no se tratan con antibióticos.**

En un resfriado común, los mocos que nuestra propia mucosa fabrica para atrapar a los gérmenes inicialmente son de color transparente. A medida que van pasando los días, se van haciendo blanquecinos. Si la infección sigue inflamando la vía aérea, observaremos que se vuelven de un color amarillo pálido, pero si seguimos sumando días, de amarillo claro pasaremos a amarillo oscuro y de ahí a verde; verde claro, verde más oscuro, verde militar, hasta llegar al verde radioactivo que hace saltar todas las alarmas.

¿Y esto por qué es así?

Veréis que es muy sencillo de entender: cuando un virus ataca nuestra mucosa nasal, el organismo, para defenderse, empieza a fabricar neutrófilos. Estas pequeñas células son las encargadas de eliminar a todo agente extraño que ose comprometer nuestra salud. Los neutrófilos fabrican una potente enzima llamada peroxidasa, que es muy rica en hierro y confiere a los mocos ese color verdoso. Así que el color verde que veis es el resultado de una «guerra» en toda regla entre virus y defensas (neutrófilos). A los niños y niñas de mi consulta siempre les digo: tras semejante batalla campal, ¿qué menos que dejar algún rastro? ¿No? Pues el rastro es precisamente ese: el color verde.

Y es que, además, en esta lucha a veces se cuela alguna bacteria, como puede ser el *Staphylococcus aureus,* que es de color dorado, o la *Pseudomona,* que es verde, pero eso no significa que estas bacterias predominen frente a los virus y por ello, aun con este color, tampoco significa que debamos pautar un antibiótico.

Algo parecido ocurre con los hematomas, que van cambiando de color a medida que van pasando los días y no por ello nos alarmamos, ¿verdad?

Sí que es importante tener en cuenta que, si esos mocos verdes duran más de dos semanas, son muy malolientes, la fiebre persiste o tu hijo empieza con dolor intenso en la frente o incluso facial, a ambos lados de la nariz, habría que consultar, porque, en contadas ocasiones, un resfriado común se puede complicar con una sinusitis aguda que sí precise la toma de antibióticos.

Otitis.
¿Antibiótico sí o sí?

Pues tampoco. De hecho, en las guías de práctica clínica que se han actualizado recientemente, de entrada, si es una otitis media no complicada en niños mayores de seis meses, el tratamiento de elección inicial es el ibuprofeno para bajar la inflamación y aliviar el dolor o el paracetamol. Se valorará la toma de antibiótico si a las 48 horas no mejora.

Solo en estos casos estaría indicado pautar inicialmente el antibiótico:

- Si el bebé es menor de seis meses.
- Si hay afectación de ambos oídos.
- Si es una otitis perforada y observamos que uno de los oídos (o ambos) está supurando.
- Si tiene dolor intenso, fiebre elevada (Tª > 39 °C) que dura más de 48 horas o afectación del estado general.
- Si hay otros factores de riesgo: inmunosupresión, implantes cocleares, otitis media de repetición complicada, etc.

Venga, alternemos paracetamol e ibuprofeno. ¡Así es mejor!

Lamento deciros que no. La Asociación Española de Pediatría lo deja muy claro desde hace muchos años, a pesar de que esta práctica está extendida en hogares y también en consultas y servicios de urgencias, todo sea dicho.

No: no se deben alternar de forma sistemática.

- Alternando aumentamos el riesgo de sobredosificación, ya que las dosis de ambos fármacos son distintas. Los errores en la dosificación son muy habituales en los hogares con niños.
- No se ha demostrado que alternando paracetamol e ibuprofeno aumente la efectividad del tratamiento.
- Además, sumamos efectos secundarios de ambas medicaciones.

Por ello, para tratar la fiebre cuando hay malestar asociado, lo ideal es empezar con el paracetamol (ajustado al peso del niño), que es el fármaco de elección y el que tiene menos efectos secundarios.

Si no lo tolera o tu pediatra considera que se puede beneficiar del uso del ibuprofeno, nos pasaremos al ibuprofeno. Pero no alternaremos de forma generalizada.

Otra cosa son casos muy concretos de fiebre o dolores muy resistentes a tratamiento y que **de forma puntual** tengamos la necesidad de usar toda la batería de antitérmicos y analgésicos de que dispongamos; pero esto debe ser pautado y valorado por tu pediatra.

Recuerda que el paracetamol es un fármaco antitérmico (baja la fiebre) y antiálgico (mejora el dolor) y el ibuprofeno además de antitérmico y antiálgico también es antiinflamatorio; por eso, optamos por él en ocasiones como pueden ser las otitis, en las que hay mucha inflamación que, además de generar dolor, empeora el proceso. En casos así sí es probable que tu pediatra te indique iniciar primeramente con ibuprofeno, aprovechando la acción antiinflamatoria que el paracetamol no tiene.

Estamos fatal, los mocos le han bajado al pecho

El mayor miedo de los padres y madres cuando les decimos que su hijo tiene un catarro es: «Pero no le bajará al pecho, ¿verdad?». Y lo cierto es que los mocos «no bajan al pecho», lo que baja al pecho es el virus o la bacteria que ha entrado en nuestro organismo.

En ocasiones solamente se queda en garganta, provocando una faringitis o amigdalitis, otras veces llega hasta la laringe, causando una laringitis, y en ocasiones el germen desciende a tráquea, bronquios o bronquiolos, provocando una inflamación de las mucosas que en este caso y por orden de mención sería traqueítis, bronquitis o bronquiolitis.

Secundariamente a la inflamación, el organismo fabrica moco en ese lugar inflamado. Y lo hace para defenderse. Por ello el moco de nariz no baja al pecho, sino que baja el virus en cuestión, y la mucosa del bronquio, para defenderse, empieza a activar sus mecanismos, entre los que se encuentra la fabricación de moco, que atrapará los gérmenes y, a través de la tos, ayudará a expulsarlos.

Pero, entonces, ¿qué hacemos con la tos? ¿No me vas a dar un jarabe para cortar la tos? ¿En serio? Si es que no sé ni para qué vengo, vosotros los pediatras todo lo arregláis con lavados nasales y ya está

No os riais, que no hay pediatra que no haya escuchado esto alguna vez. La tos en los resfriados comunes y en las infecciones respiratorias de vías altas en general es un factor protector de nuestro organismo en el sentido de que ayuda a movilizar todo ese moco que se está fabricando y que está atrapando los gérmenes. Por tanto, cuando la tos es catarral, siempre os decimos que hay que animar a los niños a toser.

—Es que, si tose mucho, termina vomitando. ¡Eso sí! ¡Madejas de moco!

¡Exacto! Y eso es fantástico. Se quedará mucho más limpio. Pero, aun así, si no lo expulsa, con la tos movilizará ese moco y probablemente lo trague, y al tragarlo irá por vía digestiva y lo expulsará por las cacas, cosa que también está fenomenal.

—Pero si se traga el moco, ¿no vuelve otra vez al pulmón?

—No. Imposible. Lo que tragamos no va al pulmón, va al esófago, estómago, intestino y cacas.

Otra cosa distinta es la tos de las crisis de asma, de las bronquitis o incluso de las laringitis; en este caso, los niños tosen en señal de dificultad respiratoria e inflamación de la vía área con un cuadro obstructivo acompañante. Cuando esto ocurre, vuestro pediatra os pautará el tratamiento que se ajuste al proceso que estéis atravesando, que puede ser desde ibuprofeno como antiinflamatorio en una laringitis leve hasta corticoides orales en las laringitis moderadas o crisis de asma moderadas-graves, pasando por broncodilatadores como el salbutamol, que utilizamos en todos los procesos de broncoespasmo/asma.

Por lo tanto, como veis, no todo es tan sencillo, por eso a los pediatras por regla general no nos gustan «los jarabes de la tos». No han demostrado efectividad en los niños y además se registran cada año numerosos efectos adversos.

¿Lombrices? Claro, ahora lo entiendo todo, de la cantidad de chuches que comes

Pues tampoco. Otro mito más. La infección por oxiurios, que así es como se llaman realmente las lombrices, se produce por la ingesta de los huevos microscópicos de estos parásitos.

¿Y cómo llegan a la boca de mi hijo?, os preguntáis muchos.

Cuando el niño ya tiene las lombrices en su intestino, estas salen por la noche al margen anal y depositan los huevos en la superficie. Este acto produce muchísimo picor, y es por ello que los niños se quejan de un picor insoportable justo por la noche. Al picarles, obviamente los niños se rascan, y se rascan mucho, creedme, a veces incluso hasta se hacen lesiones por rascarse tan fuerte. Al rascarse, los huevecitos que estaban adheridos a la piel del ano se fijan en los dedos del niño, más concretamente bajo las uñas, y al llevarse las manos a la boca, vuelve a empezar el ciclo al ingerir esos huevos, que, en unos días, serán larvas de nuevo.

Cuando ese niño con los huevecitos bajo las uñas toca objetos que luego van a la boca de otro niño, o incluso ropa o toallas, el contagio es claro. Por eso son infecciones que vemos habitualmente en los niños pequeños que acuden a escuela infantil o en los primeros años de colegio.

No es una infección grave ni está asociada a una mala higiene, no. Aun con todas las precauciones posibles, nadie está libre de que esos parásitos nos visiten en algún momento de la infancia de nuestros hijos.

Así que el azúcar no tiene nada que ver, pero sí el llevar las uñas largas y sucias; por lo tanto, lavado frecuente de manos, uñas bien cortitas y limpias y, si empieza a picarle el culete a tu hijo, consulta con tu pediatra.

PILLA SU PRIMERA GASTROENTERITIS Y AQUÍ OPINA HASTA EL APUNTADOR

Aquarius, Coca-Cola, agua bicarbonatada y otras opiniones de «expertos»

No, no y no. Tanto los refrescos como las mal llamadas *bebidas para deportistas,* al igual que otros remedios caseros, están contraindicados en los procesos de diarrea aguda, ya que podrían empeorar los síntomas y aumentar el riesgo de deshidratación.

El exceso de azúcar de este tipo de bebidas hace que aumente mucho la concentración de los líquidos dentro del tubo digestivo. Cuando esto ocurre, nuestro organismo, ante tal concentración, lo que hace es desplazar agua del resto del cuerpo al interior del tubo digestivo para intentar diluir lo que hay a nivel intestinal. Digamos que nuestro cuerpo se pasa el día intentando equilibrar concentraciones para que haya un correcto ajuste iónico y metabólico.

Por lo que, si ya de por sí el niño está perdiendo líquido por la diarrea, y además el agua que tiene en el resto del organismo es empujada al interior del intestino, la diarrea empeora y el riesgo de deshidratación aumenta, es lo que llamamos una *diarrea osmótica.*

No se deben dar refrescos si hay diarrea.

¿Y si le doy agua solamente?

Resultaría insuficiente si no va asociada a algo de comida. El intestino, para recuperar las pérdidas, además de agua necesita sales para mantener el agua dentro del cuerpo, es por ello que, si solo le damos agua, según la toma la volverá a expulsar, no es capaz de retenerla. Necesita sodio y potasio para permanecer dentro del organismo.

Por ello siempre os decimos que si come algo como, por ejemplo, un poco de pan, algo de fruta, un poco de queso, un yogur, un puré de patata, pollo, etc., con que beba agua a sorbitos sería suficiente. Y si no tolera nada de comida sólida, es entonces cuando compraríamos suero oral en la farmacia.

¿Y los zumos?

Pues tampoco, por el mismo motivo que los refrescos: el azúcar podría empeorar la diarrea por el fenómeno de arrastre del agua del resto del organismo al interior del tubo digestivo para diluir en cierta medida el exceso de azúcar ingerida a través de los zumos. De nuevo el término de diarrea osmótica.

Pues menudo lío.
Toda la vida haciéndolo mal.
¡Qué desastre! ¿Entonces
qué le doy si está con diarrea?

Si no vomita y tolera el agua y algo de comer, estupendo. Esto es lo ideal. Huyendo siempre de productos azucarados y procesados.

Si no come nada o además tiene vómitos, necesariamente nos tenemos que ir al suero oral, que se compra en farmacias. No juguéis a las cocinitas con zumo de limón y bicarbonato, porque nos puede salir el tiro por la culata.

El suero oral, ya sea en tetrabrik, en botella o en sobres para diluir en una cantidad concreta de agua, tiene la cantidad **exacta** de agua, sodio, potasio y azúcar que el niño necesita para recuperarse y para no sufrir las complicaciones de una deshidratación, que en ocasiones pueden ser muy graves.

Si nuestro hijo es un **lactante,** ojo, tiene más riesgo de deshidratación; si toma pecho, póntelo con frecuencia, tomas cortitas pero frecuentes. Y no esperes para llevarlo al pediatra: si al segundo día no lo ves mejor, consulta con tu médico.

Si toma biberón, deberás seguir dándole **la misma fórmula de leche** salvo que tu pediatra te diga lo contrario. Y, por supuesto, nunca se deben diluir los biberones, es decir, en lugar de por cada 30 ml de agua un cacito raso de leche en polvo, poner más agua de la recomendada. Esto no se debe hacer. La concentración siempre debe ser la misma: 30 ml de agua por cada cacito raso de leche en polvo.

En las diarreas no debemos sustituir su leche habitual por una fórmula sin lactosa sin consultar previamente con el pediatra. Tu pediatra retirará la lactosa únicamente en diarreas prolongadas que duren más de quince días.

¿Ayuno sí, ayuno no? ¿Hay que mantenerlo en ayunas durante todo el día tomando solo líquidos?

No. Debemos iniciar la alimentación de una forma precoz. Es decir, en cuanto tolere tres o cuatro sorbitos de suero o de agua, hay que empezar a ofrecerle la comida respetando sus gustos y su apetito. Está demostrado que cuanto antes empiecen a comer, antes se recuperan. Pues quizá le pegue un mordisco a un plátano o a una manzana, o le apetezca una tostada de pan con aceite, o quizá medio yogur o un poco de sopa de fideos que ha olido al entrar por la puerta de la cocina. Estate atento o atenta y ofrécele alimentos saludables en pequeñas cantidades.

Lo mejor, ya lo dicen las abuelas: pescadito hervido, agüita de arroz y zanahoria hervida

¡Ay, señor! ¡Qué castigo! Yo era oler eso en casa de mi abuela y lo único que me apetecía era seguir vomitando.

Vamos con otro mantra:

No les des de comer a tus hijos nada que tú no te comerías.

Cuanto **antes coman su dieta habitual y variada, antes se recuperará su mucosa intestinal,** evitando, por supuesto, ultraprocesados y azúcares.

Las recomendaciones sobre las gastroenteritis han cambiado de forma importante en los últimos años y lo que antes se recomendaba a pies juntillas ahora no se recomienda, o al menos no se debería recomendar.

—Pues a mí ayer mismo me dijeron en urgencias que le diera Aquarius —dirá alguna o alguno.

Y no os falta razón. Aún se escucha y tremenda rabia sentimos los demás, pero no por ello debemos dejar de compartir con nuestros pacientes las últimas recomendaciones que sí han demostrado mejoría, esperando que los que aún no se han actualizado lo hagan en breve.

Dame algo para cortar la diarrea

Me encantaría poder daros un jarabe y ahorraros los cinco, seis o siete días que se va a tirar vuestro hijo malito; pero lamentándolo mucho, esto en pediatría no se debe hacer, ya que corremos el riesgo de que el paciente empeore de forma brusca con complicaciones tan serias como el íleo (parálisis de la musculatura intestinal), megacolon (dilatación exagerada del colon, que queda flácido y afuncional) o megacolon tóxico (dilatación exagerada del colon con inflamación de las capas más profundas del intestino y signos de toxicidad en el resto del organismo). Digamos que, como paralizamos el intestino con la medicación, los gérmenes causantes de la infección no pueden salir al exterior a través de las heces y, por tanto, al permanecer dentro, pueden infectar el resto de nuestro organismo.

Para la diarrea, leche sin lactosa

Tampoco. Al menos, no en los primeros días.

La lactosa es un **hidrato de carbono** presente en la leche; en el caso de los bebés, **representa el 40 % de la energía** del niño que es alimentado al pecho.

La lactosa está compuesta de **glucosa,** fuente principal de energía, y de **galactosa,** necesaria para el desarrollo del sistema nervioso central. Además, la lactosa favorece la **absorción de calcio y de hierro, evitando la anemia y el raquitismo,** favoreciendo, por tanto, el correcto crecimiento de nuestros hijos.

Por otro lado, tenemos la **lactasa,** que es una enzima que se encuentra en nuestro intestino y que es la encargada de digerir la lactosa para convertirla en glucosa y galactosa. De este modo, nuestro organismo podrá aprovechar todas sus cualidades.

Si suprimimos la lactosa de la dieta, nuestro cuerpo interpreta que ya no va a necesitar la lactasa, porque ya no hay lactosa que digerir. Por tanto, con el paso de los días, nuestro organismo deja de producir lactasa.

«No entra lactosa en el cuerpo, ¿para qué malgastar energía fabricando lactasa? Pasando, que es gerundio», dirían nuestras células.

¿Qué ocurre entonces cuando estás quince días sin consumir lactosa y de pronto te bebes un vaso de leche normal hasta arriba? Pues que pillas por sorpresa al cuerpo, sin lactasa, y según comes, lo expulsas; presentarás una diarrea secundaria, además de dolor abdominal y flatulencia. Vamos, lo que viene siendo que te vas por la patilla.

Durante un cuadro de gastroenteritis, la lactasa pierde algo de efectividad y no conseguimos digerir completamente la lactosa, por lo que los niños, efectivamente, tendrán gases, dolor abdominal y diarrea, pero eso no justifica retirar completamente la lactosa de la dieta.

Por eso no retiramos la lactosa, aunque sí podemos deciros que disminuyáis un poco el aporte de leche, para no hacer trabajar tanto al intestino.

Solo en diarreas prolongadas que duran más de quince días, en ocasiones nos vemos obligados a retirar la lactosa de la dieta; eso sí, advirtiendo a la familia que una vez recuperado, cuando reintroduzcamos la leche con lactosa, nuevamente lo haremos muy despacito. Cada día añadimos un dedo de leche normal para que poco a poco vayamos exponiendo de nuevo a la lactosa a nuestro cuerpo y este diga:

—Uy, parece que por aquí hace falta que de nuevo fabrique lactasa. ¡Vamos con ello!

Y ante las exposiciones repetidas de leche «normal», es decir, con lactosa, nuestro cuerpo irá fabricando de nuevo la lactasa, hasta que logremos que vuelva a tolerar la leche sin el menor problema.

Así que, ya lo sabéis, para la diarrea ni medicinas para cortarla, ni zumitos, ni agua bicarbonatada casera, ni bebidas para deportistas, ni refrescos, ni dietas estrictas a base de agua de arroz y pescado hervido.

Todo es mucho más sencillo:

- Beber agua a sorbitos pequeños a lo largo de todo el día intercalada con comida.
- Si no come nada de nada, iremos al suero oral.
- Dieta variada sin forzar, despacito, pero de forma continuada, evitando azúcares refinados y procesados.
- Probióticos que te pautará tu pediatra.
- Si a pesar de todo ello no mejora, consultar con el pediatra.

«¿A qué llamas tú no mejorar?», os podéis preguntar alguno.

Pues bien, para evitar que interrumpas la lectura y vayas a *El gran libro de Lucía, mi pediatra*, donde te lo explico al detalle, te haré un resumen:

- Si hay sangre en las deposiciones.
- Si hace más de diez deposiciones al día.
- Si además de la diarrea tiene también vómitos, por lo que es más difícil garantizar la hidratación.
- Si es menor de doce meses.
- Si lo ves decaído, tristón, no se quiere levantar, deja de hacer pis, tendencia al sueño, boca pastosa, ausencia de saliva y de lágrimas, ojos hundidos o sensación de mareo.
- Si tiene fiebre alta y mal estado general.

En definitiva, confía en tu instinto, dale un par de días a ver cómo evoluciona y si ves que las cosas no van como deberían ir, consulta con nosotros, que para eso estamos. ¡Ánimo!

4

A comer: «Estas moderneces de hoy en día»

—Entre lo que han cambiado las cosas y los mitos, ¡esto es una locura! —escuché el otro día en la farmacia cuando una abuela se desahogaba con la farmacéutica—. Yo ya prefiero no opinar, porque parece que todo lo que hayamos hecho o hacemos las abuelas está fatal. Chica, es que no veas cómo se pone mi hija. No hay quien hable de la alimentación de mi nieto con ella.

Yo sonreía tímidamente y asentía lentamente con la cabeza. Y es que no le faltaba razón a esta abuela. Las cosas han cambiado mucho, cierto. Pero es que ahora sí disponemos de evidencia científica sólida, por lo que es nuestra responsabilidad como pediatras actualizarnos, estar al día y no recomendar pautas obsoletas que no solo no han demostrado beneficios, sino que ahora ya se sabe que son contraproducentes, como la costumbre de mojar el chupete en miel para tranquilizar a los bebés.

No me vale «Es que de toda la vida se ha hecho así».

Ni tampoco el «Pues yo he criado a cinco hijos y están todos hermosos».

Esto solo lo responden quienes desconocen el valor del método científico y de los cientos de profesionales que dedican su vida a investigar para mejorar la vida de los demás. Estas personas, por si fuera poco, no son plenamente conscientes del riesgo que asumen con algunos de estos comportamientos.

—¿Y por qué os ponéis tan pesados con los niños pequeños, si tienen toda la vida para aprender a comer bien? —me espetó hace no mucho una abuela—. Si no come verdura, ya comerá. Por lo pronto, se come él solito a sus dos añitos unos chuletones de Ávila que da gusto verlo.

Así, como os lo cuento; cuando hoy en día sabemos que uno de los principales problemas de obesidad y sobrepeso en la primera infancia es el exceso de proteína (los niños españoles comen tres veces más cantidad de proteína de lo que les corresponde) y cuando también sabemos que el consumo de carne roja debe ser esporádico y ocasional, porque aumenta el riesgo de cáncer.

—Pues nos ponemos pesados porque ahora ya sabemos la importancia tan trascendental que tienen los llamados ***mil primeros días*** —le contesté amable y pausadamente a la abuela reticente.

Y continué:

—Los primeros mil días incluyen los nueve meses de embarazo y los dos primeros años de vida del niño, y está demostrado que tanto lo que come la mamá embarazada como lo que coma ese niño en esos primeros dos años repercutirá en su salud a corto, a medio y a largo plazo, con mayor riesgo de sobrepeso, obesidad, accidente cardiovascular, diabetes *mellitus* tipo 2 e hipertensión arterial si desatendemos las recomendaciones oficiales —le dije sonriendo—. Fíjese si es importante, que la manera de comer durante esos días puede modificar el metabolismo de los niños para siempre. ¿Es o no es importante? ¿Merece o no merece la pena hacerlo bien cuando os decimos que nada de azúcar en estos años, que nada de ultraprocesados, que tenemos que aumentar el consumo de verduras y legumbres y que si comemos carne roja ha de ser de forma puntual?

La abuela alzó las cejas y terminó con un:

—Bueno, bueno, es que estas moderneces a mí ya me pillan muy mayor.

Momento en el que sabes que toca pasar a otro tema.

Vayamos con los mitos más repetidos y escuchados dentro y fuera de la consulta de una pediatra.

INTRODUCCIÓN DE LOS ALIMENTOS

¿Y por qué este cambio en los zumos, cuando siempre se ha dicho que había que empezar con una cucharadita de zumo a los cuatro meses?

Las razones de los expertos se resumen en:

- Los bebés hasta los seis meses no necesitan otra cosa que no sea leche, ya sea materna o adaptada.
- Dar zumo a un lactante puede acompañarse de una disminución del consumo de leche, que es su alimento principal.
- Si se lo damos para hidratarlo o calmar la sed, sustituyendo al agua, supondría un aporte calórico extra.
- Si sustituye a la leche, implica una reducción de la ingesta de proteínas y grasas y de algunos minerales, ya que el zumo, como ya hemos comentado, contiene sobre todo agua e hidratos de carbono, pero no las grasas, que sí nos interesan, ni la fibra ni las proteínas. Todo ello contribuye a una ganancia de peso inadecuada, generalmente por exceso. Aunque desde hace algún tiempo se han descrito también casos más raros de desnutrición y talla baja en niños con excesiva ingesta de zumos de fruta, que muy probablemente desplazan el consumo de otros alimentos.

¿Y qué me decís respecto a esto?

A los seis meses empezamos con la fruta y verduras, a los siete meses con el pollo, a los ocho con la ternera, a los nueve con el pescado, a los diez con las legumbres y el huevo y los frutos secos, prohibidos hasta los doce meses

Pues los habrá que lo lean y digan: «Exacto, esto es lo que a mí me contaron hace años», y así era. Realmente, esto es lo que pensábamos que era lo mejor.

Los habrá que digan: «Ay, de verdad, qué desactualización». Y también tendrán razón. Porque estas recomendaciones ya no se deben dar.

Y los habrá, por desgracia, que responderán: «Pues a mí esto es lo que me dijeron justamente la semana pasada». En cuyo caso te diría: cambia de profesional sanitario, porque esto son recomendaciones obsoletas.

Lo primero que has de saber es que el orden de introducción de los alimentos, una vez cumplidos los seis meses, no es importante.

Desde hace muchos años, ya sabemos que los bebés pueden comer de todo, salvo algunas excepciones. Y pueden comer de todo desde ese primer día en el que empiezan con la alimentación complementaria a los seis meses, tema que abordo en profundidad y con todo tipo de detalles en *El gran libro de Lucía, mi pediatra.*

Pero como resumen os diré que los únicos alimentos que no deben comer en los primeros doce meses son:

- Sal y azúcar.
- Miel.
- Acelgas, espinacas y borraja.
- Atún rojo, emperador, lucio, pez espada y cazón (hasta los diez años no deben comerlo), por el exceso de mercurio.

- Leche de vaca.
- Cabezas de mariscos o caldos hechos con las cabezas, por llevar demasiado cadmio.

Todo lo demás, adelante.

—¿Las fresas y el melocotón también?

—También.

—¿Y los frutos secos?

—Los frutos secos también los puede comer, pero ojo, nunca enteros ni en trocitos, siempre molidos o en crema hasta los cinco años, por el elevado riesgo de atragantamiento y aspiración.

—Pero... ¿dárselos siendo los bebés tan chiquititos no aumenta el riesgo de alergias?

—No, todo lo contrario. Está demostrado que la introducción precoz de los frutos secos, a los seis meses, disminuye el riesgo de alergia.

—¿Y del gluten, qué me dices? ¿No hay que introducirlo más adelante, a los siete u ocho meses?

—Tampoco. Desde los seis meses pueden tomar gluten.

Si no tiene dientes, no puede empezar con BLW (alimentación autorregulada por el bebé) ni con trozos

Mito. Los niños mastican con las encías y aplastan los alimentos con lengua y paladar. Por lo que la ausencia de dientes no impide empezar la alimentación con trozos.

Piensa que todo aquello que tú seas capaz de aplastar con lengua y paladar tu bebé podrá gestionarlo. Eso sí, antes de empezar, sería muy interesante que te valorara tu pediatra en la revisión de los seis meses para comprobar que tu bebé está lo suficientemente maduro, que es capaz de sentarse sin caerse, que no tiene el reflejo de extrusión tan acentuado como para impedirle comer sólidos y que es capaz de coger los alimentos con sus manitas y llevárselos a la boca. Ten en cuenta que hay muchas circunstancias en torno al bebé y que a veces, por mucho que desee la familia hacer un BLW, el niño no está listo aún y no pasará nada. Podemos empezar con triturados y uno, dos o tres meses después pasar a trocitos sin ningún problema. La alimentación infantil es mucho más sencilla y flexible de lo que *a priori* pueda parecer.

Lo más importante con respecto al BLW o a darle trozos, una vez el bebé está listo, es saber con qué alimentos no debemos empezar por riesgo de atragantamiento:

- Alimentos pequeños con forma redondeada y que no seamos capaces de aplastar con lengua y paladar: maíz, tomate cherry entero, aceitunas enteras, garbanzos, uvas enteras.
- Verduras crudas.
- Manzana cruda.
- Frutos secos enteros o en trocitos.
- Salchichas en rodajas: las salchichas tipo Frankfurt representan una de las principales causas de atragantamiento y asfixia en niños pequeños debido a su consistencia gomosa, que, junto a su forma redondeada, obstruye la vía aérea y se queda impactada en tráquea.
- Palomitas de maíz, copos de maíz tostados, cereales pequeños y duros, caramelos duros, lacasitos, etc.

Y recuerda que, llegados a este punto, sería interesantísimo que tanto los progenitores como los cuidadores del bebé hicieran un curso de reanimación cardiopulmonar básica. Nunca se sabe si en algún momento lo podríamos necesitar y los primeros segundos/minutos en una situación así son vitales.

El desayuno es la comida más importante del día

Mito. Ni mejor ni peor, ni más ni menos que otra. Al final lo que cuenta es lo que comemos a lo largo de las 24 horas del día. Los habrá que desayunen un vaso de leche sin más y luego a media mañana se tomen su bocata o su fruta (¡estupendo!) y los habrá que coman todo eso en el desayuno (estupendo también).

—Es que, si no le pongo galletas, no desayuna y se va con el estómago vacío hasta el almuerzo que hacen a media mañana —dicen muchos madres y padres.

—Pues fíjate que prefiero que se vaya con su vaso de leche al cole y luego almuerce su bocata de queso o de atún o su táper de frutas o de cuñas de queso con pan, que no que desayune todos los días galletas.

—Ah, pero ¿eso puede ser? ¿No le va a pasar nada?

—Nada de nada. —Sonrío—. Piensa que contamos como desayuno eso que toma antes de salir de casa, más el almuerzo de media mañana que ahora hacen todos los niños en el colegio. Y lo que está demostrado es que, si todas las mañanas le ofreces galletas, todas las mañanas te las pedirá y se negará a comer alimentos mucho más saludables. Así que te propongo que dejes de comprar galletas, ya sabes que, a todos los efectos, están consideradas como bollería industrial, es un ultraprocesado más, por su alto contenido en azúcares, grasas trans y todo tipo de ingredientes que no hacen más que mandar las señales a su cerebro de «quiero más, quiero más, quiero más» aumentando el riesgo de caries dental, sobrepeso, obesidad y síndrome metabólico.

Fruta, claro que come, su zumito de las mañanas no falla

Repite conmigo: la fruta se mastica, no se bebe.

Ya lo hemos comentado, pero recordemos que licuando la fruta nos deshacemos de la parte más interesante desde el punto de vista nutricional, que es la fibra, y nos quedamos con el agua y el azúcar que hemos liberado de sus celdillas y que se comportará a todos los efectos como los azúcares libres en nuestro torrente circulatorio.

Las recomendaciones actuales de la Academia Americana de Pediatría son claras:

- No zumos, ni siquiera hechos en casa, en bebés menores de doce meses.
- Entre uno y tres años no se debería sobrepasar la ración de zumo de 4 onzas/día (equivalente a 118 cc/día).
- Entre los cuatro y los seis años de edad, se les debe restringir el consumo de 4 a 6 onzas diarias (más o menos medio vaso de zumo).
- Para los niños de siete a dieciocho años, no se deberían exceder las 8 onzas diarias (equivalente a 236 cc/día).

Ten en cuenta que los tetrabriks unidosis habituales en España tienen entre 200 y 250 cc. Ahora, echa cuentas de la cantidad de zumos que nuestros niños beben...

AHORA TODOS SOMOS NUTRICIONISTAS

Bollos no come, no, que eso es bollería industrial. Solo come galletas

¿Os suena? Pues ya sabéis que las galletas también están consideradas como bollería industrial. No, no es una opción saludable. En la papilla de frutas, tampoco, que os veo venir. No. La mayoría, de hecho, son ultraprocesados que una vez más desplazarán a los alimentos que sí sabemos que son buenos para la salud de nuestros niños.

—Es que no sé cómo quitarle las galletas. Le encantan.

—Fácil: deja de comprarlas.

Nuestros hijos, sobre todo cuando son pequeños, comen lo que nosotros compramos y lo que nosotros comemos. Da ejemplo, no comas galletas y no las incluyas en la lista de la compra semanal. ¡El ejemplo educa!

Ojo con los huevos, que tienen mucho colesterol y abusar es malísimo. No más de dos a la semana

Seguro que también os suena. Pues esto tampoco es así. Durante unos años se demonizó el consumo de huevos, incluso por personal sanitario, cierto es. Pero ahora ya sabemos que los huevos son un alimento de altísimo valor nutricional en niños, adolescentes y adultos. Así que como si le das un huevo (pequeño) todos los días para comer o para cenar como fuente proteica. ¡No hay problema! Y si ya es adolescente y se quiere hacer la tortilla de dos huevos, adelante con ella; siempre será eso mucho mejor y más saludable que comerse una hamburguesa.

Para los niños, pescadito blanco, que es lo más sano. Del pescado azul ni hablamos, que es muy «grasoso»

El pescado blanco es sano, por supuesto que lo es. Pero el pescado azul también y mucho, ya que contiene ácidos grasos omega 3, que han demostrado tener múltiples beneficios en la salud.

Pescados azules o grasos que podría comer tu niño o niña son la **anchoa** o boquerón, el **atún,** el **bonito,** la **caballa,** la **melva,** el **chicharro,** la **lamprea,** la **palometa,** el **salmón,** la **aguja** y la **sardina.** Y consideramos pescados semigrasos a la anguila, el besugo, la lubina, la dorada, el salmonete y la trucha.

—¿Atún, has dicho atún? Pero ¿no habíamos quedado en que el atún hasta los diez años nada de nada?

—Atún rojo, no el atún blanco ni el bonito del norte. Los niños menores de diez años no deben comer atún rojo: no temas confundirte, te darás cuenta enseguida de cuál es al ir a comprarlo, porque vale considerablemente más que el atún blanco. Y ya me adelanto a tu siguiente pregunta: sí, una o dos latas de atún a la semana puede comer sin ningún problema. Eso sí, si son en aceite de oliva virgen extra o al natural y bajas en sal, mejor.

Te diré que, en mi casa, es una de las meriendas y a veces cenas habituales: tostas de pan integral con atún y unas rodajas de tomate.

—Pues yo a mi niño le pongo muchas veces para cenar un filete de emperador y se lo come que da gusto.

El emperador (pez espada) es uno de los pescados que no recomienda consumir hasta los diez años la Agencia Española de Seguridad Alimentaria y Nutrición. Es más, repasemos lo que nos dicen las autoridades sanitarias respecto a los pescados con alto contenido en mercurio.

Recomendaciones de consumo de pescados azules en población vulnerable

- **Mujeres embarazadas (o planeando estarlo), mujeres con lactancia materna y niños de 0-10 años:** evitar consumo de pez espada/emperador, atún rojo *(Thunnus thynnus)*, tiburón (cazón, marrajo, mielgas, pintarroja y tintorera) y lucio.
- **Niños entre 10 y 14 años:** no más de 120 g/mes de pez espada/emperador, atún rojo *(Thunnus thynnus)*, tiburón (cazón, marrajo, mielgas, pintarroja y tintorera) y lucio.
- Y, por último, **en toda la población** se aconseja 3-4 raciones por semana de pescados con contenido bajo o medio, intentando variar las especies entre pescado blanco y azul.

¿Y cuáles son los pescados con bajo contenido en mercurio?

Pues ahí van: abadejo, anchoa/boquerón, arenque, bacalao, bacaladilla, berberecho, caballa, calamar, camarón, cangrejo, cañadilla, carbonero/fogonero, carpa, chipirón, chirla/almeja, choco/sepia/jibia, cigala, coquina, dorada, espadín, gamba, jurel, langosta, langostino, lenguado europeo, limanda/lenguadina, lubina, mejillón, merlán, merluza/pescadilla, navaja, ostión, palometa, platija, pota, pulpo, quisquilla, salmón atlántico/salmón, salmón del Pacífico, sardina, sardinela, sardinopa, solla y trucha. Las demás especies de productos de la pesca no mencionadas específicamente se entenderán con un contenido medio en mercurio.

Yo le doy azúcar porque es necesario para su cerebro

Lo que necesita el cerebro es el hidrato de carbono, pero para ello no hace falta recurrir ni mucho menos a azúcares añadidos o azúcares libres presentes en el azúcar de mesa, néctares de fruta, postres lácteos azucarados, chuches, chocolate, galletas, bizcochos y un largo etcétera.

Los hidratos de carbono los encontramos fácil y sanamente en frutas, por ejemplo, o en la fuente de cereal presente en la pasta integral, en el arroz blanco, en el pan integral, en la avena, etc.

No, los niños no necesitan tomar azúcares libres para ser más listos ni para pensar mejor ni para que no tengan una hipoglucemia: es más, como ya hemos dicho, su consumo continuado repercute muy negativamente en su salud a corto, medio y largo plazo.

Para los niños, leche semi, mucho mejor que la entera, que tiene mucha grasa

Mito. Llevamos años recomendando ofrecer leche entera a los niños en lugar de semidesnatada o desnatada. Ya sabéis que, a partir de los doce meses de edad, un niño sano, sin ningún problema de salud, ya está lo suficientemente maduro para tomar leche entera de vaca salvo que su pediatra, por razones médicas justificadas, aconseje retrasar la introducción. ¿Y por qué leche entera? Porque existe un grupo de vitaminas que llamamos vitaminas liposolubles (A, D, E, K) que se absorben si van acompañadas de las grasas, de ahí el nombre *lipo* ('grasa')-*soluble*. Por lo que, si les damos una leche sin esas grasas, los estaremos privando de esas vitaminas, que tanto enriquecen el perfil nutricional de la leche.

Eso no quiere decir que el niño se pueda beber litro y medio de leche al día, que aún los hay. Si un niño mayor de doce meses toma esas cantidades de leche, estará desplazando otro tipo de alimentos y es probable que coma mucha menos fruta, verdura o legumbres y su alimentación se fundamente básicamente en lácteos; son los niños que denominamos que llevan una **dieta blanca** (leche, yogures, quesos, etc.). Esto, a la larga, podría desembocar en carencias nutricionales, como una anemia por falta de hierro (anemia ferropénica), aunque su peso sea normal o incluso tenga sobrepeso. Sí, hay niños pequeños con las denominadas *dietas blancas* que apenas comen otra cosa que no sean lácteos y que además tienen sobrepeso. Pero ¿esto cómo puede ser? Pues porque todo en exceso es malo y muchos lácteos, especialmente aquellos diseñados para la infancia, en ocasiones no llevan solo lo que lleva el vaso de leche que te tomas tú por las mañanas. Estos niños son grandes consumidores de este tipo de productos, en ocasiones adulterados: yogures azucarados, natillas, petis, quesos ultraprocesados, etc.

En definitiva, ni mucho ni poco. Si toma leche, que sea entera. Si toma yogures, que sean naturales normales, preferiblemente sin azúcar. Y que la leche no sustituya nunca su buena comida o su cena, sentadito a la mesa con el resto de la familia. Ten en cuenta que, en los niños mayores de doce meses, con que tome 350 ml de leche al día (incluidos los yogures y el queso) sería más que suficiente, y que la leche a partir de esta edad no es un alimento imprescindible. Existen otras fuentes de calcio y vitaminas que suplirían la leche en caso de que a tu hijo no le guste nada de nada.

Pero, ojo, que aquí podemos profundizar un poco más y hablar de todos aquellos adultos, entre los que me incluyo, que durante años estuvimos bebiendo leche desnatada porque pensábamos que ayudaba a controlar el peso y que era mucho mejor que la leche entera.

Pues resulta que parece ser que no. En el interesante estudio PURE, publicado en *The Lancet* en el año 2018, en el que se incluyeron más de 135.000 personas de veintiún países diferentes, se observó que las personas que consumían dos o más raciones de lácteos enteros al día tenían menor riesgo de mortalidad total, mortalidad cardiovascular, infarto de miocardio, insuficiencia cardiaca e ictus. Resultados que fueron evaluados posteriormente en cinco estudios independientes realizados sobre 245.000 personas de 80 países distintos y publicados en el *European Heart Journal* en julio de 2023, donde se concluyó que una dieta basada en fruta, verdura, frutos secos, legumbres, pescado y productos lácteos enteros se asocia a una menor tasa de mortalidad global y cardiovascular.

Por lo tanto, conclusiones: en individuos sanos de todas las edades, entre los que incluyo a niños y niñas mayores de un año, la leche entera y los yogures enteros no solamente no son perjudiciales, sino que son buenos para nuestra salud. Y, como todo en esta vida, en su justa medida.

Un momento, un momento, que no me ha quedado claro: yogur ¿mejor 0,0 % o light?

Yogur natural normal, es decir, entero y sin azúcar.

La pequeña cantidad de grasas saturadas del yogur no representa un problema ni para los niños ni para los adultos, es más, son beneficiosas. Ten en cuenta que la leche materna contiene en su composición un 50 % de grasa saturada y nadie se echa las manos a la cabeza. Las membranas celulares están formadas también por este tipo de grasas saturadas y, como ya hemos comentado, son también primordiales para la absorción de las vitaminas liposolubles y para la formación de nuestros huesos. Además, nos ayudan a regular la temperatura corporal y son altamente saciantes, por lo que te ayudarán a controlar mejor el apetito y el peso.

Es más, ¿sabías que la gente que consume productos *light* no pierde peso más fácilmente ni de una forma más efectiva que los que no consumen productos *light*? Y esto es porque al consumir productos desnatados, uno no tiene la misma saciedad y al final consume más cantidad de alimentos y por tanto más aporte calórico bajo la falsa percepción de que no engordan.

¿Y qué me dices de los yogures edulcorados?

Repite conmigo: yogur natural normal sin azúcar. Los edulcorantes, sobre todo en los niños, distorsionan el paladar, logran que los niños tengan preferencia por los sabores artificialmente más dulces y podrían rechazar los azúcares presentes de forma natural en los alimentos, como la fruta, por ejemplo. Si lo prefieres puedes añadir al yogur plátano o crema de cacahuete 100 % (y sin azúcar, obviamente) y estará buenísimo.

De postre gelatina, que eso alimenta un montón

Las gelatinas que se venden para los niños como postre o merienda tienen cero valor nutricional. Cero patatero. Cero patatero si lo comparamos con una manzana, con un bol de plátanos y fresas, con un bocata de atún o con unos trocitos de queso fresco y tomates cherry como tentempié. Es más, volvemos a lo de siempre: si acostumbramos el paladar de nuestros niños a estos sabores artificiales, con productos que en la mayoría de las ocasiones están cargados de azúcares o edulcorantes, además de colorantes y conservantes, ¿cómo vamos a pretender que luego encuentren gusto y placer en morder una manzana o tomarse una mandarina?

Si estimulamos con sabores ultraintensos, rechazarán los sabores naturales de la comida real.

¿Cenar solo fruta? No, que eso engorda

Claro, mejor cenar *nuggets* de pollo con patatas y kétchup, ¿verdad?

No hay problema en cenar algún día algo más ligero como puede ser la fruta si así te lo pide el cuerpo. Y no, por supuesto que no engorda, tampoco si tomas la fruta de postre. Cualquier hora es buena para comer fruta cuando el niño te la pide. ¡Aprovecha! Ya sabéis mi mantra: «Ante la duda, fruta». De hecho, siempre que mis hijos han estado malitos, lo que mejor toleraban en esas noches eternas de fiebres y vómitos era la fruta cortada a trocitos y fresquita.

El melón por la noche sienta fatal

Mito. No hay problema ninguno en tomar melón a cualquier hora del día.

¿De dónde viene este mito? Pues quizá el refranero español haya tenido algo que ver cuando dice sobre esta sabrosa fruta que «por la mañana oro, por la tarde plata y por la noche mata».

Lo que sí conviene que sepas es que, al ser el agua su principal compuesto (90 %), así como el de la sandía, si tomas grandes cantidades antes de dormir, es más que probable que te tengas que levantar por la noche a hacer pipí.

Yo a mi hijo de siete años le preparo un manchadito con un chorrito de café todas las mañanas. ¡Le encanta!

Os parecerá una barbaridad, o quizá no, pero no sabéis la cantidad de familias que me han consultado si les pueden dar café a sus hijos. Pues bien, la Asociación Americana de Pediatría desaconseja el consumo de cafeína en niños menores de doce años. Y, como sabéis, el café tiene cafeína, la Coca-Cola también y las bebidas energéticas aún más.

Entre los doce y los dieciocho años las asociaciones científicas no recomiendan superar la cantidad de 100 mg de cafeína al día, lo que viene siendo un café. Entendemos que la concentración de cafeína de un café puede variar entre 60 y 160 mg de cafeína dependiendo de si es expreso, americano, el volumen, etc.

Y ya que ha salido el tema,
veamos cuatro datos respecto
a las mal llamadas bebidas energéticas

Las bebidas energéticas cuentan con una media de entre **150 y 200 mg** por envase, por lo que con dos latas estarían multiplicando por tres o cuatro el valor seguro de la cafeína a edades **entre los 12 y los 18 años.**

El **consumo de bebidas energéticas** entre los adolescentes ha ido aumentando de forma alarmante en los últimos años, tal y como afirma el último estudio de la ***Revista Española de Salud Pública (RESP).***

Además, su consumo está asociado a un perfil de adolescentes especialmente vulnerables: *youtubers* que salen en sus directos con latas de 500 ml y que se tiran horas hablando, sentados y bebiendo. O pseudodeportistas que afirman en sus redes sociales que beber este tipo de refrescos aumenta su rendimiento deportivo y muscular. Y, por supuesto, nuestros adolescentes se lo creen a pies juntillas.

¡Menuda discusión tuve yo misma con mi hijo adolescente hace un tiempo!

Lo que en realidad debemos explicarles a nuestros chavales es que los sistemas **cardiovascular** y **nervioso** son los más afectados entre los jóvenes que toman estas bebidas, llegando a producir:

- Arritmias cardiacas y problemas cardiovasculares.
- Nerviosismo, ansiedad y ataques de pánico.
- Alteración de la conducta y el comportamiento.
- Adicción.
- Exacerbación de trastornos mentales.
- Insomnio.
- Además de aumentar a la larga la sensación de cansancio y fatiga.

Por otra parte, es habitual encontrar a jóvenes que las mezclan con alcohol.

Pues bien, esta mezcla lo que consigue es que beban más cantidad de alcohol, porque la bebida energética mitiga el efecto del cansancio y la somnolencia propios del alcohol, por lo que, al estar más despiertos, siguen bebiendo y por tanto aumenta el riesgo de intoxicación etílica.

Ante esta situación, los pediatras exigimos concienciar cuanto antes a los adolescentes y a sus familias del riesgo que asumen consumiendo este tipo de bebidas al mismo tiempo que exigimos que se legisle su prohibición, dado que no solo no aportan ningún beneficio para su salud, sino que además los pone en un grave riesgo.

AY, LOS JARABITOS... JARABES PARA TODO

Dame un jarabito para el apetito, anda. No me come nada

Si no hemos contestado a esta pregunta más de cien veces, no lo hemos hecho ninguna. Y siempre con una sonrisa, eso sí. Que no se diga. La Asociación Española de Pediatría es clara al respecto:

> Sobre los estimulantes del apetito no existe eficacia demostrada ni seguridad de su uso y su ingesta puede acompañarse de efec-

tos secundarios indeseables, como excesiva ganancia de peso, somnolencia, taquicardia, molestias digestivas, dependencia, etc. Estarían recomendados especialmente en casos de enfermedades crónicas con marcada pérdida de apetito, desnutrición, anorexia infantil, en enfermedades graves (cáncer, sida), etc., pautadas siempre por su pediatra.

Si tu hijo tiene dificultades con la comida, si alimentarlo es un reto, si pasa por fases de inapetencia mantenidas en el tiempo o, por supuesto, si pierde peso, necesariamente debe ser valorado por su pediatra para llegar al origen de esos síntomas y no enmascararlos con este tipo de productos.

RECETAS PELIGROSAS

Un chorrito de vino en los guisos.
¡Total, como se evapora, no pasa nada!

Toma asiento, que aquí me voy a extender un poquito.

Primero: no se evapora completamente.

Y segundo, sí le puede pasar algo. De hecho, pasa.

El alcohol que añadimos en los guisos se evapora, cierto, pero no todo.

«Ya, pero ese poquito que queda en el guiso..., ¿qué daño va a hacer? No digáis tonterías. Yo ya cocinaba con vino, pero ahora que estoy embarazada no pienso dejar de hacerlo», me espetó una mujer en redes sociales.

«¿Qué daño puede hacer? Pues desde nada a mucho», pensé.

La evidencia científica al respecto es sólida, contundente y firme:

El consumo de alcohol durante la gestación es la causa prevenible más frecuente de trastornos cognitivos y de discapacidad intelectual.

Repitamos esto hasta la saciedad: no hay cantidad segura de alcohol en la infancia ni en el embarazo.

Es decir, cualquier cantidad de alcohol en cualquier momento de la gestación puede suponer un riesgo alto para la salud física y mental de ese cuerpo en formación, y esto no es ninguna broma.

Tened en cuenta que, tras 30 minutos de cocción, aún puede quedar un 40 % de alcohol en las recetas, y tras dos horas y media a fuego medio, aún quedaría un 5 %.

—Pero... ¿y cerveza tampoco?

—Tampoco.

—¿Ni un chorrito de vino?

—Ni un chorrito de vino.

—Vale, a las embarazadas lo entiendo, pero ¿a los niños tampoco?

—Tampoco. ¿Para qué asumir el riesgo?

Pero ¿tú estás segura de lo que dices? Si nunca ha pasado nada...

Existen numerosos estudios publicados en la bibliografía científica al respecto, como por ejemplo el de la doctora Isabel Daniela Mateus (de la Facultad de Nutrición y Ciencias de la Alimentación de la Universidad de Oporto) y Olivia Pinho Ferreira (Departamento de Bromatología, Facultad de Farmacia, Universidad de Oporto), en el que destacan que, en un guiso de pescado cocido durante 45 minutos en una olla tapada al que agregamos vino, la retención de alcohol es del 30 %. En las conclusiones, alertan de este peligro en niños y alcohólicos abstinentes.

Los estudios al respecto se suceden. Otro ejemplo es el publicado por Julia Ryapushkina y colaboradores en el *International Journal of Gastronomy and Food Science* sobre la cerveza, que persiste en las recetas una vez cocinadas y cuyas conclusiones son las mismas: una vez más, se alerta a niños, embarazadas y personas que quieran alejarse del consumo de alcohol.

Y no profundizaría tanto en este tema si no fuera por la gravedad de los hechos y por lo frecuente que es.

En 2017 se publicó en la revista *Reproductive Health* («Prevalence of prenatal exposure to substances of abuse: questionnaire versus biomarkers») una revisión de la literatura científica en distintos países en la que también participaron investigadores de la Universidad Autónoma de Barcelona, entre otros. Se demostró que los cuestionarios a las embarazadas no eran útiles si los comparábamos con biomarcadores en las pacientes. Y los resultados fueron los siguientes:

- Consumo de alcohol en embarazadas según cuestionarios: 0 al 37 %.
- Consumo de alcohol en embarazadas según biomarcadores de exposición: 16 al 44 %.
- Consumo de cocaína en embarazadas según cuestionarios: 0 al 4,3 %.
- Consumo de cocaína en embarazadas según biomarcadores de exposición: 2 al 12,4 %.

La evidencia de la que disponemos actualmente es clara: el alcohol actúa como teratógeno, es decir, puede interrumpir o alterar el desarrollo del embrión o del feto en cualquier etapa de la gestación.

Pero qué exagerados sois.
Ya estáis con la cultura del miedo

Tengo que leer una y otra vez cada vez que publico algo referente a este asunto.

No somos exagerados, hablamos de lo que vemos, de lo que llevamos décadas viendo, de lo que está ampliamente estudiado y publicado en todas las guías de práctica clínica y en las mejores revistas científicas del mundo, que son los *trastornos del espectro alcohólico fetal* (TEAF), que representan una amplia variedad de efectos, todos ellos secundarios al consumo de alcohol durante la gestación y que pueden ir desde leves hasta graves, incluyendo bajo peso al nacer, mala coordinación, dificultades en la atención, en la memoria, en el aprendizaje, discapacidad intelectual, retrasos en el lenguaje, capacidad de razonamiento y juicio deficientes, problemas de succión, dificultades en el sueño, problemas de audición y visión, patología cardiaca, renal y ósea, estatura más baja de la media para su edad, cabeza de menor tamaño, características faciales anormales.

Para clasificar los distintos tipos de trastornos del espectro alcohólico fetal, la Academia Americana de Pediatría utiliza estos cuatro grupos:

- **Síndrome alcohólico fetal (SAF):** es el más grave de todos ellos. Los recién nacidos pueden presentar características faciales atípicas, problemas en su crecimiento y en su sistema nervioso central con patología ocular, auditiva y trastornos del aprendizaje.
- **Trastorno del neurodesarrollo relacionado con el alcohol (ARND):** estos niños presentan discapacidad intelectual y problemas de conducta y aprendizaje, con poca capacidad de juicio y mal control de sus impulsos.
- **Malformaciones congénitas relacionadas con el alcohol (ARBD):** esto incluye problemas renales, cardiacos, óseos o auditivos.

- **Trastorno neuroconductual asociado a la exposición prenatal al alcohol (ND-PAE):** incluido en el 2013 en el *Manual diagnóstico y estadístico de los trastornos mentales* (DSM V), con afectación en tres áreas: memoria, conducta con difícil control de sus impulsos y dificultades en la vida cotidiana como aseo personal, seguir pautas sociales, etc., además de haber consumido alcohol durante la gestación de forma repetida.

El problema de estos trastornos es que diagnosticarlos es difícil, porque no hay una prueba médica que los confirme y existen otros trastornos del neurodesarrollo, como el TDAH, que comparten síntomas independientemente de que se haya consumido o no alcohol.

El gran drama de estos niños, muchos más de los que imaginamos, es que estas dificultades los acompañarán toda la vida.

Aunque cierto es que existen factores protectores para una mejor evolución:

- Realizar un diagnóstico antes de los seis años.
- Vivir en un hogar lleno de amor, cuidados y estable durante toda su etapa escolar, alejado de toda violencia.
- Acceso a educación especial, programas de atención temprana, servicios sociales y atención especializada por profesionales sanitarios y educativos.

Y como este tema es un problema de salud pública, permitidme que me extienda un poco más y os dé algunos datos recientemente publicados:

La prevalencia estimada de este tipo de trastornos en España es de 9-10/1.000 recién nacidos vivos. Un estudio retrospectivo en Italia mostró una prevalencia de 20,3-40,5/1.000 recién nacidos vivos.

En España no hay datos en la población general, pero fijaos en este:

Un estudio en niños adoptados del este de Europa, que supone la población de mayor riesgo, mostró una prevalencia de TEAF del 50 % de los niños, datos que coincidían con los encontrados en Suecia.

Resultan verdaderamente alarmantes y preocupantes las cifras de TEAF en niños institucionalizados en orfanatos del este de Europa debido a las altas cifras de mujeres, sobre todo provenientes de rentas bajas y muy bajas, que consumen alcohol durante toda la vida. De hecho, un 90 % de las mujeres rusas en edad fértil consumen alcohol y un 20 % continúan bebiéndolo durante el embarazo.

Aun con todo lo dicho, este es un asunto que abordo periódicamente en redes sociales y medios de comunicación y siempre genera cientos de comentarios, algunos de ellos, ataques en toda regla que no merece la pena ni comentar.

Pero para que veáis cual es la tónica general de este tema, este mensaje que aquí os transcribo es público y lo dejó una mujer unos días antes de sentarme a escribir este capítulo. Cito textualmente (perdonad las faltas de puntuación, pero quiero dejarlo tal cual está escrito):

> Sí que se evapora mi hijo de 2 años se come el guiso de pollo y yo le echo vino blanco y no se pone borracho y ni me pide alcohol para beber ni nada, mi madre y mi abuela también le echaban vino blanco a las comidas siendo yo muy pequeña y aquí estoy y no me gusta el alcohol y no tengo problemas de nada, por dios es que la gente se aburre muchísimo con estos temas.

Y ahora decidme, después de haber leído las consecuencias de la exposición del alcohol, tales como alteración del intelecto, del juicio y del razonamiento, ¿podríamos asegurar a pies juntillas de verdad que a esta familia no le ha afectado?

Ahí lo dejo.

Con los años, una aprende a elegir qué batallas merece la pena pelear y cuáles no; y esta, en concreto, acabó en el mismo momento en que terminé de leer su comentario. ¿Por qué? **Porque una vez expuesta la información veraz, contrastada y rigurosa, más no puedo hacer.** La responsabilidad ahora mismo es de cada uno de los que, aun teniendo toda la información en su poder, siguen bebiendo alcohol durante el embarazo o siguen ofreciéndoselo a sus hijos, aunque sea en recetas.

Y para que no se os quede mal sabor de boca, termino este tema con otro de los cientos de mensajes que me llegaron y que compartí por la admiración que sentí nada más leerlo:

> Soy una de tus abuelas. Hasta que empecé a seguirte no sabía que el alcohol podría no evaporarse al 100 %. A día de hoy si guiso para mi nieto (20 m) no echo absolutamente nada y la comida sale estupenda. A mí me daban Quina Santa Catalina, pero yo no se lo he dado a mis hijas ni por supuesto a mi nieto. La vida avanza y hay que avanzar. Mil gracias por todo, eres maravillosa.

Un momento, ¿y qué me dices de la cerveza 0,0 o cerveza sin alcohol?

Pues que no es lo mismo. La cerveza sin alcohol puede llevar hasta un 0,9 % de alcohol y la cerveza 0,0 puede llevar hasta un 0,04 %, que sé que es muy poco, pero algo es.

Ahora que ha empezado a comer, yo le compro el pescadito fresco recién traído de la pescadería, se lo hago vuelta y vuelta y se lo come que da gusto

Ojo con esto. Tengamos en cuenta las recomendaciones de la Agencia Española de Seguridad Alimentaria y Nutrición (AESAN) para la prevención del anisakis.

El **anisakis** es un parásito que puede encontrarse en el pescado y provocar reacciones alérgicas o problemas digestivos especialmente importantes en niños y personas vulnerables. Es por ello que la AESAN recomienda:

- Comprar el pescado limpio y sin tripas.
- Cocinar el pescado a 60 °C de temperatura por lo menos durante un minuto en toda la pieza. A modo orientativo, añade la AESAN, una pieza de unos 2,5 cm de grosor habría que cocinarla diez minutos en total (dándole la vuelta a los cinco minutos).
- Si comemos el pescado crudo o sometido a preparaciones que no matan al parásito, se deberá congelar a -20 °C durante cinco días o comprar el pescado ya congelado.

Deben congelarse las siguientes preparaciones cuando se hacen en casa:

- Boquerones en vinagre y otros pescados en escabeche.
- Sashimi, sushi, *carpaccios* y otras especialidades a base de pescado crudo.
- Pescado marinado como, por ejemplo, el ceviche.
- Huevas de pescado crudas o prácticamente crudas.
- Arenques y otros pescados crudos preparados en salmuera o ligeramente salados.
- Pescados marinos sometidos a ahumado en frío.

Cuando estos productos se compran elaborados, la congelación ya la ha realizado el productor o el fabricante. Así lo exige la ley en España.

MITOS DE SUEGRA

Ponle un cacito de cereal en el bibe y verás como duerme toda la noche

Mito. No hay evidencia de que esto sea así, es más, puede dormir peor. Tampoco hay necesidad de introducir cereales en los biberones a ninguna hora del día ni a ninguna edad. La fuente de cereal la podemos introducir en la comida, en la cena, en la merienda o incluso en el desayuno en forma de tostada de pan integral, puñadito de arroz en la comida, un poco de pasta integral tanto en comidas como en cenas, avena con un poco de leche y fruta, etc.

El pan de molde, con lo blandito que es, es el ideal para los niños

Tampoco. El pan de molde no siempre es pan. Es un producto procesado con harinas refinadas, grasas trans, más sal que el pan normal y en muchos casos con azúcares añadidos, sobre todo en aquellos que están fabricados expresamente para la población infantil. Existen modalidades de pan de molde más saludables cuando la harina es 100 % integral y no llevan azúcares, pero para eso hay que huir de todo lo que esté decorado con motivos infantiles y leer bien las etiquetas para que no nos la cuelen. Bajo mi punto de vista, es mucho más sencillo comprar las barras de pan integral y listo. Es la opción más saludable. En mi casa, compramos el pan una vez a la semana, lo cortamos en rodajas o nos lo cortan en la propia panadería, lo congelamos y cada mañana ponemos las rebanadas en la tostadora. Os aseguro que está buenísimo, como recién hecho.

En casa, todo fresco, porque al congelarlo todo el mundo sabe que pierde propiedades y se van las vitaminas

Pues tampoco. La congelación mantiene las propiedades nutricionales de los alimentos. Ay, ¿qué sería de muchos de nosotros que cocinamos uno o dos días a la semana y guardamos en el congelador las raciones de la semana?

Eso sí, para descongelarlo, lo ideal es hacerlo lentamente en la propia nevera y no al aire libre, por aumentar el riesgo de contaminación.

Pero fijaos que lo que para unos parece obvio para otros, países enteros, resulta todo un reto. Atentos a estos datos:

Según datos de la Agencia de Seguridad Alimentaria del Reino Unido se desechan siete millones de toneladas de alimentos al año, y una de las razones son los mitos, bulos y miedos infundados de los consumidores con respecto a la congelación. Un estudio llevado a cabo por dicha agencia reveló el desconocimiento, en el Reino Unido, acerca de cómo congelar alimentos de manera segura: el 43 % de los entrevistados creían que la comida solo puede ser congelada el día en que se compra, el 38 % dijo creer que es peligroso volver a congelar la carne una vez estuviese cocinada y el 36 % aseguró que la comida dejaba de ser segura si se congelaba.

Nosotros, en lugar de azúcar, usamos miel, más sana

La miel tiene entre un 75 y un 85 % de azúcar. Es azúcar. Como lo es la panela, el azúcar moreno, la melaza, el almíbar, el xilitol, el sorbitol, el sirope de arce, de ágave, de caña, de malta, el jarabe de maíz, o la dextrosa, fructosa, maltosa, sacarosa, sucrosa, glucosa, galactosa, hidrolizados dextrinados, maltodextrina y dextrina.

Además, la miel es un alimento altamente cariógeno, es decir, con riesgo alto de provocar caries a quien la consume, ya que su alto contenido de azúcar y su textura pegajosa hacen que impacte en las piezas dentales y quede adherida más tiempo que otros azúcares. Por lo que no es de extrañar encontrar a niños con múltiples caries desde edades tempranas cuyo hábito en casa es comer asiduamente miel.

Si te apetece un día especial tomar un poquito de miel con yogur y nueces, adelante, a mí también me encanta, pero recuerda lavarte los dientes concienzudamente a continuación y no recurrir a ella a diario.

Yo creo que con todo esto ya tenéis tema de conversación para la próxima Nochebuena con el cuñado. ¡Uy, lo que vas a disfrutar! Porque no hay nada como derribar un buen mito con argumentos perfectamente documentados y contrastados. ¿No os parece?

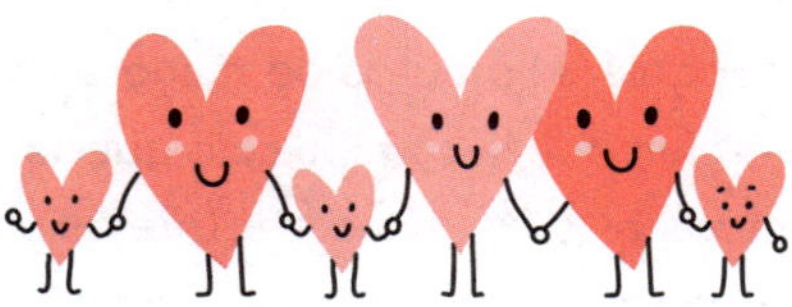

5

A dormir: o, más bien, a no dormir hasta los dos años

Mi hijo mayor tardó en dormir la noche entera cerca de dos años. Mi hija menor, cerca de tres. Teniendo en cuenta que ambos se llevan dieciocho meses, podéis hacer un cálculo rápido de los años que estuve sin dormir mientras seguía trabajando, lactando y con un frenético ritmo de vida a pesar del segundo embarazo, con sus largos nueve meses y un posparto con dos bebés en casa: el mayor, que no había cumplido los dos años, y la hermanita que acababa de nacer.

Creo, y ahora sí puedo decirlo, que aquellos años fueron los más difíciles de mi maternidad. Y fue ese desasosiego, ese agotamiento, ese llegar al trabajo y llorar en los vestuarios antes de empezar mi jornada, ese no saber qué estaba ocurriendo, esa culpa por creer que mis hijos no dormían bien porque había algo que yo no estaba haciendo correctamente y esa presión social de «¿Todavía no duermen toda la noche?» lo que me llevó a estudiar profundamente el sueño infantil.

En ese viaje, entendí que yo no tenía la culpa, que había muchas cosas en las que podía intervenir para mejorar su descanso, pero que había otras muchas que dependían de sus ritmos, su madurez y sus necesidades. Comprendí que nadie tenía derecho a hacerme sentir culpable, a juzgar mi maternidad o a darme lecciones magistrales de cómo debía o no debía educar a mis hijos. Porque cuando el sueño está encima de la mesa, todo el mundo opina, muchos sin conocimiento real de este complejo asunto, y no solo opinan, sino que atacan tu manera de sentir y de gestionar tu maternidad. Algo que entenderéis es intocable y sagrado.

Las maternidades ajenas no se juzgan, lo hacemos de la mejor manera que podemos y sabemos.

Fue en esa época cuando conocí al doctor Gonzalo Pin, pediatra y uno de los mayores expertos en sueño a nivel nacional e internacional y a quien le propuse dieciséis años después escribir un libro sobre sueño infantil, *El sueño es vida,* que os recomiendo encarecidamente si sentís cada una de estas palabras como propias o si estáis esperando un bebé y queréis estar bien informados.

Hace casi veinte años, no sabíamos muchas de las cosas que hoy sabemos. Por eso conocer qué es normal y qué no es normal en el desarrollo del sueño de un hijo es algo tan importante como aprender a introducir la alimentación complementaria cuando corresponde.

Y es que el sueño es la actividad a la que más tiempo dedica el cerebro del niño durante las primeras etapas del desarrollo. Durante los dos primeros años de vida el niño duerme el equivalente a trece meses, unas 9.500 horas, en contraste con las 8.000 horas que dedica a todas las actividades despierto. Entre los dos y los cinco años pasa el mismo tiempo durmiendo que despierto, mientras que con la llegada de la adolescencia el sueño ocupa el 40 % de su tiempo. Sin embargo, debido en buena parte al uso y abuso de las tecnologías, estamos observando un déficit crónico de sueño entre los adolescentes, algo que acarrea importantes consecuencias en su desarrollo, su rendimiento escolar y su salud física.

Debemos tener presente que el sueño es una parte fundamental de nuestra vida y prescindir de él antes o después nos generará un coste a veces irreversible.

La falta de sueño a todas las edades, en niños también, puede acarrear problemas a la hora de mantener la concentración, la atención, mayor riesgo de fracaso escolar, mayor riesgo de accidentes, mayor irritabilidad, pérdida de control de impulsos o una peor capacidad de aprendizaje. Si esto se mantiene en el tiempo, se podrían añadir consecuencias metabólicas, como una mayor tendencia a la obesidad, aparición de diabetes tipo 2 o hipertensión.

Así que, a pesar de lo mucho que os he hablado en mis anteriores libros sobre el sueño, hoy recordaremos los mitos más populares en torno al descanso.

Uf, esta noche he dormido como un bebé

«Ah, ¿sí? ¿Entonces te habrás despertado mínimo seis veces en la noche?», contesta mentalmente la Lucía más irreverente mientras la real mantiene su sonrisa imperturbable.

Y es que yo mantengo unas conversaciones conmigo misma de lo más distendidas y divertidas.

«Dormir como un bebé.» Pero ¿a quién se le ha ocurrido decir esto cuando alguien duerme plácidamente durante toda la noche? Nada más lejos de la realidad. Lo habitual es que los niños y las niñas no logren dormir la noche entera hasta los dos años o más. Y lo normal es que durante los primeros seis meses se despierten cada dos o tres horas. Y entre los seis y los doce meses, al menos un par de veces. Y entre el año y los dos años, una o dos veces. Y sí, lamentándolo mucho, esto es lo normal.

—Pero, doctora, esto es insufrible —me dijo en una ocasión un padre de unos cuarenta años con un bebé de tres meses en brazos.

—¿Qué es insufrible? ¿Qué ocurre? —pregunté algo sorprendida, aunque mi Lucía irreverente ya me anunciaba que aquí había tema.

—Pues es insufrible despertarse cada tres horas. Esto no puede ser normal. Nos va a dar algo —decía el hombre entre indignado y desesperado.

Respiré hondo, sonreí y con toda la calma del mundo le dije:

—Que el bebé con tres meses se despierte cada tres horas es normal. No le ocurre nada. Su sueño es así, cada tres horas hace un despertar, muy probablemente para comer y para sentir que estáis ahí, cerquita, a su lado. Comprendo que te haya pillado por sorpresa y que estés agotado; es realmente agotador, pero esto, como otras muchas cosas, pasará, ya lo verás. Ten un poco de paciencia.

El hombre resopló. Y en su resoplido y su manera de echarse hacia atrás en la silla o más bien de abandonarse al respaldo de la silla, comprendí que mi comentario no lo había consolado lo más mínimo.

Volví a sonreír mientras lo miraba con ternura y mientras, de forma paralela, mi yo irreverente mentalmente le daba golpecitos en la cabeza: «Toc, toc, toc, ¿se puede? ¡Bienvenido a la paternidad! Pues no te queda nada, querido...».

Yo lo agoto para que así duerma mejor

¡Mec! ¡Error! Cuanto más nos saltemos sus rutinas, cuanto más ejercicio extenuante y cuanta más actividad física a últimas horas del día, más cortisol en sangre, más estrés, más activación y, por consiguiente, menos o nula melatonina, la hormona del sueño. Para que los niños (y los adultos) empecemos a fabricar melatonina, que será la que nos induzca el sueño, tenemos que activar el modo «desconexión» dos horas antes de acostarnos:

- Luz tenue.
- Bajar persianas.
- Actividades relajantes: baño, cuento, masaje, canción de cuna...
- Y calma, mucha calma.

Sé que esto es lo más difícil, porque esas horas coinciden con nuestro agotamiento, nuestros niveles de paciencia están bajo mínimos y nuestras ganas inmensas de que se duerma de una vez para poder, esta vez sí, descansar nosotros, también. Pero si hay actividad física, estrés, luces blancas, ruidos y follón, el inicio del sueño se retrasará en el tiempo. Tenlo en cuenta.

Un vídeo en la tablet y cae redondo

Pues, aunque con algunos niños funciona, a la larga esto empeorará la situación. Otro de los factores determinantes para el inicio del sueño es la luz. Si nuestro organismo, a través de nuestros ojos, detecta luz (ya sea natural o artificial), la melatonina se inhibe porque nuestro cerebro interpreta que es de día y que, por tanto, hay que estar activo. En ese momento da la orden de suprimir la producción de melatonina y de aumentar las hormonas encargadas de despertarnos. Así que, como consejo: no expongas a tus hijos a pantallas, ni tele, ni móvil ni *tablet* dos horas antes de irse a la cama. Y si tú logras aplicarte la misma recomendación, sería maravilloso.

En lugar de conectarnos, ¿por qué no aprendemos a desconectarnos con un buen libro, leyendo un cuento a tu hijo o manteniendo una bonita conversación en la cama con la lamparita de noche?

Despertar a un sonámbulo le puede dañar el cerebro

Tampoco. El sonambulismo es una parasomnia durante el sueño no REM presente en un 15 % de los niños y niñas entre los tres y los quince años. Y, aunque no es recomendable despertar al paciente cuando está sonámbulo, porque se agitará mucho y lo pasará mal, en caso de hacerlo, no pasará nada ni dañaremos ninguna parte de su organismo. Es bastante habitual que la primera vez que nuestro hijo se levante sonámbulo nos pille por sorpresa, no sepamos qué está ocurriendo y, sin querer, lo despertemos. Tranquilos. Como os explico en *El gran libro de Lucía, mi pediatra,* si tu hijo es sonámbulo, mantén la calma, acompáñalo tranquilamente a su habitación, lentamente, sin prisas. Y quédate un ratito con él en la cama hasta que veas que, de nuevo, descansa plácidamente, sin sobresaltos.

Lo que sí os diré es que, si hay sonámbulos en casa, debéis aseguraros de cerrar puertas y ventanas. Mi madre fue sonámbula, yo fui sonámbula y uno de mis hijos es sonámbulo. Anécdotas con él tengo muchas: ahora, desde el recuerdo, son divertidas y suelen ser un tema frecuente de conversación en una sobremesa de Navidad, pero os diré que, en una ocasión, cuando mi hijo era más pequeño, amaneció en el rellano de la escalera de un piso más abajo, con su pijama de *Cars*, envuelto en su edredón y tocando el timbre del vecino a las tres de la mañana. Se despertó él mismo por el sonido del timbre, desorientado, sin entender del todo qué había ocurrido, pero antes de que el vecino abriera la puerta, salió corriendo escalera arriba hasta volver a casa.

Desde entonces siempre cierro la puerta con llave y guardo las llaves en distintos sitios para evitar que, en un automatismo de los suyos, se levante, coja las llaves, abra la puerta de casa y se vaya a dar una vuelta..., que ahora en plena adolescencia duerme sin pijama y el numerito que se puede montar en el barrio sería fino.

Los adolescentes son unos vagos, lo único que quieren es dormir

Pero, pobres adolescentes, ¿qué habrán hecho ellos para que todos los males del planeta sean por su culpa? ¿Nunca has pensado que si tu adolescente tiene ganas de dormir es porque necesita dormir? Pues así es.

«Claro, ¿cómo no va a tener sueño si se acuesta a las mil?», contestará más de uno.

Pues he de deciros que no todo es culpa de ellos. Los adolescentes sufren un retraso de fase en su sueño, empiezan a fabricar melatonina (la hormona del sueño) mínimo una hora más tarde de lo que lo hacían durante su infancia. Por lo que, por mucho que tú quieras que se duerma a las diez, es fisiológicamente imposible. Su organismo ya no puede dormirse a esa hora. A esto le juntamos que muchos de ellos tienen el ordenador o el móvil en la habitación a la hora de acostarse, por lo tanto, la luz de los dispositivos retrasa aún más su sueño. Sumamos que los fines de semana empiezan a salir por la noche, por lo que su horario se desajusta aún más. Y encima es bastante habitual que los adolescentes, no sabemos por qué motivo, entren una hora antes al instituto. Consecuencia: falta crónica de sueño en más de un 30 % de nuestros jóvenes. Y, por tanto, sueño y cansancio a deshoras...

Pero ¿qué hace durmiendo la siesta un lunes? ¡Por el amor de Dios!

Pues que aún está con el *jet lag* del fin de semana. *Jet lag* que no regula hasta el miércoles para volver a descontrolarse el viernes noche. Vamos, que, visto así, a mí casi me parece milagroso que hagan la cantidad de cosas que hacen con este descontrol en su descanso.

El doctor Gonzalo Pin lo aborda maravillosamente bien en su libro y explica cómo en un estudio multicéntrico en el que él mismo participó junto con varios países, comprobaron como retrasando la entrada al instituto una hora, programando actividad física a primera hora, que los active, en lugar de asignaturas que requieran de mucha exigencia intelectual, como mates o física, y realizando los exámenes los miércoles en lugar de los lunes, el rendimiento escolar global de las aulas mejoraba de forma sustancialmente significativa. Y es que esto no es ninguna tontería. Ya en el año 2014, la Academia Americana de Pediatría reconoció que la falta de sueño en la adolescencia era un problema de salud pública que afectaba seriamente a la salud y seguridad de los adolescentes.

Los adolescentes necesitan dormir entre ocho y diez horas por noche, ya que su cerebro y su cuerpo están experimentando muchos cambios y el sueño es primordial para que todos esos cambios se asienten de la forma adecuada.

Es mucho lo que se habla de la higiene del sueño en los más pequeños, pero ¿qué hay de los adolescentes? ¿Hay algo que podamos hacer los padres para mejorar esta situación?

- Antes de nada, si consideras que el problema es lo suficientemente importante y afecta a su estado de ánimo y/o rendimiento académico, pide ayuda profesional. No lo culpes.
- Comprende que, cuando te dice que no se puede dormir a las diez, no te está haciendo rabiar ni te está mintiendo. Es que no puede de verdad; por mucho que tú y él queráis que siga manteniendo los horarios de cuando tenía nueve años. Su cerebro ha cambiado.
- Cenad temprano, idealmente antes de las 21 h. Y en familia, a ser posible. La cena es una oportunidad fantástica para contarnos nuestro día y charlar relajadamente.
- Establece pactos con las tecnologías: no usar pantallas una hora antes del sueño para que la luz no interfiera con su melatonina.
- Intenta poner en casa luces tenues, cálidas, huyendo de las luces blancas.
- Que vaya al instituto caminando o en bici. Cuanta más exposición solar y más ejercicio físico durante el día, mejor control del sueño nocturno.
- Intenta que no duerma la siesta, al menos no esas siestas de tres horas en las que se despiertan y no saben ni en qué día viven. Siestas cortas de diez o quince minutos y no más allá de seis horas antes de irse a la cama.
- Y, por último, no olvides que sigue siendo tu hijo, que, a pesar de lo grandote o grandota que es, te sigue necesitando. Bésalo, aunque se aparte. Abrázalo, aunque resople. Anímalo a sentarse contigo en el sofá a ver una peli, aunque levante una ceja... Te aseguro que, en una de estas, se dejará besar, abrazar, o lo verás tumbado a tu lado en el sofá pidiéndote que le rasques la espalda...

El cerebro está inactivo mientras dormimos

El cerebro no está inactivo nunca. De hecho, las funciones que realiza durante el sueño y el descanso son primordiales para mantenernos con vida. Tened en cuenta que casi un tercio de nuestras vidas lo pasamos durmiendo. Es más, la calidad del sueño y las horas que dedicamos a ello son tan importantes como respirar.

—Durante el sueño —les explico a mis pequeños pacientes— pasa un camión de la basura que limpia todo nuestro cerebro y lo deja listo y preparado para afrontar un nuevo y gran día. Si esto no ocurre, podría verse afectada nuestra memoria, nuestra concentración, nuestra capacidad de respuesta y hasta nuestros signos vitales, porque nuestro cerebro está sucio, lleno de la basura que no se ha recogido.

El hecho de que duermas bien o mal puede repercutir en prácticamente todo tu cuerpo: desde el cerebro, por supuesto, hasta el corazón, pasando por los pulmones, el sistema inmune o el estado de ánimo.

Pero es que, además, la falta de sueño crónica o tener una mala calidad del sueño de manera continuada aumentan el riesgo de:

- Hipertensión arterial.
- Enfermedad cardiovascular.
- Obesidad.
- Depresión.
- Diabetes *mellitus* tipo 2.

Es mucho el tiempo que nos lleva formarnos y ocuparnos de la alimentación de nuestros hijos, también intentar que hagan algún tipo de ejercicio físico y, por supuesto, nos preocupa sobremanera su bienestar emocional, ¿verdad? Pero a mí y a muchos compañeros nos da la sensación de que al sueño y al descanso no se les da la importancia que merecen.

—¡Ya dormirá! ¡Los niños son así! ¡Los adolescentes son así! ¡Es lo que hay!

Y realmente todas estas frases nacen del desconocimiento del impacto que genera el «mal dormir» en el desarrollo infantil, en su salud y en su rendimiento escolar. Si estáis interesados en este tema, de nuevo no puedo dejar de recomendaros el libro *El sueño es vida,* del doctor Gonzalo Pin Arboledas, pediatra con más de cuarenta años de experiencia y uno de los mayores expertos en sueño infantil de Europa. El libro que a mí me hubiese gustado tener en mis manos cuando nacieron mis hijos. Pero, incluso ahora que ya son adolescentes, lo he leído y he aprendido infinidad de cosas, hasta les he leído pasajes enteros a ellos para continuar de lleno con la educación de su autocuidado, situando el sueño, la alimentación y su salud mental como motores fundamentales de su bienestar.

6

Vacunas: el rey de los mitos

El macho alfa, el dios de los dioses, el tema preferido del «cuñado», la discusión sin fin. Créeme, sin fin.

Cuando terminé la carrera de Medicina no podía imaginar que, poco tiempo después, en mi día a día, un tema como las vacunas generaría tantas dudas, preguntas, miedos y hasta movimientos organizados en su contra. De hecho, es algo para lo que al menos a mí no me habían preparado. En la facultad, la creación de vacunas como la de la polio o la del sarampión, que lograron salvar millones de vidas, la mayor parte de ellas infantiles, se narraba como un gran hito a la altura del descubrimiento de la asepsia o de la penicilina.

Jamás imaginé la cantidad de ruido y odio que luego llegué a vivir yo misma con este asunto y no lo imaginé porque cuando pasas más de diez años preparándote y estudiando para ver enfermos, eres plenamente consciente de que las vacunas han supuesto uno de los mayores avances de la medicina. Su beneficio es indiscutible. No hablamos de opinión personal ni de experiencia propia, hablamos de evidencia científica, que es el único lugar desde donde debemos tratar este tema y desde donde está escrito este libro que hoy lees.

El miedo hacia determinadas vacunas es evidente en nuestra sociedad. No podemos ni debemos negarlo. Y en cierta medida podría decir que es comprensible ante algo desconocido que una persona desconocida para ti también, que es tu médico, te anima a que inyectes a tu hijo. Pero no podemos quedarnos ahí, no podemos vivir en el miedo, en la ignorancia, en las noticias sensacionalistas; sería insufrible vivir en un mundo hecho de titulares de Twitter o de Google, ¿os imagináis?

Para superar ese miedo debemos ofrecer tranquila y pausadamente a las familias información fiable y veraz que ayude a despejar una a una todas sus dudas. Sin juicios de valor, sin mensajes incriminatorios, sin superioridad moral ni de ningún tipo. Los médicos estamos aquí para ayudar, no para señalar con el dedo a nadie. Yo consulto con un arquitecto si quiero construirme una casa y él me explica cuál es el procedimiento, ya está. Despeja mis dudas como experto que es en su campo y me dice por qué hay que poner el pilar aquí y no allí como a mí me gustaría:

—Lucía, podemos ponerlo ahí donde tú comentas, pero el riesgo de que la casa se te venga encima es alto —bromearía.

Cuando profundizas en un tema como este, te das cuenta de lo complejo que es y de la magnitud de cada uno de nuestros actos. Por dejar sobre el papel algunos datos que considero importantes:

En todo el mundo, dos de cada tres niños menores de cinco años mueren por enfermedades infecciosas.

Las vacunas salvan cada año cerca de dos millones y medio de vidas.

El virus de la viruela fue el responsable de más de 300 millones de muertes solo en el siglo XX, más que las guerras mundiales, la gripe de 1918 o el sida juntos.

Las vacunas no solamente salvan vidas, sino que son una magnífica herramienta para erradicar enfermedades, como ocurrió con la viruela, erradicada desde 1980 gracias a su vacuna.

«LAS VACUNAS PRODUCEN AUTISMO» Y OTRAS PELÍCULAS DE CIENCIA FICCIÓN

Os avanzo que esta historia tiene todos los ingredientes para una tarde de manta, sofá y peli: personaje carismático, inteligente y perverso, narrativa con gancho con una trama oscura que busca el beneficio propio bajo la falsa pero bien estructurada imagen pública de querer salvar al mundo, víctimas inocentes bien elegidas por su situación de vulnerabilidad y desconocimiento del mundo en el que se mueven y desenlace agridulce, con el villano derrotado, pero con miles de familias afectadas por su maldad.

¿Y cuál fue la triste realidad?

El mito de que las vacunas provocan autismo nació a raíz del mayor escándalo médico de la historia del Reino Unido, protagonizado por el doctor Andrew Wakefield. De hecho, y empecemos por el final, en el año 2010 el Colegio Médico General británico le retiró la licencia de médico por actuar de forma deshonesta e irresponsable al publicar un artículo cuyos métodos y conclusiones eran falsos.

En el famoso artículo, publicado doce años antes nada más y nada menos que en *The Lancet,* una de las revistas médicas de mayor impacto y prestigio del mundo, Wakefield aseguraba que existía una relación entre la administración de la vacuna triple vírica (sarampión, rubeola y parotiditis) y la aparición del trastorno del espectro autista (TEA). Pues bien, en el año 2010 se descubrió que:

- Los escasísimos pacientes seleccionados en su estudio pertenecían a familias vinculadas al movimiento antivacunas.
- La generosa financiación que recibió para su estudio provenía de un bufete de abogados que pretendía demandar posteriormente a las farmacéuticas fabricantes de la vacuna.
- Curiosamente, antes de la publicación de 1998, Wakefield solicitó la inscripción de la patente de una «vacuna propia» que, según él, carecería de los problemas de la vacuna real.

Tras estos hallazgos, en 2010 la revista *The Lancet* rectificó y pidió disculpas por el tremendo error. Sin embargo, el daño ya estaba hecho: miles de familias decidieron no vacunar a sus hijos, lo que causó la muerte por sarampión de un gran número de niños en todo el mundo.

Desgraciadamente hay decisiones, como la de rechazar las vacunas, que te pueden costar la vida y, lo que es peor, la de tus hijos.

A lo largo de todos estos años, se han publicado en todo el mundo cientos de estudios científicos, con más de un millón y medio de niños (y no los once estudiados por Wakefield), y en ningún caso se observó tal asociación. De hecho, la respuesta de toda la comunidad científica internacional y de las propias asociaciones de pacientes con TEA es unánime: **las vacunas no provocan autismo.**

Aun así, este doctor, desde Estados Unidos, sigue difundiendo teorías conspiranoicas y bulos en torno a las vacunas y sus efectos nocivos.

Yo nunca me vacuno de la gripe, porque un año que me vacuné pillé la gripe más fuerte de mi vida

La frase que todos hemos oído: en Nochebuena, en la cola del supermercado, en una farmacia y en la consulta del médico. Esto es como la canción de Camilo Sesto: «Ya no puedo más, ya no puedo más, siempre se repite la misma historia...». Pues eso. Cada año los sanitarios nos vemos en la obligación de desmentir una vez más este mito, y en mi caso ya voy para veinte años, que se dice pronto.

La OMS es clara y contundente:

Las vacunas contra la gripe se han usado desde hace décadas, son seguras y no causan la gripe. Ninguno de los dos tipos de vacunas existentes —la que se administra con un pinchazo y contiene virus inactivados, o la que se aplica por espray nasal y contiene virus atenuados— puede producir la enfermedad.

Eso sí, has de saber que, una vez vacunado, el cuerpo necesita al menos dos semanas para generar inmunidad y estar protegido. Si te contagias en este tiempo, pillarás la gripe, sí. Mala suerte. Pero no habrá sido la vacuna, aunque lo repitas una y otra vez en cada comida de empresa.

Y, por otro lado:

La vacuna de la gripe protege (y no al 100 %) frente al virus de la gripe.

Sin embargo, no lo hace frente a cualquier otro virus o bacteria que genere síntomas similares. Que esto sé que es de cajón, pero también hay que recordarlo.

Dicho de otro modo, la vacuna frente al virus del papiloma humano, la enfermedad de transmisión sexual (ETS) más frecuente del mundo, protege frente a la infección del virus del papiloma humano, pero no frente a otras ETS como pueden ser la gonorrea, la clamidia o el VIH.

Por lo tanto, aquello de que «No me vuelvo a vacunar, total, ¿para qué me sirvió? Me vacuné el año pasado y cogí una neumonía que casi me manda para el otro barrio» no nos sirve.

Cuando yo escucho este argumento alzo una ceja y pregunto:

—Pero... ¿la neumonía fue por gripe?

—No, que yo sepa. Me dijeron que había sido por una bacteria.

Es entonces cuando sonrío, cuento hasta cinco (que diez siempre se me hace muy largo) y contesto a cámara lenta conteniendo a mi yo irreverente:

—Bueno, pues bien está. Si no te hubieras vacunado, podrías haberle sumado a esa neumonía bacteriana (que nada tiene que ver con la gripe) una infección por gripe y haberse complicado muchísimo tu situación. De hecho, no sé si sabrás que la gripe causa unos cuantos miles de muertes en España cada año y entre 28.000 y 50.000 ingresos hospitalarios también cada año.

Es más, la gripe es la causante de un millón de casos graves en niños menores de cinco años en todo el mundo, lo que supone un importantísimo problema de salud pública y recursos con elevadas implicaciones socioeconómicas.

Yo no vacuno a mis hijos, porque las vacunas contienen mercurio y eso fríe el cerebro

Esto me lo soltó una madre en la consulta, así de sopetón y sin despeinarse, mientras mi cabeza trataba de imaginarse a las neuronas vuelta y vuelta en una sartén con aceite hirviendo.

Como a mí me gustan los retos y las situaciones que me ponen a prueba, respiré profundo, sonreí, la miré fijamente y le dije de la manera más dulce de la que fui capaz:

—Hablamos de las vacunas cuando lo desees, estoy aquí para intentar resolver tus dudas, pero antes de nada has de saber que ninguna vacuna que se administre hoy en día en España —repito, ninguna— contiene mercurio.

No le he puesto la vacuna porque estaba con mocos

Podemos vacunar a nuestros hijos aunque tengan mocos y tos. Se debe posponer la administración de las vacunas si en el momento de la vacunación se encuentran inmersos en un cuadro de fiebre elevada y malestar, nada más.

En ocasiones nos encontramos con auténticos retrasos en el calendario vacunal que sí pueden poner en riesgo al niño. Y es que, efectivamente, los niños, una vez estén escolarizados, ya sabemos lo que ocurre, que semana sí, semana no estarán con mocos, al menos durante los primeros años de vida. Por ello, esto no debe ser motivo de retraso de las vacunas correspondientes.

Yo le pongo las vacunas cuando sea más mayor, que así estará más fuerte

¡Craso error! Justamente el mayor riesgo de contraer enfermedades graves y que estas afecten de manera importante la salud de nuestros hijos es en los primeros dos años de vida, en los que su sistema inmune aún es inmaduro. Por ello desde las organizaciones científicas siempre se insiste en comenzar el calendario vacunal cuando corresponde, que es a los dos meses de vida, y no demorarlo salvo causa médicamente justificada. Además, ten en cuenta que la protección e inmunidad no es inmediata; hacen falta meses y varias dosis para generar esa inmunidad que los proteja y nunca llega a ser del cien por cien, aunque hay vacunas que se acercan, como la del sarampión.

Por ejemplo, una consulta muy frecuente cuando hablamos de las vacunas frente a la meningitis es la siguiente:

—Hemos pensado en retrasar la administración de las vacunas de la meningitis a cuando tenga uno o dos años, que así tendrá la inmunidad más fuerte.

A lo que suelo contestar:

—¿Sabías que la meningitis es hasta cinco y seis veces más frecuente en niños menores de un año si los comparamos con el resto de las edades? ¿Y que por tanto la mortalidad se concentra justamente en los primeros doce meses de vida? Por eso la recomendación oficial es empezar a vacunar a los dos meses, porque en esos primeros meses de vida es donde se concentra el mayor número de casos. Dejarlos expuestos ese tiempo es un riesgo innecesario.

Cuanto antes esté vacunado, antes estará protegido.

Las vacunas contienen aluminio, que es un compuesto tóxico para el ser humano. Por eso yo no los vacuno

El aluminio también es un clásico. Probablemente se encuentre en el top tres junto al autismo y el mercurio. Pues bien, las sales de aluminio se utilizan como adyuvantes desde hace más de setenta años para garantizar que la vacuna sea efectiva. Has de saber que el aluminio presente en las vacunas es inferior al 1 % y que casi cualquier alimento que te lleves a la boca contiene más aluminio que las vacunas. Y es que el aluminio es el tercer elemento más presente en la tierra. Pero es que, además, jamás se ha notificado ningún efecto adverso de las vacunas provocado por él.

EN RESUMEN

¿Las vacunas funcionan? Sí.

¿Son seguras? Sí.

¿Tienen efectos secundarios? Sí. Como todos los medicamentos, sin excepción.

¿Los riesgos de sufrir una enfermedad prevenible y sus complicaciones superan en mucho al riesgo de padecer algún efecto secundario de la vacuna? Sin duda.

¿Debemos tener miedo a las vacunas? No. Miedo a no disponer de las vacunas. Miedo a que nuestros hijos enfermen de una patología para la que no haya ni vacuna ni tratamiento. Miedo a perder un hijo por una enfermedad prevenible. Miedo a ver enfermar a niños a nuestro alrededor por nuestra decisión de no vacunar y poner en riesgo la inmunidad de grupo.

Miedo a que enfermedades que hace años que no vemos resurjan, como está ocurriendo con la difteria y el sarampión.

Miedo a epidemias prevenibles. Miedo a la muerte.

Pero miedo a las vacunas, no.

7

Y llega el verano y los mitos también van a la playa

LLega el buen tiempo, nos ponemos el bañador, entramos en modo playa-piscina-chiringuito y ahí, entre cervecita y cervecita y entre tinto de verano y tinto de verano, bulo va, bulo viene. Que si esperar las tres horas antes de bañarnos, que si hacer pis sobre las picaduras de medusa, que si «Yo, como ya estoy moreno, no necesito protección solar», vamos..., que yo me paso dos tardes en tu urbanización y escribo un libro entero.

¡Empecemos!

LA SIESTA ENTERA ESPERANDO

No te bañes todavía, que se te corta la digestión

Entre esperar cuatro horas y hacer la bomba en la piscina tras tres platos de fabada, hay un término medio.

—Papá, ¿me puedo bañar?

—No.

«Vale, que no cunda el pánico, intentemos con mamá», pensaba yo a mis ocho inocentes años de vida.

—Mamá, ¿qué hora es? ¿Me puedo bañar ya? Porfi, porfi, porfi.

Creo que esta ha sido la escena más repetida de la historia de mis veranos en Benidorm. Recuerdo como si fuera ayer como mis padres nos tenían durante horas a pie de piscina, bajo la sombra de los árboles, a mi hermano, a mis primos y a mí, mientras ellos tomaban el café en la urbanización. Cada diez minutos uno de nosotros se levantaba, corría hacia ellos y soltaba el ya conocido:

—¿Me puedo bañar ya?

—Que no, que ya os hemos dicho que hasta que no pasen dos horas nadie se puede meter en el agua. Ale, id a jugar un poquito bajo la sombra de los árboles.

Y así un verano y otro y otro. Pero ¿qué hay de cierto en el corte de digestión?

Pues bien, el popular corte de digestión en realidad se denomina ***síncope de hidrocución.***

El síncope de hidrocución es la pérdida súbita de conocimiento o la muerte directa de la persona, en el peor de los casos, **al sumergirse en el agua, sin que sea necesario que entre agua en los pulmones.**

La mayor parte de las veces no se llega a perder el conocimiento del todo y se produce un cuadro de mareos, náuseas y vómitos (cuadro vasovagal), que, al encontrarte dentro del agua, puede comprometer tu vida si estás, por ejemplo, en el mar, alejado de la orilla. Sin embargo, lo más habitual es que estos síntomas permitan al paciente salir del agua a tiempo.

¿Por qué se produce el síndrome de hidrocución? Fundamentalmente por dos mecanismos:

1. **El reflejo de inmersión:** cuando nos sumergimos debajo del agua se producen una serie de cambios en nuestro sistema cardiovascular para adaptarse al nuevo medio subacuático. **Entre ellos, disminuye la frecuencia cardiaca (bradicardia) y se contraen los vasos sanguíneos más superficiales (los de la piel) para dar preferencia al riego sanguíneo del cerebro.** Este reflejo en los niños es mucho más acusado, sobre todo si el agua está muy fría, la temperatura corporal es alta y el niño

se zambulle de golpe. Es en estos casos cuando pueden producirse arritmias graves e incluso una muerte súbita.

2. Por otro lado, tenemos **la digestión:** esta consiste en una serie de procesos a través de los cuales el intestino extrae los nutrientes de la comida, y puede llevar desde unos minutos hasta dos o tres horas, dependiendo de lo que hayamos comido. Para ello nuestro cuerpo necesita de oxígeno que solamente llega a través del torrente circulatorio.

Durante la digestión el intestino tiene prioridad, por eso los vasos sanguíneos del aparato digestivo se dilatan, mientras que algunas otras partes del cuerpo se pueden quedar con menos riego, como por ejemplo el cerebro. De ahí que tengamos sueño después de una comida copiosa, no podamos concentrarnos o incluso tengamos que dormir una buena siesta.

Si además de hacer la digestión estamos debajo del agua y baja nuestra frecuencia cardiaca, podríamos sufrir una sensación de mareo, náuseas, vómitos y hasta pérdida de conocimiento, con el consiguiente riesgo de ahogamiento si no hay nadie cerca.

La buena noticia es que no es muy frecuente, pero sí debemos conocerlo y saber cómo evitarlo.

—¿Y bien? ¿No nos dirás ahora que tus padres y los nuestros tenían razón?

—Pues sí y no. Una vez más, voy a contestar a la gallega: depende. Depende de lo que hayamos comido, de si hace mucho calor fuera, de si las aguas son muy frías (como en los ríos) o cálidas, etc.

¿Cuáles son los factores de riesgo para tener un síndrome de hidrocución?

- **Comida copiosa:** ante altas temperaturas y agua (ya sea piscina, mar o río) se recomienda hacer comidas ligeras.
- **Beber alcohol, que es un depresor del sistema nervioso central.** Mantente bien hidratado con agua.

- **Hacer deporte minutos antes de entrar al agua,** ya que esto aumentará la temperatura corporal.
- **Zambullirnos de golpe,** debido al contraste brusco de temperatura entre el cuerpo y la temperatura del agua. Se recomienda mojar el cuerpo poco a poco, primero los pies, las manos, las rodillas, el abdomen... Vamos, como las abuelillas al entrar en el mar. ¿Os habéis fijado alguna vez en cómo entran? Lentamente, hablando unas con otras, mojándose las manos, la barriguilla... Pues eso. Entra poco a poco en el agua para que tu cuerpo se vaya acostumbrando al contraste.

Hay que tener especial precaución si el agua está muy fría, si antes de meternos en el agua hemos hecho **deporte,** hemos sudado mucho o si hace mucho **calor.** Recordad que cuanto más contraste haya entre la temperatura del agua y la corporal, más riesgo de hidrocución.

Y, por supuesto, una vez que conoces estos síntomas, si dentro del agua comienzas a notar dolor abdominal, sensación de mareo, náuseas o vómitos, avisa a alguien y sal inmediatamente.

CUIDADO DE LA PIEL, EL ÓRGANO MÁS GRANDE DEL CUERPO

Si está moreno, ya no necesita protección solar

Error. Ningún tipo de piel ni fototipo cutáneo está exento de sufrir los efectos dañinos de la radiación solar, ni las pieles blancas, ni las bronceadas, ni siquiera las pieles negras. Todos somos susceptibles de quemarnos, aunque ya estemos bronceados o tengamos una tonalidad de piel más oscura. Evidentemente los fototipos claros (piel clara, pelo rubio, pelirrojos, etc.) tienen un riesgo mayor, pero los demás también pueden quemarse y sufrir lesiones a corto y a largo plazo.

Recuerda que el 80 % de los melanomas se podrían evitar si protegiésemos adecuadamente la piel de nuestros hijos frente al sol.

Si está nublado, el sol no quema. No hace falta protección

Durante varios años trabajé en un hospital en Benidorm casi a pie de pista de un gran parque acuático lleno de ingleses, noruegos e islandeses dispuestos a pasar el verano de sus vidas tirándose por toboganes imposibles de mirar.

Era muy curioso comprobar como los días más nublados era cuando llegaban a urgencias más quemaduras en niños y en adolescentes. Todos ellos perplejos ante semejantes ampollas en los hombros que les arruinarían el resto de sus vacaciones.

«Pero si estaba nublado... —se lamentaban todos los padres—. ¿Cómo pudo haber sucedido?»

Y es que buena parte de la población cree erróneamente que en días cubiertos es imposible quemarse.

Sin embargo, la realidad es que **el 80 % de la radiación ultravioleta es capaz de atravesar las nubes, incidir en la piel y provocar quemaduras.** Pero es que, además, se suma que, al estar nublado, la temperatura suele ser menor —o al menos la sensación térmica—, por lo que las personas toleran mejor estar al aire libre y tienen una falsa percepción de seguridad.

En contra de la opinión popular, en días nublados la radiación solar puede ser intensa y dañar nuestra piel. El protector, siempre. **Con el sol no te la juegues.**

Picadura de medusa. ¡Lo tengo! El mejor remedio: la orina

Ni orina, ni vinagre ni amoniaco. Me temo que no, no siempre. Dependerá mucho del tipo de medusa que nos pique. Iremos al grano. ¿Qué hacer? ¿Y qué no hacer cuando nos pica una medusa?

¿Qué hacer si me ha picado una medusa?

- Mantener la calma.
- Echar agua salada del propio mar (o suero fisiológico), nunca dulce.
- Retirar los restos de medusa con un carnet o una tarjeta.
- Buscar un puesto de socorro.
- Para los síntomas, puede ayudar el hielo local, pero nunca aplicado directamente.
- Fármacos que te podría recomendar tu médico: un antihistamínico oral para el picor, una crema de corticoides para la inflamación e ibuprofeno para el dolor.
- Si hay afectación de cara o genitales, precisará asistencia médica.
- Vigilar signos de alerta: náuseas, vómitos, dificultad respiratoria o lesiones extensas, en cuyo caso habrá que acudir a urgencias ante la posibilidad de estar frente a un *shock* anafiláctico (reacción alérgica grave), que, aunque muy infrecuente, existe.

¿Qué no hacer?

- No se debe echar agua dulce o mineral.
- No se debe frotar con la mano, con arena o con la toalla.
- No se debe aplicar amoniaco, orina o vinagre.
- No se debe aplicar alcohol.

Todo ello puede empeorar las lesiones.

Y MUCHO OJO
CON LAS ALTAS TEMPERATURAS

No pongas el aire acondicionado, que nos vamos a resfriar todos, empezando por el bebé

Repite conmigo: el aire acondicionado no resfría. Las corrientes de aire tampoco resfrían. Lo que de verdad resfría son los virus y las bacterias que se alojan en la orofaringe de las personas y que pueden permanecer suspendidos en el aire durante minutos en ambientes cerrados y poco ventilados.

Es decir, persona estornudando, tosiendo o moqueando en un lugar con más gente, sin ventilación y donde todos están muy cerca unos de otros representa la tormenta perfecta para que, en una semana, la oficina se quede vacía porque estáis todos de baja.

Ahora bien, abrir ventanas, aunque haya corriente, no resfría; a los niños tampoco. Es bueno ventilar las habitaciones y espacios donde hay mucha gente.

Respecto al aire acondicionado, nos ocurre más de lo mismo: lo que sí es perjudicial para la salud de una persona y sobre todo para el bienestar de un niño o un bebé es mantenerlo en un espacio cerrado a altas temperaturas.

Ni es bueno que duerman sudando ni es bueno mantenerlos a 30 °C o más en las calurosas noches de verano.

Si hay que poner el aire acondicionado para lograr tener una temperatura ambiente de 25-26 °C, se pone.

Recuerda, lo peligroso no es el aire acondicionado, lo peligroso son las altas temperaturas.

—Pues a mí con el bebé me da «cosa» poner el aire en el coche por si se resfría —he escuchado más de una vez.

Ojo, que esto puede llegar a ser muy peligroso.

Ten miedo al golpe de calor y no a los resfriados.

Dentro de un coche al sol, la temperatura sube muy rápidamente, hasta llegar a poner en riesgo la vida de un niño (o de una mascota) si se queda dentro. De hecho, con una temperatura exterior de 30 °C, en un coche al sol y en tan solo una hora podemos alcanzar temperaturas interiores de hasta 20° más, con el riesgo que eso supone para los niños, ya que ellos regulan peor su termostato y son más susceptibles a sufrir golpes de calor.

Recordemos que cada año tenemos que lamentar el fallecimiento de algún niño olvidado en el interior del coche en verano. Son desgraciados accidentes que ocurren en todo el mundo y que nos recuerdan el peligro de las olas de calor, de las altas temperaturas y de lo vulnerables que somos frente a ellas.

De hecho, según la OMS, se calcula que al menos 15.000 personas fallecieron específicamente por causa del calor en Europa en el año 2022. Mientras que en España solo en los tres meses de verano han podido fallecer cerca de **4.000 personas por golpes de calor.**

Yo le pongo una muselina por encima del capazo y así está más fresquito

Otro error que, por los mismos motivos, puede resultar fatal. Al no haber ventilación, la temperatura dentro sube rápidamente, poniendo en riesgo el bienestar del bebé. Nunca lo hagáis, por favor.

Como veis, a medida que vamos avanzando en el libro, los mitos han pasado de ser un inofensivo comentario de la abuela que se empeña en ponerle el papelito rojo en la frente para quitar el hipo —jardín en el que hemos decidido no entrar (elijamos bien nuestras batallas)— a asuntos verdaderamente importantes que pueden poner en riesgo nuestra salud o la de nuestros hijos, como puede ser un golpe de calor, una quemadura de segundo grado o un melanoma.

Escuchemos a los que mejor nos pueden aconsejar con respecto a la salud de nuestros niños y niñas, porque nosotros, como vosotros, solo buscamos una cosa: que vuestros hijos lleven una vida plena, feliz y libre de sustos.

8

El peligro de los mitos en los accidentes infantiles

Las lesiones no intencionadas, o los más comúnmente llamados *accidentes infantiles,* suponen la primera causa de muerte en la Unión Europea entre los cinco y los dieciocho años de vida, en particular accidentes de tráfico, ahogamientos, caídas accidentales o accidentes domésticos. Por eso en este capítulo, si me lo permitís, nos vamos a poner un poco más serios.

Y es que si el que cortemos una cebolla en dos en una noche de tos no tiene mayor impacto en la salud de un niño, de lo que hablamos a continuación sí puede suponer un antes y un después en nuestras vidas.

Perder a un hijo es la situación más difícil, traumática y devastadora por la que puede atravesar una familia, pero perderlo además por un accidente infantil es aún más doloroso si cabe. Mi experiencia profesional con estas familias ha marcado mi vida. Sientes su dolor como propio, su impotencia, su incredulidad... Tú tampoco te lo puedes creer. No llegas a comprender cómo la vida puede llegar a arrebatarte lo que más quieres en este mundo de una forma tan injusta. Pero lo cierto es que lo hace, y nunca crees que te puede suceder, hasta que te sucede.

Los bebés nacen sabiendo nadar. ¿No ves que dentro del útero ya flotaban? A los recién nacidos les resulta natural

Mito, pero de los que ponen los pelos de punta.

Los bebés no flotan. Los bebés no saben nadar. De hecho, un niño menor de dieciocho meses es capaz de ahogarse en un palmo de agua y en menos de treinta segundos.

Entonces, ¿por qué cuando sumerges a un bebé en el agua parece que contiene la respiración?

La Academia Americana de Pediatría lo explica a las mil maravillas: esto es lo que se llama *respuesta bradicárdica a la inmersión*. Y es que, al sumergir en el agua a un bebé menor de seis meses, este, de forma natural, contiene durante unos segundos la respiración y su frecuencia cardiaca baja. Al mismo tiempo, al poner el abdomen en contacto con el agua, de forma refleja mueven piernas y brazos, pero esto en ningún caso significa que los bebés sepan nadar.

Yo he apuntado a mi bebé a clases de natación y con nueve meses ya flota. Ya puedo estar tranquilo de que no se va a ahogar

Lamentándolo mucho, no existe evidencia científica que demuestre que los niños que acuden a clase de natación por debajo de los doce meses tengan menos riesgo de ahogarse. Por lo tanto, la Academia Americana de Pediatría no recomienda las clases de natación a estas edades buscando ese objetivo, el de evitar ahogamientos, dado que el bebé de esa edad se ahoga igualmente haya ido a clases o no haya ido a clases.

Eso sí, por encima del año es conveniente iniciar las clases de natación para lograr que a los cinco años ya sean capaces de salir del agua si se caen a una piscina, por ejemplo.

Aun así, ten presente que las clases de natación no logran que los niños sean inmunes a los ahogamientos. Y esto es muy importante que lo tengas presente.

Si tu hijo está en el agua, tú también debes estar.

No hay nada más seguro que la supervisión constante, y eso pasa por estar en el agua con tu hijo, sobre todo en edades tempranas, que es cuando se producen el mayor porcentaje de ahogamientos infantiles (niños entre uno y cuatro años).

Cerca de 20.000 personas mueren ahogadas anualmente en Europa, lo que supone la segunda causa de muerte entre los niños de cinco a catorce años, según datos de la OMS de julio de 2023.

A escala mundial, y también en Europa, **los índices de ahogamiento más elevados corresponden a los niños de 1 a 4 años de edad.** Pero, ojo, que también se observa un pico de ahogamientos en los adolescentes, a los que en un 25 % de los casos se les suma el consumo de alcohol y las drogas.

Si nos vamos a datos de España, según la Real Federación Española de Salvamento y Socorrismo murieron por ahogamiento 260 personas en el año 2021, ascendiendo esa cifra a 394 en el año 2022, de los cuales siempre entre veinte y cuarenta son menores de edad.

Recordemos que los ahogamientos infantiles se encuentran entre las primeras causas de mortalidad infantil en el mundo y están reconocidos por la propia OMS como un problema de salud pública, por el que dicha organización instó a todos los países, en su *Informe mundial sobre ahogamientos* publicado en julio de 2023, a hacer una mayor inversión económica en la prevención de dichos accidentes infantiles, inversión que podría evitar la muerte de más de 700.000 niños al año.

Dentro de este paquete de medidas, la OMS propuso seis aspectos que supondrían un gran paso:

- Instalar barreras para restringir el acceso al agua. Una vez más, insistimos en la necesidad de vallar las piscinas.
- Ofrecer lugares seguros en escuelas infantiles alejados del agua para niños en edad preescolar, con personas capacitadas para su cuidado.
- Enseñar a los niños en edad escolar nociones básicas de natación, seguridad en el agua y socorrismo.
- Capacitar a las personas del entorno en socorrismo y reanimación.
- Reforzar la sensibilización pública sobre el ahogamiento y poner de relieve la vulnerabilidad de los niños.

El director general de la OMS, Tedros Adhanom Ghebreyesus, resaltó que «mediante la aplicación de medidas preventivas eficaces, el aumento de las inversiones y la sensibilización de la concienciación, podemos salvar innumerables vidas».

Otro aspecto para tener en cuenta es que **el 69 % de los ahogamientos infantiles se producen cuando los padres no esperaban que su hijo se encontrara en ese lugar:** es decir, niños pequeños que, caminando por el jardín, se caen a una piscina, la inmensa mayoría de ellas sin vallar.

- Por lo tanto, **primero:** si tienes una piscina, por si no ha quedado claro, **ponle una valla.** Se estima que solo esta medida podría evitar la mayor parte de los ahogamientos infantiles.
- **Segundo:** el método de flotación más seguro en los niños son los chalecos homologados; ni manguitos inflables ni flotadores. Pero, ojo, si tu hijo tiene menos de dieciocho meses, no siempre nos servirán, porque hay niños demasiado pequeños cuyo cuerpo, al ponerles el chaleco, se balancea hacia delante en el agua, con el riesgo que esto supone. Por lo tanto, comprueba siempre con tu hijo que el chaleco que has comprado es seguro en el agua.
- **Tercero:** a partir del año, apúntalo a clases de natación.

- **Cuarto:** cuando estés en la playa y la piscina, fuera móviles. En un segundo te cambia la vida y los dispositivos electrónicos suponen una de las principales fuentes de distracción en estos terribles accidentes.
- **Quinto:** en las bañeras con apenas 20 cm de agua los niños también se pueden ahogar. Antes de sacar a tu hijo de la bañera, quita el tapón del agua, deja que la bañera se vacíe, recoge todos los juguetes y solo entonces saca a tu hijo del agua. No es infrecuente que saquemos a nuestro hijo de la bañera aún llena de agua y, entre prisas y quehaceres, en un despiste, este, al ver los juguetes flotar en el agua, alargue el brazo, flexione el cuerpo y se caiga dentro, con el riesgo que esto supone, al no ser capaz de ponerse de pie de nuevo.

ACCIDENTES EN TIERRA FIRME

Yo no lo pongo a contramarcha en el coche, porque ya es mayor y se aburre mirando hacia atrás

Error. Viajar a contramarcha evita el 80 % de las lesiones graves que se producen a favor de la marcha.

La seguridad viaja de espaldas y hoy en día disponemos de infinidad de sillas a contramarcha en las que los niños entran cómodamente hasta los seis años o más, como así llevan haciéndolo décadas en países como Suecia, con una mortalidad infantil en carretera ínfima.

Por eso las organizaciones oficiales aconsejan que los niños viajen a contramarcha hasta los cuatro años o más, incluso en trayectos cortos. Ten en cuenta que seis de cada diez accidentes de tráfico se producen en trayectos cortos: de camino al trabajo, al cole, etc.

Así que, si te has de quedar con un mensaje, que sea este: **la evidencia científica en cuanto a seguridad en carretera es clara, contundente y viaja de espaldas.**

¡Cómprale un tacatá! Ya verás qué rápido empieza a andar y qué bien se lo pasa

Vayamos al grano: los tacatás son artilugios innecesarios, peligrosos y desaconsejados por toda la comunidad científica como método de entretenimiento y juego.

—Ay, de verdad, qué exagerados sois. Mis hijos los usaron los tres y no les pasó nunca nada.

«Tres hijos, bonito tamaño muestral para hacer una recomendación universal, ¿verdad? —piensa una—. Vamos, que como a mis tres polluelos no les ha pasado nada, a los 7.500 millones de habitantes del planeta Tierra, tampoco.»

Jo, qué fácil todo, ¿no os parece? Fácil, si no fuera porque es falso y porque con esa afirmación borramos de un plumazo el método científico, algo que ha logrado que vivamos más y mejor.

Pero no nos desviemos del tema, ¿qué le puedo decir a mi cuñada cuando me quiere regalar el tacatá que a ella le fue tan bien?

Te lo pongo fácil. Ahí va:

Un dato así para empezar: cada año 580 niños de entre cero y cuatro años de la Unión Europea sufren **lesiones graves relacionadas con andadores** por las que necesitan asistencia sanitaria.

Por si no ha quedado claro: **entre un 12 y un 33 % de los niños que utilizan un andador sufrirán un accidente.**

¿Que todavía no tiene suficiente? Ahí vamos con tres datos más: el riesgo de caerse por unas escaleras **se multiplica por cuatro** respecto a los niños que no lo utilizan. Tienen el **doble de riesgo de sufrir un traumatismo craneoencefálico o bien fracturas de brazos y piernas.** Y hay un **mayor riesgo de quemaduras e intoxicaciones.**

—Bueno, sí, vale, pero caminan antes.

—Pues tampoco. Los niños que utilizan andadores podrían tardar más en andar. Así lo afirma la doctora Mary Garrett (University College Dublin) en un interesante artículo publicado en la prestigiosa revista británica *The British Medical Journal* que concluye con:

«El uso del andador retrasa el gateo y el momento en que el pequeño se sienta solo y empieza a andar, así como su capacidad para agarrar objetos».

La saliva cura las heridas

La saliva no cura las heridas, la saliva, de hecho, puede aumentar el riesgo de que una herida se infecte. Es entonces cuando escucharás a alguno decir que la saliva tiene componentes antisépticos presentes de forma natural que actúan como antibióticos naturales y que los perros son los primeros que se lamen las heridas cuando se hacen daño.

Correcto. Pero se les olvida mencionar tres cosas muy importantes:

- La saliva cuenta con millones de bacterias potencialmente patógenas sobre una herida abierta.
- No tiene ningún sentido asumir un riesgo innecesario cuando disponemos de medidas preventivas altamente efectivas y

avaladas por toda la comunidad científica, como son el agua y el jabón.

- Y la tercera y quizá obvia: no somos perros. Somos seres humanos.

Te sangra la nariz. Venga, echa la cabeza para atrás

Error. Si lo haces, la sangre caerá hacia la parte posterior de tu garganta, provocando un conflicto de espacio en un lugar que necesitamos que esté despejado porque entra y sale aire, que es la tráquea. Por lo que podrías atragantarte y, en el peor de los casos, broncoaspirar la sangre, es decir, que la sangre se vaya a la vía aérea. En ocasiones, echar la cabeza hacia atrás, al haber esa cantidad de sangre en la parte posterior de la garganta, puede provocar malestar, náuseas y vómitos en los niños, algo que podría agravar el cuadro.

Ante una epistaxis, o sangrado de la nariz, lo que debemos hacer es, antes de nada, mantener la calma. Esto es algo muy habitual en niños entre dos y diez años y la inmensa mayoría de las veces no hay una causa o enfermedad importante que lo justifique. *Keep calm.*

Una vez que estés tranquilo y tranquilices a tu hijo o hija, siéntalo en una silla o sobre tus rodillas, inclina ligeramente el cuerpo hacia delante para que la sangre no caiga hacia atrás, levanta un poco la cabeza y presiona sobre ambos lados de la nariz con tu pulgar e índice, como si fuera una pinza, durante al menos diez minutos.

No sueltes ni siquiera para saber si ha cesado. Si al soltar sigue sangrando, repetiremos la operación durante otros diez minutos más y si no cede es cuando acudiremos a un servicio de urgencias.

Pérdida de conocimiento:
métele algo en la boca, no se vaya a tragar la lengua

Que digo yo, antes de sacar una superproducción americana, ¿los guionistas no se documentan? La cantidad de películas, series y programas en los que he escuchado aquello de:

—Corre, corre, métele algo en la boca no se vaya a tragar la lengua.

Que no, señores guionistas y productores, que no. Que no, queridos futbolistas y deportistas a quienes os hemos visto meter la mano en la boca de vuestros compañeros desplomados. Que no. **Que es anatómicamente imposible que un ser humano se trague la lengua.** En las convulsiones tampoco hay que meter ni la mano, ni un boli, ni un pañuelo, ni una cuchara; puede ser peligroso y empeorar el cuadro respiratorio del paciente.

Lo que es altamente recomendable es tener nociones en reanimación cardiopulmonar básica, en las que se aprende que, **si hay respiración, pero está inconsciente,** pondremos al paciente de lado, en lo que llamamos posición lateral de seguridad (PLS), a través de estos sencillos paso:

3

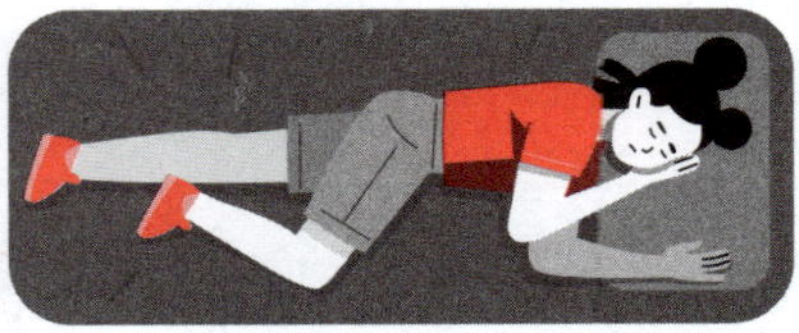

4

Lo más importante es que la boca esté mirando hacia abajo para evitar que el vómito, la saliva o la propia lengua obstruyan la vía aérea. La barbilla debe estar ligeramente hacia arriba.

1. Arrodíllate al lado del niño y extiende tanto sus brazos como sus piernas. Retira objetos como gafas o collares si los hay. Afloja la ropa alrededor del cuello. Extiende el brazo del niño que esté más cerca de ti sobre el suelo, perpendicularmente al cuerpo del niño.
2. Cruza el otro brazo por encima de su cuerpo hacia ti y mantenlo bajo la mejilla opuesta al brazo. Es decir, su cara descansará sobre su mano. Levanta la pierna del niño que se encuentra del mismo lado que su mano bajo la mejilla y flexiona su rodilla.
3. Traccionando de la pierna flexionada, gira con suavidad al niño hacia ti poniéndolo completamente de lado.
4. Hasta la llegada de la ambulancia, comprueba periódicamente que el niño respira.

Recuerda: en el caso de mujeres embarazadas siempre se apoyará el cuerpo sobre el lado **izquierdo** para evitar que, con el peso, se comprima la vena cava inferior y se corte la circulación sanguínea al futuro bebé.

Y no olvides que, hasta la llegada de la ambulancia, debes comprobar periódicamente que la persona respira.

Y si no respira o ha entrado en parada cardiorrespiratoria, llama al 112 (ponlo en manos libres y sigue instrucciones), inicia lo antes posible las maniobras de RCP, que tienes detalladas en *El gran* *libro de Lucía, mi pediatra,* y pide un desfibrilador si lo hubiese (en campos deportivos, aeropuertos, grandes almacenes, estadios...).

SI LA PERSONA **NO RESPIRA**

Llama al **112**

Inicia maniobras de reanimación (**RPC**)

Usa un **desfibrilador** lo antes posible

¡Se está atragantando!
¡Corre, dale golpes en la espalda!

Tampoco. Y volvemos a lo mismo. Es fundamental que toda la población se forme en reanimación cardiopulmonar, porque esto literalmente salva vidas. No, no se dan golpes en la espalda cuando alguien está tosiendo. Si está consciente y tiene una tos efectiva, lo que debemos hacer es mantener la calma y animarlo a toser:

—¡Tose, tose, tose!

Solo **cuando la tos ya no es efectiva,** es débil, la persona empieza a tener dificultad para respirar y no mejora, debemos iniciar la maniobra de Heimlich y llamar al 112. Ya sabéis que las maniobras de desobstrucción de la vía área varían en función de si el afectado es menor o mayor de un año; para todo ello, os remito una vez más a *El gran libro de Lucía, mi pediatra.*

Lo que quiero que quede claro en este apartado de mitos en los accidentes infantiles es que:

- La lengua no se traga. Nunca metas objetos ni tu propia mano.
- Los golpes en la espalda en un atragantamiento pueden empeorar la situación.
- Ante una emergencia, llama siempre al 112, pon el manos libres y sigue instrucciones.
- Realizar un curso de RCP puede salvar una vida.
- Los artilugios que actualmente venden como *desatascadores* en caso de atragantamiento no están avalados por los principales organismos científicos en reanimación cardiopulmonar, por lo que se desaconseja su uso, ya que esto podría retrasar las maniobras de reanimación que sí está demostrado que pueden salvar la vida, especialmente si se ponen en marcha en los primeros minutos.

CUANDO LOS CONOCIMIENTOS LOS SACAMOS DE HOLLYWOOD

¿Que se ha tomado qué?
Venga, vamos a provocarle el vómito

Aquí el mensaje es claro: NUNCA LE PROVOQUES EL VÓMITO, puede broncoaspirar, es decir, que el contenido de lo que haya ingerido pase a la vía aérea (a los pulmones) y provocarle un cuadro muy grave.

Así que mensajes claves:

- No provocar el vómito.
- No darle ningún alimento ni líquido. Nada. «¿Leche tampoco?» Tampoco.
- Llamar al Instituto Nacional de Toxicología (91 562 04 20) o, si se trata de una emergencia (pérdida de conocimiento, dificultad respiratoria, afectación del estado general), al 112.

¿Picadura de serpiente?
Ven para acá, se hace un corte,
succiono y escupo.
¡Lo he visto en Rambo!

Y si te pones una capa de Superman también vuelas, ¿verdad? Como se ve en las pelis...

De los creadores de «No siento las piernas», ahora llega el «Déjame a mí, que me he visto todas las de Rambo».

Pues no.

Las picaduras de serpiente no se cortan, no se chupan, no se untan con hierbas y hojas del bosque ni se les echan extraños ungüentos que hayamos encontrado entre las malezas, no.

Entonces, ¿qué hacemos?

- Mantener la calma.
- Intentar inmovilizar el brazo o la pierna: cuanto menos movimiento les demos a esos músculos, menos posibilidades de que la lesión empeore o genere más daño.
- Si es un niño, cogerlo en brazos e ir a urgencias.
- Podemos aplicar frío local, pero no directamente, siempre cubierto por un trapo. Sí, ya sé que me vais a decir que estáis en la montaña, pero no sé, igual habéis llevado una neverita para pasar el día... Hay auténticos campistas profesionales que llevan de todo a las excursiones.

- Lavar con agua y jabón, si tenemos, y tapar con una gasita. Sería la bomba que os llevarais unas gasas al campo, así que yo lo dejo por aquí por si las moscas.
- No intentar coger a la serpiente, atacan si se sienten amenazadas. Pero sí sería muy útil hacerle una foto. Según la forma de la cabeza, los ojos y el tamaño, podemos saber si es una culebra o una víbora.
- Y una vez que lleguéis al hospital, tranquilos, existen protocolos claros en cuanto al manejo y tratamiento con antídoto incluido en caso de que se precise.

Ten en cuenta que la inmensa mayoría de las mordeduras de serpiente no serán graves; aun así, precisan asistencia médica siempre. Deja a Rambo para tu momento mantita, sofá y palomitas, y la vida real para los que saben.

¡Un golpe en la cabeza! ¡No lo dejes dormirse, que es muy peligroso!

De nuevo les tenemos que echar la culpa de este mito a las películas. Os confesaré que en ocasiones me he encontrado con niños en urgencias tras horas y horas sin dormir (desquiciados, los pobres), porque se habían dado un golpe en la cabeza y sus padres, presas de todos estos bulos, habían impedido que durmieran con normalidad durante la noche.

No ocurre nada porque duerma a las horas que le correspondan. Lo que debemos vigilar durante las 48 horas siguientes es que, tras un golpe considerable como puede ser la caída de la trona, de la cama o de un muro, el niño tenga una llamativa tendencia al sueño, esté muy adormilado cuando no corresponda, presente lentitud en sus movimientos, vómitos, dolor intenso de cabeza o alteraciones del equilibrio. En ese caso, debemos acudir a un servicio de urgencias. Pero si tu hijo se ha golpeado la cabeza y justo le tocaba la hora de dormir, déjalo descansar. Eso sí, siempre recomendamos acudir a urgencias cuando la caída ha sido desde una altura superior a un metro (desde un cambiador, por ejemplo) o si el bebé tiene menos de un año (caídas de la cama golpeándose la cabeza).

En definitiva, me consta que lidiar con todos los mitos que hemos leído hasta ahora no es tarea fácil, sobre todo cuando el caldo de cultivo se encuentra en nuestra propia familia, pero dado que es tu hijo o tu hija de los que estamos hablando, es maravilloso que este libro haya caído en tus manos, ya que, aunque les des la razón para no entrar en estériles discusiones que podrían arruinar una cena de Navidad, tú internamente sabes perfectamente qué debes hacer. Y eso, estarás de acuerdo conmigo, es de una satisfacción tremenda... «Sí, sí, tú habla y habla, que yo ya sé lo que tengo que hacer», me repetía yo una y otra vez mientras seguía comiendo turrón cuando personas de mi entorno trataban de llevarme al lado oscuro de la ciencia.

SEGUNDA PARTE

¿Los mitos que más duelen? Los que afectan a nuestra salud mental

Ahora, si me lo permitís, voy a quitarme las poquitas capas que me han ido quedando tras todo lo que habéis leído, para adentrarnos de lleno en la Lucía más visceral, más emocional, más sentida y más auténtica. Porque cada uno de los temas que estás a punto de leer ha sido escrito desde la necesidad de ver de una vez por todas un cambio en esta sociedad. Desde el «¡Basta ya!», desde el «¡No es tan difícil!» y desde el «¡Nuestros hijos merecen un mundo mejor!». Algunos de los capítulos —muchos, diría yo— los he vivido, sentido y llorado en primera persona, y no tengo la menor duda de que muchos de vosotros también. Así que, hazme un favor: léeme despacio, sin prisa, porque lo que estoy a punto de contarte forma parte de mi experiencia de vida y de las personas que más quiero en este mundo... Y eso merece delicadeza, sensibilidad y ternura.

9

Adolescente: ¿un saco de hormonas? Y mucho más...

¿Sabéis lo que pienso y que muchas veces no digo cuando escucho esto? Una de dos: o quienes lo dicen no han tenido adolescentes o qué pena que no han sabido disfrutar de esta fascinante y transformadora etapa.

Así que os diré lo que hago: si sé positivamente que no han llegado a esa etapa con sus hijos o que sencillamente no tienen hijos, es un comentario que, a quien lo esgrime, le dedico un minuto exacto de mi tiempo y paso a otra cosa, porque son palabras vacías que no me despiertan ningún interés. Sin embargo, si quien lo dice ya ha pasado por ello o está en pleno proceso, mis cinco sentidos se activan y la compasión me invade. Compasión por esa persona que no ha tenido los conocimientos, la oportunidad, el interés quizá, el tiempo o las ganas de dedicarle la energía que merece a esta etapa para verla, valorarla y, sobre todo..., **para sentirla como merece.**

NO ES SOLO UNA ETAPA MÁS

Es mucho lo que os he hablado de adolescencia en *El gran libro de Lucía, mi pediatra* desde el punto de vista de los cambios físicos, hormonales, intelectuales y sexuales; también en *La vida va de esto* habéis podido sentir la intensidad de esta etapa, por lo que, en esta ocasión, no quiero repetirme con conceptos que todos los padres y las madres deberían tener claros cuando sus hijos se acercan a esos nueve, diez años que suponen la antesala de la época más importante de su vida.

Sí, como lo has leído, la más importante de su vida, que no de la tuya, de su vida: la adolescencia.

Y me siento hoy aquí a las siete, en una mañana en la que me iba a haber ido al gimnasio a hacer el deporte que no me gusta hacer, pero que mi cuerpo y mi mente necesitan para estar fuerte y sana, y en su lugar me he metido en mi despacho embargada por la emoción de los últimos acontecimientos en casa.

—Mamá, no puedo con esto. Ha sido tan bonito, tan intenso y tan de verdad que no puedo con la pena de saber que no los voy a volver a ver nunca más. Duele demasiado. Yo no quiero volver a pasar por esto otra vez —me dijo mi hija rota en llanto, abrazada a mí, en el aeropuerto, recién llegada del Reino Unido, mientras miles de personas pasaban a nuestro lado con sus vidas a cuestas, sus alegrías, sus pérdidas, sus duelos y sus trocitos de corazón desparramados como los de mi hija...

La abracé suave y sentido, la olí... ¡Cuánto la había echado de menos! Y le dije:

—Tranquila, mi amor. Haremos todo lo posible para que no perdáis el contacto —y se lo dije sintiéndolo de verdad, pero sabiendo también que estas experiencias marcan y unen para siempre, pero en la memoria de uno.

Volvimos a casa, ella acurrucada en el asiento del tren, mirando las fotos una a una, hablando por mensaje con sus amigos con un llanto tranquilo y sereno mientras yo acariciaba su pierna en señal de «estoy aquí mi amor, yo te sostengo».

De vez en cuando soltaba la mano de su móvil para coger la mía con fuerza.

—Ay, mamá... —suspiraba con esos inmensos ojos verdes inundados en pena y nostalgia.

—Lo sé, mi amor. Lo sé.

Y vaya si lo sé, porque su pena es la mía. Y su intensidad también. Sus primeras veces fueron las mías. Y ella, como yo lo hacía a su edad, se da, se entrega sin medida, se vacía y eso tiene un coste, aunque ella esto aún no lo sabe.

Sus lágrimas nos llevaron a una sentida y profunda conversación sobre las personas, sobre las relaciones humanas, sobre las amistades, los amores que van, los que vuelven, los que nunca se irán pase el tiempo que pase, hasta que se quedó dormida sobre mi hombro, con su mano izquierda sujetando el móvil y a todos sus amigos que en él habitan y, con la otra, cogiendo mi mano en algo que yo sentí como un «no me sueltes, mami».

Besé su frente, sentí su respiración profunda y justo cuando iba a cerrar los ojos, una lágrima furtiva se deslizó por mi mejilla, a cámara lenta. La dejé caer y me dormí. Fue precioso.

Y esto, queridos todos, también es la adolescencia.

Ahora toca recolocarlo todo. Ha dejado un trocito de su ser en cada uno de los amigos que ha hecho y ahora mismo no puede con la pena de no volverlos a ver.

Sentir duele, como decía su hermano. Vaya si duele.

—Pero si duele es porque sientes intenso y sientes bonito y vives, cariño mío —le decía antes de que se quedara dormida—. Vives y, lo que es más importante, valoras lo que la vida te ofrece. Eres valiente, hija, y esto va en el cargo. Ahora sientes pena y dolor, pero en unos días te sentirás afortunada por haber vivido todas estas experiencias, por haberte sentido querida y arropada por todos tus nuevos amigos, por haber sentido su calor y su amor, hija mía. Y esto es inmenso. Saberse y sentirse querida es tan reconfortante... Y si te quieren no es por casualidad, que yo te tengo que querer porque soy tu madre —le decía entre risas—. Aunque a veces me hables mal y me digas «mamá, tía, ya te vale, no me des la chapa», pero ellos te quieren por lo que eres y por lo que das. Que tú no das, hija, tú desparramas, tú explotas, tú entregas sin medida y eso la gente lo recibe como un auténtico regalo.

»Ahora descansa, que te lo has ganado. Con el tiempo aprenderás a dosificar un poco esta intensidad, a guardar un poquito para ti, solo para ti, con el objetivo de no quedarte a cero de batería. Ya sabes lo que eso supone, ¿verdad? Recuérdalo siempre: no llegar a cero en tu batería, tú siempre cargada. Habrá momentos en los que estés a cien y los habrá en los que estés a veinte; no pasa nada, con veinte seguimos funcionando, ¿verdad? Tu móvil con 20 % de batería sigue dándotelo todo, ¿a que sí? Pues nosotras también. Pero cuando entres en reserva y tu lucecita se torne roja, detente.

»Recarga.

»Es necesario.

»Créeme.

»Descansa, desahógate con los tuyos, llora si lo necesitas, duerme, conecta con tu interior, come algo rico, date una ducha, échate tus cremitas que tanto te gustan, cuídate, ponte tu música favorita, tus auriculares, sube el volumen y baila...

»Báilale a la vida, mi amor, báilale a la vida hasta que alces una vez más ese vuelo libre y pleno que nos deslumbra a todos.

Y es que la adolescencia tiene mucho de vuelo, y tiene mucho de dejar marchar y, muy a mi pesar, tiene mucho de duelo también. Pero el duelo es nuestro, no de ellos. Aunque esto nadie te lo cuenta.

HAY DUELO, PERO TAMBIÉN HAY ORGULLO

¿Recordáis el orgullo que sentisteis cuando visteis a vuestro hijo dar sus primeros pasos, o cuando dijo por primera vez papá o mamá? ¿Y ese momento en el que entran por primera vez en el cole, con su mochilita a la espalda y os dicen adiós moviendo muy rápido su manita? ¿Lo recordáis? ¿Recordáis esa punzadita de la que tanto os hablo en mi trilogía? ¿Ese orgullo y esa añoranza de pensar que su infancia se escapa inexorablemente entre tus dedos? Estoy segurísima de que lo recordáis.

Pues en la adolescencia esto ocurre una y otra vez.

Pero os confieso que pocas cosas en esta vida dan más satisfacción personal que verlos superar sus miedos. Que cuando son pequeños cada logro es una victoria, pero en la adolescencia damos un paso más, porque esos logros son de ellos y no tuyos.

Por primera vez se enfrentan cara a cara con la vida en un auténtico cuerpo a cuerpo.

—Mira, mamá, esto no es algo que me muera de ganas de hacer, pero tengo que hacerlo, me lo he marcado como un reto. ¡Tengo que hacerlo y voy a hacerlo! —me dijo mi hijo Carlos con determinación hace más de un año, cuando aceptó la propuesta de pasar el verano en el extranjero tras haber superado uno de los años más complicados de su vida.

Sé que en sus palabras había miedo, inseguridad y ansiedad. Lo sé, lo sentí y lo sufrí a su lado durante mucho tiempo. Pero también había inconformismo, ansia de superación, inteligencia, madurez y valentía, una valentía que me emocionó profundamente.

Os garantizo que no hay mayor orgullo que ver como tus hijos luchan contra fantasmas propios y ajenos y, lo mejor de todo, ver como vencen.

Que sí, que poco en esta vida hay que se equipare a esa sensación de orgullo por el trabajo bien hecho, que quizá podía haber sido mejor..., quizá. Pero también podía haber sido peor, y no lo ha sido.

Pocas cosas hay que se parezcan a lo que una siente cuando los ves volar, en ese vuelo libre y limpio y lleno de una luz preciosa que lo ilumina todo.

Que todo lo ilumina, hasta tus días más oscuros, hasta tus peores miedos, hasta aquellas tinieblas que nublaron tu camino durante tanto tiempo. Todo.

Y una, que ya tiene horas de vuelo, sabe identificar ese momento y cuando llega es sencillamente maravilloso. Lo es.

Y sí, todo lo llena, porque es en ese momento, cuando los ves, y los abrazas, y sí, los sigues oliendo, porque yo sigo hundiendo mi nariz en su cuello para llenarme de ellos, cuando te das cuenta de que ya lo has hecho casi todo.

Y tragas saliva y te bebes tus suspiros y sientes de nuevo esa punzadita. La sientes porque en el fondo sabes que ya podrían desenvolverse sin ti.

**Y es ley de vida y es ley de amor
y es ley de madre...,
pero duele. Duele y libera al mismo tiempo.**

Lo acompañas al aeropuerto con un nudo en el estómago mientras tus pensamientos más oscuros te perturban: «¿Estará bien?», «¿Será capaz?», «¿Disfrutará?», «¿Quizá lo he forzado demasiado, con lo feliz que él está en casa?», «¿Y si tiene ansiedad allí tan lejos?», «¿Y si se pone enfermo?», «¿Y si pasa algo?».

Demasiado tarde. Cruza la puerta de embarque y se va. Tragas saliva, te bebes tus lágrimas, tus miedos, y vuelves a casa. Metes la llave en la cerradura, entras, cierras la puerta y... silencio.

Y durante semanas descubres a otra madre, a otra mujer, esa que mira el reloj y calcula con la hora local de España, la del Reino Unido y la de Estados Unidos y, como en la película *Matrix,* en tu mente despliegas toda una posibilidad de escenarios de uno y de otro en aquellos lugares lejanos, mientras intentas seguir trabajando con la misma intensidad a la que estabas acostumbrada, pero ya sin hacer de taxista, sin preparar comidas, cenas y lavadoras; sin escuchar portazos, sin negociar cada salida nocturna, sin visitas médicas ni actividades deportivas. Y, aunque os parezca una locura, lo echas de menos.

En ese tiempo aparece otra tú con la que tienes que convivir, con la que tienes que lidiar y a la que debes domar: «No lo voy a agobiar. No le voy a escribir. Que escriba él cuando le apetezca. No quiero atosigarlo».

Y las horas pasan, y los días, y los mensajes son poco más que «¡Todo bien!», «Te dejo, que no tengo tiempo», «Todo OK, sigo, mami», y te repites una y otra vez: *no news, good news.*

¡Vaya si cuesta! Pero hay que hacerlo, hay que aprender a soltar.

Tu hijo ha alzado el vuelo, ya está volando, de hecho, y tú, por primera vez en su vida, te has quedado en tierra. Y esto también es ley de vida, y es ley de amor y es ley de madre.

Os confesaré que las primeras noches no dormía bien, miraba el móvil en cada despertar.

—Pero, cariño, ¿qué haces? —me preguntaba mi pareja deslumbrado por la luz de mi móvil a las cuatro de la madrugada.

—Nada, amor, duerme, estoy viendo a ver si hay noticias.

—Pero ¿qué noticias va a haber? Todo está bien. Tranquila, cariño, TODO ESTÁ BIEN —me decía a cámara lenta cogiéndome de la mano mientras con la otra recuperaba la sábana para arroparme.

Escucharlo a él, mi cable a tierra, lograba ahuyentar a los lobos de la noche, de mi noche, de mis noches.

Las semanas pasaron, logré domesticar a mis fieras, el síndrome de abstinencia por tener noticias de ellos fue mejorando y, cuando ya me había acostumbrado al silencio del hogar, regresaron. Regresaron felices, agradecidos, aprendidos, crecidos y con una mochila llena de experiencias, amigos y momentos inolvidables.

—Mamá, gracias por haber hecho este esfuerzo tan grande. La experiencia ha sido brutal.

Y esa noche dormí diez horas. No sé ni cómo pudo pasar, pero las dormí.

Y de pronto aquella frase que había leído hace años en algún lugar cobró todo el sentido del universo:

«El momento más feliz de mi vida en estos momentos es cuando cierro la puerta de casa y están todos dentro».

Esto también es la adolescencia. Y, como veis, es mucho más que unos chavales con sobredosis de hormonas.

Pero ¿y qué me cuentas de todo ese mal humor?

Que sí, vale, que hay portazos y hay malas contestaciones, y hay largos silencios, y hay comentarios que te duelen en lo más profundo..., por supuesto que lo hay, también forma parte del proceso, pero no es nada personal, es su cerebro el que está cambiando; también los he vivido y los he sufrido. Pero no debemos quedarnos ahí, no debemos vivir en la ira, en la queja, en la resignación de compartir nuestra casa con desconocidos, no... Detrás de esos comportamientos comunes a todos los adolescentes con los que te topes están tus hijos, los que hace no tanto se dormían en tu regazo y buscaban tu mirada a cada paso que daban. Siguen ahí, es más: pase el tiempo que pase nos seguirán necesitando, y nosotros... **debemos estar a la altura.**

Recuerda que cuando llega la adolescencia se abre ante ti una oportunidad única e irrepetible de acompañarlos en la última etapa de la que será su vida bajo tu mismo techo; no la desaproveches.

Empiezan a desarrollar su pensamiento crítico, cuestionan lo que hasta ahora vivían como verdades absolutas, inician una búsqueda insaciable hacia su identidad intelectual, sexual, ideológica y humana y ser testigo de ello es un regalo. Creedme.

De pronto te ves discutiendo con ellos de asuntos en los que incluso terminan convenciéndote. O no, da igual, porque es ahí donde eres plenamente consciente de que tienen su propio criterio, que defienden con vehemencia, como debe ser, y quizá no coincidáis, pero no importa, porque os respetáis.

Y de pronto, llega un día en el que lo estás mirando y piensas: «Pero ¡qué bien me cae mi hijo! ¡O mi hija! ¡Si es que es extraordinario!».

Y ya no es que tengas que estar con tus hijos pequeñitos porque necesariamente es ley de vida y has de cuidar de ellos (te apetezca o no), es que ahora disfrutas de verdad de una buena sobremesa, de una conversación inteligente, de una tarde de cine viendo *Oppenheimer,* donde te hace un análisis con el que literalmente te caes muerta y piensas: «¿Este es mi hijo?». Pues lo es.

Claro que lo es, pero ahora ya tiene mucho más de él que de ti. Y qué bonito es descubrirlo. Y lo descubres en el momento más inesperado, cuando de pronto interrumpe la peli del creador de la primera bomba atómica, deja de comer palomitas, se acerca a tu oído y así muy bajito, como cuando lo hacías tú diez años atrás en el cine, te dice:

—Mami, ¿sabes la diferencia entre fusión y fisión? Te la explico en un momentín, que si no quizá no sigas este hilo.

Y ante ti, una vez más, el inexorable paso del tiempo.

Ese tiempo en el que en un abrir y cerrar de ojos has tenido dos hijos a los que crees que has criado de la misma manera y, sin embargo, son maravillosamente distintos. Porque mientras tu hijo te da una lección de física de partículas elementales, te imaginas a tu hija durmiendo la siesta desde el minuto tres de la película y te entra la risa. Pero no pasa nada, porque ya has descubierto lo grandioso que es llevártela a un concierto y abrirte paso entre la multitud para terminar en primera fila, bailando, cantando y chorreando sudor mientras te dice, ya afónica: «¡Gracias, mami, eres la mejor!».

Y, ¿sabéis?, hay momentos en los que estos años se hacen duros, qué duda cabe que un camino de rosas precisamente no es: las malas contestaciones, sus silencios, sus ausencias, su a veces falta de empatía y solidaridad porque su egocentrismo propio de estos años de desarrollo les impide mirar a otro lado que no sean sus amigos, su móvil y sus planes del fin de semana; su desorden, su caos, su nula necesidad de tener su habitación medianamente recogida. Reconozco que en ocasiones es agotador. Pero ¿no lo era cuando tenían dos años?

David Bueno, biólogo, genetista y experto en neuroeducación, lo explica de maravilla: «¿Ves el desorden que hay en la habitación de un adolescente? Pues así está su cerebro también. En pleno cambio, caos y transformación».

Muy bien, lo entiendo todo, pero yo también tengo sentimientos

Claro que los tienes. Pero tú eres la persona adulta. Y ellos todavía no. No os voy a negar que muchas veces te sientes sola, luchando en una tormenta de arena de desplantes y bufidos. Y no terminas de entenderlo del todo.

Y es tu cabeza la que repite una y otra vez: «Que sí, que es su cerebro el que está cambiando, que todo esto es fruto de su metamorfosis y no tiene nada personal contra mí, que, aunque me diga que ninguna madre es tan estricta como yo y que no la dejo vivir, no es verdad en realidad... No lo siente así. Que llegará un día en que los portazos que pega desaparezcan, pero ¿por qué me habla así? ¿Por qué ese tono? ¿Por qué usa ese lenguaje y esas formas cuando nunca las ha vivido en casa?». Y, sin darte cuenta, entras tú también en ese bucle dañino y destructivo de «La adolescencia es como una enfermedad», «Es insoportable», «No hay quien los aguante», «Que se pongan a trabajar si es lo que quieren», «Yo ya he hecho todo lo que tenía que hacer, ahora que se apañen», «Tanto esfuerzo para nada», «¿Qué hemos hecho mal?...».

Y creedme cuando os digo que todos esos pensamientos intrusivos, lejos de forjar una sana y constructiva autocrítica, van minando aún más nuestro camino.

Si no juzgamos a los niños de dos y tres años por las rabietas que tienen en momentos puntuales, ¿por qué se juzga una etapa entera por estos comportamientos que tienen de vez en cuando?

¿En qué lugar exacto estás poniendo el foco? ¿Te lo has planteado? **¿Lo pones en todo lo que hace mal o, mejor dicho, en todo lo que no hace a tu gusto?** ¿O decides ponerlo en esas ventanas de oportunidad que nos ofrecen y que lo cambian todo?

Pues yo intento que esos «calentones» no ocupen la mayor parte de mi tiempo. Están. Correcto. Como estaban las rabietas aun con sus cinco años cumplidos. Pero jamás les he negado un cuento de buenas noches o un beso sincero por ello. Tampoco se me ha ocurrido juzgar tan duramente a los niños pequeños como se hace con los adolescentes, por comportamientos que, en muchos casos, son inherentes a su momento vital (aislamiento, necesidad de pasar tiempo en su habitación, ganas de disfrutar y pasar tiempo con sus amigos, intereses musicales muy distintos a los míos, desorden...).

Porque si pasas mucho tiempo en ese otro lado, en el de la queja, la culpa, la resistencia, la confrontación y el mal humor, corres el riesgo de perderte lo mejor de esta etapa.

SI LO PERMITES, SUCEDE LA MAGIA

Esta misma tarde, inmersa yo en una semana de salidas nocturnas diarias, negociaciones continuas, desorganización de horarios y un sinfín de consecuencias que el verano y la adolescencia acarrean, tuvo que ser otro padre el que me recordara lo extraordinaria que es mi hija y lo bien que lo había hecho yo como madre.

—Mamá, tengo que contarte una cosa genial que me ha pasado —me dijo mi hija mientras yo merendaba y ella «desayunaba».

—Dime, cariño —le dije con curiosidad, sabiendo que aquello pintaba muy bien.

—Me ha llamado el padre de Enzo.

—¿El padre de Enzo? —pregunté sorprendida.

Enzo es su mejor amigo desde que tenían seis años. Y es que las madres tenemos un piloto automático que se enciende solo, sin que nos demos cuenta, donde se puede leer «ponte en lo peor».

—Tranquila, mamá, que no me drogo —respondió mi hija entre risas al ver el piloto encendido.

Porque he de aclararos que este piloto solo lo ven ellos y nuestras parejas. Algunos abuelos también..., seamos justos, que ellos ya han pasado por lo mismo.

—¿Recuerdas que le preparé una caja sorpresa de regalo por su 15 cumpleaños?

—Sí —asentí con la cabeza.

Yo misma la había llevado de aquí para allá en busca de la caja y de todas las sorpresitas que le quería meter dentro a su amigo del alma: chocolatinas, confetis, fotos...

—Bueno, pues dentro de la caja había también una carta.

—Una carta —repetí. Pensando inevitablemente en las docenas de cartas que yo misma le escribí cuando era niña y que ella empezó a escribirme en cuanto fue capaz de ello.

—Sí. Una carta. Pues me dijo: «Cova, no te asustes, soy el padre de Enzo. Solo quería decirte que estamos aquí su madre y yo y acabamos de leer la carta tan bonita que le has escrito y estamos emocionados. Has sido y eres un gran apoyo en la vida de Enzo y queremos darte las gracias. Es precioso todo lo que en ella le dices».

Me emocioné. Me emocioné mucho. De pronto una persona que apenas conocía a mi hija me recordaba lo bonita que es su manera de ser, de sentir y de cuidar a los suyos. Me sentí orgullosa. Muchísimo.

—Toma, mami, mira, léela. Le hice una foto antes de meterla en la caja.

*Muchas felicidades, Encete: ya tienes quince,
y de esos quince, nueve años los he pasado a tu lado.
Hoy es tu cumpleaños y aprovecho para darte las gracias.
Tengo muchas cosas que agradecerte...*

A estas primeras líneas le seguía una página entera rebosante de ternura, de sensibilidad, de humildad, de agradecimiento sincero y de amor.

Quiero que guardes esta carta y la pongas en tu habitación. Si por algún caso nos enfadamos, léela y acuérdate de lo mucho que te quiero y lo mucho que me importas.

Tras terminar de leer la carta, me levanté, la abracé y le dije:

—Eres la amiga que todos desearían tener. Estoy muy orgullosa de ti, amor.

Ella se dejó abrazar, pero estoy casi segura de que pensó: «Ay, mamá, qué exagerada...».

Le di un beso y me metí en el despacho a seguir escribiendo. A los pocos minutos, entró y me preguntó si podía venir Enzo a casa.

—Claro que sí, hija —le dije.

Y ahora mismo los tengo ahí encerrados en su habitación, con sus risas y carcajadas inundándolo todo. Y mientras, yo os escribo, sonriente, satisfecha, orgullosa.

Y sí, esto también es la adolescencia.

Así que, si aceptáis un consejo, no desaprovechéis esta etapa. ¿Que hay conflicto? Claro que lo hay.

No hay cambio sin conflicto, no hay transformación sin catarsis. Es parte del proceso de construcción.

Recordad que están en el momento vital en el que más cambios sufre su cerebro y su estructura neuronal con el fin de ir asentando las bases de lo que será su vida adulta. Y este cambio lo hacen en función de todos esos estímulos que reciben en esta etapa de su vida. Por lo tanto, no miréis para otro lado, porque, aunque ellos no lo crean, nos siguen necesitando y mucho. Seguimos siendo ese faro al que mirar cuando todo se torna gris; seguimos siendo su ejemplo de lucha y de vida, seguimos siendo la calma en momentos de tempestad, el refugio en sus días de tormenta, el calor y el olor de hogar, el amor incondicional, el de verdad, el que sabe que pase lo que pase estamos y estaremos siempre.

Y esto, queridos míos, lo han de sentir a cada paso que den.

Porque cuando eran pequeños velabas su sueño en sus largas noches de fiebre y dolor, y cuando son mayores, lo que velas son sus sueños...

Y esto... ¿es o no es grandioso?

10

Salud mental: los niños también sufren ansiedad, autolesiones, depresión y suicidio

Hace no mucho, escuchaba a un grupo de amigos de entre cuarenta y cincuenta años en una terraza conversar acaloradamente sobre la salud mental.

—Pero ¿qué está pasando con la salud mental? ¿Ahora todo niño o adolescente tiene un trastorno mental? ¿Estamos ante un aumento desmesurado de diagnósticos? ¿Por qué en la época de mis padres nadie hablaba de enfermedad mental y ahora allá donde vayas lo escuchas? ¿Qué pasa? ¿Que cuando nuestros padres eran pequeños no había autismo? ¿Nos estamos volviendo todos locos o qué?

Ninguno supo contestar a su avalancha de preguntas. Y, ¿cómo no?, entre todas las variopintas opiniones, una se llevó los aplausos de crítica y público mientras yo, estupefacta, alzaba disimuladamente las cejas y resoplaba para mis adentros.

—Para mí que nos están echando algo en el agua que bebemos.

¿Por qué ahora se habla tanto de salud mental?

Respuesta corta: porque hasta hace muy poco no existía el término *salud mental*.

Respuesta larga, toma asiento: la ciencia de la psiquiatría como tal solo tiene 125 años de historia, mientras que el resto de las disciplinas de la medicina existen desde la antigua Grecia, siendo Hipócrates uno de sus creadores. Hablamos del año 400 a. C., por lo que imaginaos la ventaja que le lleva la medicina a la que todos estamos acostumbrados (cardiología, anatomía, fisiología, neumología, cirugía...) a la psiquiatría. Siglos y siglos de estudio y conocimiento.

Durante todos esos siglos en los que la medicina moderna iba avanzando, los trastornos mentales se asociaban a asuntos diabólicos, lujuriosos, pecaminosos o divinos, y los enfermos mentales eran apartados, humillados y tratados de forma vejatoria. Millones de enfermos mentales fueron asesinados, encarcelados, encerrados en sótanos y zulos insalubres o directamente expulsados de sus aldeas, pueblos o ciudades bajo amenaza de muerte para que no volvieran jamás.

Pero si la psiquiatría en los adultos está en pañales con sus 125 años de historia, la psiquiatría infantojuvenil acaba de nacer, como quien dice. En España en concreto, no es hasta el año 1950 cuando se constituye la Asociación Española de Psiquiatría del Niño y del Adolescente (AEPNyA) en Barcelona. Su objetivo es el estudio de los trastornos psiquiátricos de niños y adolescentes y su desarrollo discurrió en paralelo con el de la psiquiatría infantil europea. Sin embargo, agárrate los machos, aún hay que esperar hasta el año 2022, en el que por fin se reconoció oficialmente en España la especialidad como tal y se crearon plazas para formar adecuadamente a médicos residentes en la disciplina de psiquiatría infantojuvenil. Repito, año 2022.

Es innegable lo mucho que ha avanzado la psiquiatría moderna hasta el día de hoy, pero es incuestionable también que cuando nuestros padres eran niños el diagnóstico de TEA, por ejemplo, no existía. Es más, estaban incluidos dentro del espectro de la esquizofrenia. Increíble, ¿verdad? Pues así era hasta el año 1980, en el que se empieza a hablar de autismo infantil fuera de la esquizofrenia, que obviamente nada tiene que ver. Pero es que no es hasta el año 2013 cuando ya se habla y se cataloga como trastorno del espectro autista toda una serie de trastornos del neurodesarrollo que comparten características comunes.

Así que a la pregunta del amigo de la terraza que lanzaba al aire la cuestión de por qué nuestros padres o abuelos no tenían TEA, **la respuesta es bien sencilla: no se sabía lo que era.**

Y ahora metámonos en faena.

ANSIEDAD

¿Ansiedad?
Eso es que no sabes cómo relajarte

La ansiedad o, mejor dicho, el trastorno de ansiedad no tiene mucho que ver con relajarse o no. Cierto es que las técnicas de respiración, que además podemos trabajar desde que son muy pequeños, la relajación y la meditación pueden ser parte del tratamiento, pero no es el único.

En primer lugar, cuando se trata de salud mental, para un correcto diagnóstico, como siempre insisto, el paciente, tenga la edad que tenga, debe ser valorado por un profesional de la salud mental; y no, me temo que, aunque nuestro vecino, amigo o primo nos quiera ayudar, su opinión no será más que eso, una opinión más que puede o no ser acertada en cuanto a pasos que seguir.

Sigue existiendo mucho silencio y estigma social con respecto a todo lo referente a la salud mental, pero en estos casos debes consultar con un profesional especializado. Al igual que consultas con otros especialistas si empiezas a ver borroso o si en una analítica te han salido altas las pruebas hepáticas.

Y sí, los niños y, por supuesto, los adolescentes también tienen ansiedad.

De hecho, el trastorno de ansiedad, globalmente, es el trastorno psiquiátrico más frecuente en la infancia y adolescencia, con tasas de prevalencia entre un 10 y un 20 %. Por lo que, como veis, es algo muy habitual.

Los síntomas, en ocasiones, se pueden solapar a los de la depresión; de hecho, no es raro que se asocien ambos trastornos: ansiedad y depresión.

¿Qué signos me deberían hacer sospechar que mi hijo sufre un trastorno de ansiedad?

- En la edad escolar: miedos de todo tipo, dolor abdominal, dolor de cabeza, problemas de conducta (irritabilidad llamativa, rabietas intensas), problemas con la memoria, atención y concentración, trastornos del sueño (insomnio, pesadillas), rituales, etc.
- En la adolescencia: un síntoma muy frecuente por el que acuden al pediatra es el dolor en el pecho, incluso algunos jóvenes describen muy bien las palpitaciones («Es como si se me saliese el corazón del pecho»). También es habitual que te digan que les sudan las manos, que les tiemblan, que se ponen pálidos, que no pueden respirar. Están más irritables, pueden sufrir mareos o insomnio y pueden presentar miedo a sociabilizar.

Muchos de estos niños terminan en la consulta del cardiólogo infantil, quien en la mayoría de los casos confirma que todo en su corazón y sistema cardiovascular es correcto y que muy probablemente los síntomas se deban a un trastorno de ansiedad, motivo por el cual siempre debe ser derivado a un especialista que confirme, evalúe y ofrezca tratamiento al niño y a su familia.

De la ansiedad también se sale.

Tu hijo no es débil por sufrir ansiedad, como tampoco la depresión es de débiles mentales.

No, nadie tiene la culpa de sufrir ansiedad, depresión o cualquier problema con respecto a su salud mental. Y por supuesto ninguno de estos trastornos te define como persona. Ni eres un ansioso, ni eres un depresivo, ni estás loco de la cabeza.

Tienes un problema de salud; en este caso, de salud mental, y al igual que vas al médico cuando llevas varios días con fiebre y no mejoras, intentarás pedir ayuda cuando es tu estabilidad emocional la que está en riesgo.

La ansiedad es una vieja amiga de esta casa y os confesaré que, cuando mis hijos eran muy pequeños, empecé a trabajar con ellos el control de su respiración y la meditación con un libro maravilloso que probablemente conozcáis: *Tranquilos y atentos como una rana,* de Eline Snel. Algunas noches, antes de dormir, los tumbaba sobre la cama y hacíamos uno de los ejercicios que nos proponían en el libro. Era muy curioso ver como se lo tomaban en serio y como intentaban reproducir cada ejercicio que se les proponía. Aún lo tengo en mi estantería, ocupando uno de los sitios privilegiados, aquellos que solo ostentan las obras que, por un motivo u otro, ya forman parte de mi vida.

Cuando fueron un poco más mayores, probablemente con seis o siete años, me ayudó muchísimo *¿Qué puedo hacer cuando me preocupo demasiado?,* de ediciones TEA. Guardo un cariñoso recuerdo de este libro que nos tocó releer y practicar en numerosas ocasiones a lo largo de estos años.

Ya en la preadolescencia me gustó *Tienes superpoderes: Vence la ansiedad con autoestima, confianza y valentía,* de Renee Jain y la doctora Shefali Tsabary, con un lenguaje divertido y formato cómic, lo que hace que los mensajes lleguen más fácilmente.

Y para adultos, me gustó, por lo sencillo, instructivo y divulgativo que es, *Tu ansiedad bajo control,* de Tais Pérez Domínguez y Sergio García Morilla, en el que tuve el inmenso honor de escribir su prólogo, por eso lo conozco bien.

AUTOLESIONES (NO SUICIDAS)

Las autolesiones son una llamada de atención ¡Ni caso!

Mito. De hecho, suelen ocultarlas. Las autolesiones representan una respuesta disfuncional a una eleva carga de malestar o sufrimiento en la que el paciente solo siente alivio, y este es momentáneo, al producirse la lesión (cortes en muslos, en brazos, quemaduras...). **Las autolesiones suponen una petición desesperada y silenciosa de ayuda y nunca deberíamos infravalorarlas.**

Los que se autolesionan son unos trastornados

Falso. Aunque estos pacientes tienen dificultades para regular y gestionar sus emociones, las autolesiones no siempre van asociadas a un trastorno psiquiátrico. Eso sí, indudablemente debemos pedir ayuda profesional en una unidad de salud mental (psicología y psiquiatría).

Solo se autolesionan las chicas adolescentes

Mito. Las autolesiones se pueden ver en todo tipo de individuos y en todas las edades.

Existe evidencia que sugiere que las autolesiones podrían ser más frecuentes en mujeres, sobre todo en la adolescencia temprana, aunque también es verdad que en algunos estudios no han encontrado diferencias entre ambos sexos. En otros, todos ellos recogidos en la *Guía de evaluación y manejo clínico de las autolesiones en la adolescencia: protocolo basado en la evidencia*, publicada por el

Ministerio de Sanidad en el 2022, se encontró que las adolescentes informaron una edad de inicio significativamente más temprana, lo que podría explicar por qué algunos investigadores describen que las mujeres se autolesionan más que los hombres durante la adolescencia. Respecto al tipo de autolesión, mientras las chicas tienden a usar los cortes como principal método, los chicos suelen golpearse o quemarse.

Si se autolesiona es porque se quiere suicidar

No es cierto. Autolesionarse y desear morir no es lo mismo. La persona que se autolesiona no lo hace para perder la vida, lo hace para intentar aliviar de forma inmediata un tremendo malestar emocional que no es capaz de gestionar. Es cierto que los pacientes que se autolesionan de forma continuada en el tiempo tienen un riesgo más elevado de albergar pensamientos suicidas y de suicidio, pero son circunstancias distintas. Por todo ello, la ayuda profesional es fundamental.

DEPRESIÓN

Los niños y adolescentes no tienen depresión, eso es cosa de mayores, cuando vienen los problemas de verdad

Mito. Los niños y adolescentes también tienen depresión, aunque está infradiagnosticada e infratratada. Los estudios epidemiológicos actuales en población infantil son limitados si los comparamos con la población adulta.

Aun así, se estima una prevalencia de depresión en niños del 1-2 % (con igual número de casos en niños que en niñas), con un incremento exponencial durante la adolescencia hasta el 3-8 % (con el doble de casos en chicas que en chicos adolescentes).

Llama la atención el incremento progresivo de estas cifras durante la última década, así como **el incremento de casos de suicidio entre adolescentes y menores,** algo que nos preocupa muchísimo a todos los profesionales sanitarios y por supuesto a todos los padres y madres. Y es que, cuando salta un caso en los medios, a todos se nos encoge el corazón.

Hay algunas particularidades de la depresión en los niños y jóvenes que debemos saber:

1. Los niños y adolescentes también tienen depresión.
2. En los niños y adolescentes, debido al momento vital en el que se encuentran, la depresión tiene gran impacto sobre su crecimiento y su desarrollo personal, afectando a su rendimiento escolar y sus relaciones familiares y de amistad.
3. La depresión en la adolescencia se asocia a trastornos de conducta potencialmente graves, como pueden ser las conductas sexuales de riesgo, embarazos no deseados, consumo de drogas y sustancias tóxicas, comportamientos delictivos y agresividad.
4. Uno de los principales factores de riesgo de suicidio en los adolescentes es la depresión; es por ello por lo que debemos preguntar siempre a jóvenes y sus familiares por este tipo de pensamientos o comentarios: «Creo que estaríais mejor sin mí», «¿Qué pasaría si yo me muero?»...
5. Si la depresión en la infancia o adolescencia no se trata, existe un elevado riesgo de que esta se prolongue en su vida adulta, con lo que ello supone

La depresión en los niños se ve venir, porque los niños siempre están contentos por naturaleza

Primero, los niños y niñas no siempre están contentos y eso es algo natural. A veces están alegres, otras están tristes, otras enfadados, frustrados, intrigados, eufóricos, angustiados..., y todo ello forma parte de la vida normal de un niño sin problemas mentales.

Y segundo, el diagnóstico de depresión en niños y en adolescentes no es sencillo y requiere siempre de profesionales especializados y con experiencia (psiquiatras infantojuveniles, psicólogos infantojuveniles, etc.).

Cuando un niño en etapa escolar tiene depresión, pueden aparecer dificultades de concentración, poco interés o irascibilidad, cuando antes esto no sucedía. También son habituales los dolores múltiples, incluidos dolores de cabeza, dolor abdominal recurrente, etc., y esto hace que muchas veces los padres consulten con su pediatra, en lugar de pensar en un profesional de la salud mental, puesto que, en numerosas ocasiones, al concentrarnos en el dolor físico, pasan desapercibidos los síntomas afectivos como la tristeza o la apatía.

El diagnóstico, como os digo, no es sencillo, puesto que estos niños presentan síntomas muy habituales que encontramos en otros que no tienen depresión.

Cuando llegan a la adolescencia, los síntomas se parecen más a la depresión de los adultos, aunque el diagnóstico una vez más no es fácil, puesto que muchas de estas señales se solapan con los cambios propios de esta etapa de la vida (los adolescentes de por sí están más ensimismados, pasan mucho tiempo en su habitación, no hablan tanto con sus padres, etc., y no por ello, obviamente, querrá decir que tienen una depresión).

¿Existe algún signo o síntoma que me haga sospechar que mi hijo/a adolescente pueda tener una depresión?

Sí, aunque, como os comento, el diagnóstico siempre debe hacerlo un profesional de salud mental especializado.

- Más introspección, más ensimismados. Pueden expresar sentimientos subjetivos de tristeza con quejas constantes.
- Llanto frecuente.

- Sentimiento de soledad e incomunicación.
- Pensamientos de culpa y autorreproches continuos.
- Pérdida de la capacidad de placer (anhedonia) que hace que se sientan alejados de las personas.
- A veces predominan sentimientos de inutilidad y desvalimiento, lo que hace que se construyan una imagen de sí mismos negativa que no se corresponde con la realidad, junto con un sentimiento de culpa llamativo.
- Falta de esperanza en el futuro.
- Trastorno de conducta alimentaria (anorexia nerviosa o bulimia).
- Pensamientos de ruina e hipocondría (creen que padecen múltiples enfermedades).
- Y, por supuesto, pensamientos suicidas, para los que hay que pedir ayuda de forma urgente.

La buena noticia es que la depresión tiene tratamiento y se supera.

Tienes depresión, vale, pero pon de tu parte

Esta frase es tan absurda como decirle a una persona postrada con una neumonía: «Venga, hombre, levántate de la cama y vamos a hacer una ruta de 10 km por la montaña. ¡Pon de tu parte!».

Ninguna persona adulta o adolescente con depresión quiere tener depresión.

Ellos no eligen tener depresión, como no elige uno tener una neumonía o una esclerosis múltiple. Por mucho que te enfades, que te frustres, que lo obligues a hacer cosas, eso no va a mejorar el proceso.

La depresión es una enfermedad y como tal ha de ser tratada y evaluada por profesionales sanitarios. Del mismo modo que no se te ocurre tratar por tu cuenta la fractura de tobillo que tuvo tu hijo en el partido de fútbol de la semana pasada. ¿Verdad?

Querer no es poder. Con depresión menos aún. Querer levantarte de la cama no es suficiente. Querer dejar de llorar no es suficiente. Y presionar, atosigar y amenazar a un ser querido para que salga de ese estado nunca es una buena opción.

Deja de darle vueltas a todo y sonríe

¡Como si fuera así de fácil! ¿Verdad que no se te ocurre pedirle a un niño escayolado que deje de quejarse y se vaya a hacer tirolina? ¡No puede! Pues la persona que está deprimida tampoco puede.

SUICIDIO

En 2021, según los datos publicados por el INE (Instituto Nacional de Estadística), fallecieron por suicidio 4.003 personas en España, una media de 11 personas al día.

Pero, ojo, que **el suicidio es la principal causa absoluta de muerte entre los quince y los veintinueve años.** Este es un dato demoledor. Cada día se quitan la vida once personas en España y, de ellos, casi una al día es un joven...

¿Qué estamos haciendo mal para que casi todos los días un joven o un adolescente, o incluso un niño, desee desaparecer de este mundo y lo consiga?

El suicidio a estas edades provoca 316 muertes anuales frente a las 299 de los accidentes de tráfico o las 295 de los tumores malignos.

Pero es que, además, si ampliamos al resto de las edades, el suicidio sigue siendo la principal causa de muerte no natural en España, multiplicando por dos veces y media las muertes provocadas por los accidentes de tráfico (1.599 en 2021 frente a los 4.003 suicidios) y por catorce los homicidios (283).

Vayamos con los mitos, que hay muchos y, ahora más que nunca, considero fundamental derribarlos. Este es el primer paso para cambiar estas cifras.

El que se suicida quiere morir

El que se suicida no quiere morir, quiere acabar con su sufrimiento, que es distinto.

Los intentos de suicidio son una llamada de atención

Falso. Los intentos de suicidio son una manifestación desesperada del sufrimiento de un ser humano.

Hablar de suicidio provoca suicidios

Mito. Lo que está demostrado es que hablar con una persona que tiene pensamientos suicidas disminuye el riesgo de que lo lleve a cabo. Las recomendaciones sanitarias son claras: preguntar y escuchar siempre con respeto, calma, sosiego, sin juicios, evitando minimizar sus pensamientos, emociones o ideas. «Eso son tonterías», «Se te ha ido la cabeza» o «Ya verás como mañana estarás mejor» son frases que debemos evitar y sustituir por «Estoy aquí para lo que necesites», «Comprendo tu sufrimiento», «¿En qué te puedo ayudar?» y «Estamos juntos en esto».

Las personas en ese momento no necesitan charlas ni sermones. Necesitan ser escuchadas y que se les validen las emociones que en esos momentos están sintiendo.

> ***Las personas que se quieren suicidar nunca lo dicen ni lo comparten. Lo hacen y punto***

No es cierto. De cada diez personas que se suicidan, nueve habían compartido o expresado de una forma clara sus intenciones y la décima cambió su conducta, haciendo sospechar que podría hacerlo. Solo un pequeño número de casos lo hacen sin previo aviso.

Señales de alerta

- **Verbales,** con frases del tipo «No sirvo para nada», «Estaríais todos mejor sin mí», «Me gustaría desaparecer», «Estoy cansado de luchar», «Esto no va a mejorar nunca»...
- **No verbales:** autolesiones, regalar a otras personas objetos que para él o ella son muy valiosos, mensajes que suenan a despedida, cerrar sus cuentas en redes sociales, arreglar papeles, testamentos, documentos, etc.

> ***Es inútil. El suicidio no se puede prevenir***

Esto no es verdad. El suicidio se puede prevenir ofreciendo recursos a instituciones, colegios, institutos, universidades, centros laborales, aumentando las plazas de psiquiatras y psicólogos en nuestro sistema nacional de salud, hablando sobre signos de alerta, formando a padres, madres, profesorado, docentes, orientadores y población en general; en definitiva, sensibilizando sobre este asunto que, como veis, es un grave problema de salud pública a todas las edades.

Los medios de comunicación no deben hablar de suicidio, porque esto aumenta los casos

Nada de eso. Es verdad que hace años esto era lo que se creía y así se estudiaba en las facultades de Periodismo bajo la denominación ***efecto Werther,*** según el cual, tras la publicación de una noticia sobre suicidio, aumentaban los casos, sobre todo si se trataba de personalidades importantes y si se daban muchos detalles del suceso.

Sin embargo, lo que sabemos ahora es que este fenómeno se puede evitar si la información se da con rigor, sensibilidad y responsabilidad en lo que se ha denominado el ***efecto Papageno,*** en honor a uno de los personajes de *La flauta mágica* de Mozart. ¿Y en qué consiste este fenómeno? Pues en una respuesta positiva al tratar la noticia siguiendo unas directrices concretas. Desde que se hace, se ha demostrado una reducción de los suicidios gracias a un tratamiento informativo adecuado, acorde a lo recomendado por la evidencia científica, aumentando la visibilidad del suicidio, los mecanismos de prevención y las señales de alerta, como así recomienda la propia OMS.

¿Cómo hablar de suicidio en medios de comunicación y redes sociales?

Las recomendaciones para potenciar el efecto Papageno de asociaciones científicas, Ministerio de Sanidad español y organizaciones como la OMS son claras.

- **Tratar la noticia con el máximo respeto.** Huir del sensacionalismo. La muerte es un hecho, no es un logro, no es una hazaña, no es la solución a un problema; no hay que darle una connotación positiva, ni romántica ni valerosa. El suicidio es una pérdida grave y evitable. **Para evitar el efecto de imitación no se deben dar detalles del cómo ni el dónde, tampoco se deben difundir fotografías del lugar, ni de cómo llegar allí, ni difundir cartas de despedida si las hubiera.** Se recomienda informar de la conducta suicida tanto si es una personalidad importante como si no lo es. En el caso de las personas famosas, hay que diferenciar muy bien sus éxitos, currículum y logros del acto en sí del suicidio, resaltando el legado del fallecido y la pérdida que supone su muerte.

- **Rigor, respeto, responsabilidad y sensibilidad.** Cualquier familiar o amigo de la persona fallecida podría leer la noticia. Pongámonos en su lugar.
- **Aportar siempre información valiosa como grupos de apoyo, teléfonos de contacto y asociaciones.** En España contamos con el 024 (línea de atención a la conducta suicida) o el 717 00 37 17 (Teléfono de la Esperanza).
- Apoyar a la familia y amigos con mensajes de condolencia, siendo empáticos, compasivos y solidarizándonos con su terrible dolor.
- Colaborar en la eliminación de mitos y bulos, aportando información fiable como signos de alerta o recursos al alcance de todo el mundo.
- Ayudarnos de testimonios o declaraciones de profesionales y expertos en la materia, como psicólogos o psiquiatras, que siempre tendrán información muy valiosa que compartir con la sociedad.
- No utilizar términos como *indoloro, fue sencillo, fácil, no sufrió o fue rápido.* Tampoco asociar la conducta suicida a una enfermedad mental como causa que lo explique todo ni relacionarlo con una única causa (un duelo, una ruptura sentimental, un desahucio, etc.). **Las causas del suicidio son muy complejas y en ningún caso se deben simplificar, ni por supuesto se deben realizar interpretaciones personales.**

En definitiva, los medios de comunicación, los creadores de contenido en redes sociales, los divulgadores y, por supuesto, los sanitarios tenemos una gran responsabilidad en lo que decimos y en cómo lo decimos. Aportemos nuestro granito de arena en algo de lo que nadie está a salvo. Hoy lo lees en un periódico como el que lee las noticias de economía y mañana puede ser un amigo o un familiar cercano el que esté en esas páginas.

Si aceptáis un consejo, os diría que los trastornos mentales, ya sean mayores o menores, están a nuestro alrededor, allá donde mires, igual que lo están infinitas patologías mucho más normalizadas y aceptadas en nuestra sociedad.

Es más, el 70 % de los trastornos mentales debutan en la adolescencia o antes.

Por estadística, casi con toda probabilidad tú o alguno de tus hijos, pareja, padres o hermanos sufrirá en algún momento de su vida un trastorno mental, siendo el trastorno de ansiedad y la depresión los más frecuentes, pero sin olvidarnos del trastorno obsesivo compulsivo (TOC), trastornos de personalidad, trastornos de conducta alimentaria (TCA), trastorno bipolar y un largo etcétera. Así que normalicemos el hecho de que esto existe, de que es real, de que no es sinónimo de debilidad, ni de mala educación ni de falta de ganas.

Ningún paciente, absolutamente ninguno, desea tener un diagnóstico así. Hagámosles la vida más fácil. Estemos atentos a esas señales que podrían ser la punta del iceberg de un sufrimiento mayor y hablemos con nuestros hijos de la vulnerabilidad del ser humano, de la valentía de hablarlo y de buscar ayuda.

11

Mitos en el TDAH, TEA y altas capacidades (AACC)

TRASTORNO POR DÉFICIT DE ATENCIÓN E HIPERACTIVIDAD

El trastorno por déficit de atención e hiperactividad (TDAH) ni es una moda, ni es una mentira, ni es debido a falta de límites ni sucede porque se trate de un niño o una niña maleducados. Basta ya.

El TDAH es un trastorno del neurodesarrollo descrito y ampliamente estudiado por la comunidad científica que se inicia en edad infantil y cuyas características principales son la **inatención,** la **hiperactividad** y la **impulsividad. No siempre se presentan las tres características con la misma intensidad,** y por ello diferenciamos tres subtipos: predominio inatento, predominio hiperactivo-impulsivo y el subtipo mixto.

La prevalencia es similar en todo el mundo, con un 5,8-7,2 % en niños y adolescentes (en España, la prevalencia es del 6,8 %) y un 2,5-2,8 % en adultos.

Como consecuencia de este trastorno, estos niños, adolescentes y adultos presentan dificultades para adaptarse a su entorno familiar, social y escolar. Y, a menudo, rinden por debajo de sus capacidades. A causa de todo ello, pueden presentar trastornos emocionales y de conducta.

El TDAH es una enfermedad nueva

Falso. El TDAH se conoce desde 1865, fecha en la que aparece descrito en el cuento *Der Struwwelpeter* como disfunción cerebral mínima. Posteriormente, en el año 1950, se denominó *síndrome hipercinético* y una década después *síndrome del niño hiperactivo* o *reacción hipercinética de la infancia.*

A partir de 1980 ya pasó a denominarse trastorno por déficit de atención (con o sin hiperactividad, TDA con H, TDA sin H).

***EL TDAH es un problema menor.
El niño es un poco despistado y muy movido,
pero ya se le pasará***

Mito. Ya se le pasará, no. El TDAH afecta al rendimiento académico de los niños y niñas, a sus relaciones familiares y sociales, y además, si no se trata adecuadamente, amenaza su salud emocional, pues estos niños sufren un alto riesgo de tener problemas de autoestima, al cargar sobre sus espaldas etiquetas del tipo «Eres un vago», «No te esfuerzas», «Para quieto de una vez», «No se te puede sacar de casa», «Lo pierdes todo»... Os podéis hacer una idea de la percepción que adquieren de sí mismos estos niños cuando todo el mundo a su alrededor les dice esto, ¿verdad?

Quieren portarse bien, pero no pueden.

Quieren hacer las tareas a la primera, pero no pueden.

Quieren ser capaces de no levantarse de la silla ni tener la necesidad de estar en movimiento todo el tiempo, pero no pueden.

Quieren estar atentos y aprender, pero no pueden.

Vengo a que le haga la prueba del TDAH a mi hijo

Error. No es tan sencillo. El TDAH no se diagnostica con una prueba ni con un test o cuestionario. El paciente ha de ser evaluado junto a su familia por personal experto. Ponte en manos de profesionales de la salud mental, quienes te guiarán en todo el proceso.

El niño o niña con sospecha de TDAH precisa de una evaluación por parte de profesionales con experiencia a partir de los cinco o seis años (psicólogos infantojuveniles, neuropediatras o psiquiatras infantojuveniles), no antes.

Un bebé que se mueve mucho no es hiperactivo, un niño de tres años que no para quieto no es hiperactivo. Hablamos de TDAH a partir de los cinco o seis años. Antes no se puede ni se debe diagnosticar.

Una vez diagnosticados, precisan de un tratamiento adaptado a sus necesidades específicas: conductual (psicólogos, pedagogos, terapeutas...) y la mayor parte de las veces también farmacológico para ayudar a mejorar los neurotransmisores en algunas áreas del cerebro; la medicación, en muchos casos, es determinante, «un antes y un después», según describen la mayoría de los padres y madres. No hay que tenerle miedo. Confiad en los profesionales, en este caso los psiquiatras infantiles, que siempre van a desear lo mejor para el niño y su familia.

Aquellos niños o niñas que llegan a la adolescencia sin diagnosticar o sin tratar tienen un riesgo más elevado de sufrir fracaso escolar, accidentes de todo tipo debido a su impulsividad, conductas de riesgo, consumo de sustancias tóxicas y embarazos no deseados.

Por lo tanto, no es un problema menor: es un trastorno que en manos de profesionales tiene una buena evolución. Un buen tratamiento puede lograr que esos niños, niñas, adolescentes y adultos lleguen a tener una vida plena, sana y feliz.

Mi hijo toma la medicación durante el curso escolar y en verano descansamos

Ni es buena idea ni está aconsejado. Si a un niño que sufre de miopía le pones gafas para que vea bien, ¿tendría algún sentido quitárselas en verano? O si hablamos de sordera, ¿descansamos del audífono en verano?

Pues con el TDAH ocurre igual. Además, el verano, especialmente en la adolescencia, es una época en la que los jóvenes están más tiempo sin sus padres, sin la rutina del invierno, expuestos a muchos más riesgos que durante el curso escolar. ¿De verdad queremos potenciar su impulsividad en un periodo en el que es más fácil que pueda subirse a una moto, tirarse de unas rocas de cabeza al agua o estar expuesto a sustancias, al salir más por la noche? No, no está aconsejado por norma general descansar de la medicación.

Los niños con TDAH son unos vagos

Mito. Los niños con TDAH no son unos vagos, tienen un trastorno del neurodesarrollo que les impide realizar algunas tareas con la agilidad de otros niños, pero eso no quiere decir que no se esfuercen, que no lo intenten y que no echen incluso más horas en sus tareas que el resto de los niños y niñas de su clase.

Este niño no tiene déficit de atención, porque puede estar horas jugando con el ordenador o la tablet

Una cosa no tiene nada que ver con la otra. Las dificultades las pueden presentar en determinadas tareas que requieren de un esfuerzo mental importante, o que están compuestas de múltiples pequeñas tareas: se quedan atascados en la primera y son incapaces de continuar. Sin embargo, si la actividad despierta su interés, serán capaces de mantenerse concentrados durante horas, absortos en una misma tarea.

El TDAH desaparece en la adolescencia

No siempre. Entre el 50-80 % de los niños diagnosticados de TDAH cumplirían criterios aun en la adolescencia. Cuando llegan a la edad adulta, hasta un 40 % de los pacientes están en remisión parcial, mientras que un 15 % de ellos cumplirán criterios completos.

El TDAH es mala suerte. No tiene nada que ver con la genética

Falso. La carga genética es importante. Si uno de los progenitores tiene TDAH, las posibilidades de tener un hijo con TDAH aumentan un 50 %. Y en estudios con hermanos gemelos, la heredabilidad es del 76-88 %. También tengamos en cuenta que existen otro tipo de factores que predisponen a sufrir este trastorno: prematuridad, bajo peso al nacer, encefalopatía hipóxico-isquémica, infecciones del sistema nervioso central en edades tempranas o tóxicos en el embarazo (tabaco, alcohol, drogas).

El TDAH no existe porque es una invención de la industria farmacéutica

Mito. No merece la pena abordar este tipo de teorías conspiranoicas cuando además hablamos de un trastorno tan prevalente y que tanto sufrimiento genera en miles de familias.

Ahora hay muchos más casos que antes

No es así. En un exhaustivo metaanálisis del 2014 de Guilherme V. Polanczyk y colaboradores, donde se recogen datos durante treinta años, se concluye que «no hay evidencia de un incremento de casos».

Y, entonces, ¿por qué antes no se veían tantos? Por varios motivos.

Primero porque, como os comenté al principio, la ciencia de la psiquiatría es muy joven y, cuando tus padres eran niños, no existía el diagnóstico de TDAH.

Es obvio que hace años había mucha menos concienciación que ahora. La gente no sabía qué era. En los colegios tampoco había conocimiento, por lo que simplemente se etiquetaba a estos niños y niñas como vagos o maleducados, y se pasaban la vida castigados o, desgraciadamente, se los invitaba a abandonar los estudios, porque «claramente este niño solo sirve para trabajar».

Ahora son muchos los profesores y orientadores que están actualizados e informados y son los primeros que dan la señal de alerta para que los padres lleven al niño al pediatra.

Tampoco hace años había capacitación en atención primaria, por lo que muchos pediatras no tenían información al respecto y, por tanto, estos pacientes no se diagnosticaban a tiempo ni se derivaban a las unidades de salud mental.

Y, por último, las unidades de salud mental con profesionales cualificados escasean. Hacen falta muchas más.

Como veis, **queda mucho por hacer.** Por desgracia, confluyen muchos factores en este aguacero: falta de profesionales formados en estas edades, serias dificultades para acceder a las unidades de salud mental e interminables listas de espera.

Entiendo vuestra desazón, es frustrante.

La culpa es de los padres

Falso. Que nadie os haga creer esto. Es cruel. Nadie tiene la culpa de tener un niño con TDAH, ni con un trastorno del espectro autista ni con cualquier otro trastorno o condición.

Lo que necesitan estos padres no son culpas ni juicios, lo que necesitan es información, comprensión, acompañamiento, recursos y empatía.

ALTAS CAPACIDADES

Según la OMS, **un 2 % de la población mundial tiene altas capacidades (AACC),** cifra que puede ascender a un 10 % según la bibliografía que se consulte y la metodología de estudio.

Las AACC no son solo un cociente intelectual (CI) alto (>130); esta es una condición necesaria, cierto, pero no es la única. ¿Qué quiere decir esto? Que hay personas que tienen un CI alto y no tienen AACC.

Las altas capacidades intelectuales van más allá: corresponden a personas con una **rápida capacidad de aprendizaje,** de **razonamiento,** con una mayor **capacidad de lógica** y con un **desarrollo asincrónico,** ya que su desarrollo intelectual va más deprisa que su desarrollo emocional.

Esto significa que son capaces de entender acontecimientos, conceptos o ideas al nivel de un adulto, incluso hacerse preguntas complejas sobre la existencia del ser humano, la muerte o el sistema solar y el universo, pero no son capaces de gestionar las emociones, sobre todo en edades tempranas en las que, debido a su poca experiencia vital, aún no tienen las herramientas necesarias para hacerlo. A todo ello se suma que tienen un **alto sentido de la justicia,** lo que hace que se frustren con facilidad, y una **alta sensibilidad** en más de un 90 % de los casos, por lo que a menudo son etiquetados de melodramáticos, intensos, llorones o exagerados cuando en realidad ellos no pueden evitar sentir como sienten.

Las altas capacidades son niños y niñas que son muy listos o más listos que los demás

No, no exactamente. AACC no es un patrón de superioridad cognitiva ni se limita a tener un cociente intelectual por encima de la media; de hecho, ni siquiera se debe hablar de las AACC como una patología o diagnóstico.

Las AACC son una **condición** con la que convive un pequeño porcentaje de la población, un patrón diferente de ser, sentir y pensar que, efectivamente, les hace procesar la información más rápidamente y establecer ramificaciones en su cerebro de una forma más ágil e integral, pero en ningún caso se debe simplificar a ser más listo que los demás. **Define ser listo, diría yo. ¿Qué es ser listo?** ¿Es ser rápido, es ser astuto, es ser feliz con lo que tienes, es tener un cociente intelectual en la media, pero adaptarte a tu medio y entorno y llevar una vida plena?

Como son muy inteligentes no necesitan ayuda

Mito. Como dice mi querida Olga Carmona, psicóloga clínica experta en AACC y coautora junto a Alejandro Busto del libro *Hijos con altas* *capacidades. El reto de educarlos,* que os recomiendo mucho, ¿qué hacemos con los niños y adolescentes a los que de los cincuenta minutos de la clase les sobran cuarenta? ¿Qué hacemos con todos aquellos que por una ineficacia del sistema caen en un fracaso escolar que les condicionará toda la vida? ¿Qué hacemos con esos niños que se niegan a ir al colegio? ¿Que se aferran al marco de las puertas, que vomitan, que tienen pesadillas y hasta ataques de pánico por volver a entrar en clase? A lo que yo añado, ¿no necesitan ayuda? ¿Seguro?

¿Y qué hacemos con todos esos niños y adolescentes que no se sienten reconocidos como grupo, que creen que el problema está en ellos, que son víctimas de *bullying* en un porcentaje elevado por el mero hecho de existir?

Sí, necesitan ayuda emocional por parte de su familia, amigos y docentes y necesitan también adaptación curricular en sus centros educativos, como así viene recogido en nuestra legislación según el Ministerio de Educación. Es su derecho y es su necesidad.

Solo difieren de los demás en que aprenden más rápido

De nuevo, no es así. Aprenden más rápido, pero también sienten y aprenden de manera diferente, porque su cerebro es funcional y estructuralmente distinto. De hecho, la alta sensibilidad de la que tanto se habla ahora (PAS) es un rasgo de personalidad que en un elevadísimo número de casos coexiste con las AACC.

Alta capacidad es igual a alto rendimiento académico (buenas notas). Si no saca buenas notas, es imposible que tenga altas capacidades

Falso. Los niños y niñas con AACC son personas de alto rendimiento en aquello que es de su interés. Pero si no les interesa y deciden no aprender, no necesariamente tendrán buenas notas. Es más, detrás de un porcentaje nada desdeñable de casos de fracaso escolar, hay niños y niñas con AACC no detectadas, que no están motivados, a los que se los ha excluido, apartado o etiquetado o que incluso ellos mismos, al no sentirse reconocidos ni motivados, deciden tener un «perfil bajo» para pasar desapercibidos y parecerse más a «la norma». Es triste, ¿verdad? Lo es.

Hay un ejemplo muy ilustrativo que lo explica a las mil maravillas: tener altas capacidades es como nacer con un recipiente más grande que otra persona. Pero ese recipiente está vacío, hay que llenarlo. Si no se llena, una persona con un recipiente menor, pero lleno de agua hasta arriba, puede contener mucho más que el del primero, si este solo se llena un 20 %, y llegar mucho más lejos. Sin embargo, si el primero logramos llenarlo y utilizarlo al máximo de su capacidad, efectivamente obtendremos el máximo potencial del que será capaz, que será muy superior a la media.

El niño con AACC lo demuestra en todas las asignaturas por igual

Mito. Una cosa es que tengan la capacidad y otra es que les interese y quieran desarrollarla. Habrá niños con AACC maravillosamente creativos y cuyos talentos se muevan hacia ese lugar, y los habrá cuya pasión y máximo interés estén en las matemáticas y la física, donde obviamente destacarán. Algo con lo que yo me he encontrado en este campo es con aquello de:

—Pero ¿por qué has sacado un cinco en este examen?

—Porque es una asignatura que no me interesa para nada.

—Ya, pero si tienes la capacidad de sacar una nota mejor, ¿por qué no lo has hecho?

—Porque te repito que no me interesa para nada, no me voy a dedicar a ello y no quiero perder el tiempo memorizando algo que no me gusta.

Y te lo dicen con la contundencia de alguien que cree positivamente que está en lo correcto, que esa es su verdad absoluta.

Es más, los datos de la bibliografía científica sorprenden. García Yagüe afirma lo siguiente: «Algo menos de un 40 % de los niños y niñas con AACC se adaptan con facilidad al ritmo de las escuelas y algunos destacan. El resto, cerca de un 60 %, rinden por debajo de sus posibilidades e incluso fracasan».

Si no le damos importancia, se acabará normalizando. Ya se le pasará. Yo no quiero etiquetarlo

Error. Las AACC son una condición que no desaparece, es como pretender que el color de pelo de un pelirrojo cambie, no lo va a hacer. Siempre es mejor saberlo, pero no para ponerle una etiqueta ni para pregonarlo a los cuatro vientos, sino para poder ayudarlo cuando lo necesite, para estar prevenidos, porque ese momento llegará. Llegará el instante en el que emocionalmente los veas tambalearse, donde ellos mismos necesiten respuestas y explicaciones que justifiquen su manera de ser, de sentir y de ver el mundo y ¿quién mejor que sus padres para acompañarlos en ese proceso?

Las AACC son entrenadas por padres muy exigentes

Mito. Las AACC tienen un componente hereditario muy alto, por lo que no es raro que, si tienes varios hijos, algunos, si no todos, tengan AACC y que, al mismo tiempo, profundizando en esa familia, se detecte que el padre, la madre o ambos también. Esto no es de extrañar, ya que las personas tendemos a buscar otras afines a nosotros, por lo que es comprensible que un individuo con AACC se sienta atraído por alguien que ve el mundo de manera similar a él. Lo que se ha demostrado es que esa carga genética se transmite a la descendencia con altas probabilidades, lo que no quiere decir en ningún caso que siempre ocurra, sino que esos niños tienen más posibilidades de ser AACC. Sin embargo, la genética no es lo único: tú puedes nacer con un recipiente muy grande, pero si no recibes los estímulos adecuados del ambiente que te rodea, no desarrollarás ese potencial. Por lo tanto, la exigencia de unos padres poco tiene que ver con la condición de un ser humano: **las AACC no se crean, pero el estímulo externo adecuado, informado y ajustado a edad y madurez de cada niño sí puede influir positivamente en su desarrollo, tenga o no tenga AACC.**

TRASTORNO DEL ESPECTRO AUTISTA

El trastorno del espectro autista (TEA) es una condición con la que nace uno de cada cien recién nacidos vivos. Su origen es neurobiológico y hay más de cien posibles genes implicados, además de múltiples condiciones ambientales.

Lo primero que debemos saber es que el TEA no es una enfermedad que hayamos podido contraer en un momento determinado, ni que podamos «curar» ni de la que podamos esperar un principio y un final. **El TEA no es una enfermedad: es una condición, es un trastorno del neurodesarrollo con el que se nace y que acompañará toda la vida al individuo.**

Hablar de TEA con conocimiento, sensibilidad y responsabilidad, derribando los mitos que tanto daño hacen a estas personas y a sus familias, y ofrecer información rigurosa y contrastada es el primer paso para que en algún momento este trastorno y todos aquellos de los que hemos hablado hasta ahora lleguen a verse con esa mirada inclusiva, empática y solidaria que necesitamos.

El autismo tiene cura

Falso. Dado que no es una enfermedad, no podemos hablar de curación. Es como decir que tener los ojos verdes tiene cura. Pero es que, además, no existen terapias y tratamientos milagrosos que garanticen la desaparición de las dificultades y de la discapacidad de las personas con TEA. A lo largo de mi carrera profesional me he encontrado con infinidad de familias que, fruto de la desesperación, han invertido mucho tiempo y dinero en terapias y tratamientos sin base científica alguna, tratamientos que en ocasiones perjudicaban aún más, porque retrasaban el inicio de terapias que sí han demostrado científicamente que mejoran las dificultades que presentan estos niños y niñas.

Ah, entonces tiene TEA y no hacemos nada, ¿no?

No, en absoluto. Desde el diagnóstico al que llegamos entre los dieciocho y los veinticuatro meses, tras una adecuada evaluación realizada por profesionales sanitarios especializados (neuropsicólogos, neuropediatras, psiquiatras infantiles), empezamos a trabajar con los niños y niñas y ya no paramos. Y lo hacemos porque el beneficio total que adquieren estos niños y sus familias en su calidad de vida en cuanto a relaciones sociales, lenguaje, comprensión, autonomía, flexibilidad de comportamiento y pensamiento está ampliamente demostrado.

Las vacunas provocan autismo

Mito. Creo que ya quedó suficientemente argumentado en el capítulo de vacunas y no me gustaría repetirme, con la cantidad de cosas interesantes de las que aún os quiero hablar.

Las personas con TEA son unos genios en algunas disciplinas

No hay dos personas con TEA iguales y sus habilidades y dificultades son muy variables. Es verdad que algunos de ellos pueden tener talentos específicos en alguna disciplina, pero son la minoría. En la mayor parte de las ocasiones, más que con un talento innato, esas habilidades tienen que ver con la forma en la que funciona su cerebro y con gustos y preferencias muy específicos que los hacen especializarse mucho en una materia.

Todos los TEA tienen discapacidad intelectual

Mito. Como he comentado, la variabilidad es enorme. Hay personas con TEA y capacidad intelectual normal, en la media; los hay con capacidades disminuidas y los hay también con capacidades intelectuales por encima de la media. No se puede generalizar.

No son capaces de sentir

Falso. Qué daño produce escuchar esta frase, que yo misma oí hace no mucho en un chiringuito de playa..., y qué ignorancia hay tras ella.

Por supuesto que sienten y sufren y tienen su manera de comunicarse, aunque no siempre sea una comunicación verbal. Las personas con TEA están alegres y tristes, y sufren y sienten dolor como tú y como yo, exactamente igual.

Son ellos mismos los que se aíslan, no les gusta relacionarse y prefieren estar solos

Mito. Muchas personas con TEA sí desean relacionarse, pero no saben cómo hacerlo. Las dificultades que tienen a la hora de interpretar situaciones sociales, de comunicarse y de expresar sus emociones suponen una barrera importante, sobre todo para todos aquellos que no están acostumbrados a tratar con ellos y, por temor a decir o hacer algo incorrecto, simplemente no intentan interactuar. Pero, lejos de lo que mucha gente piensa, si se les facilitan las ayudas, soportes y ajustes adecuados a cada una de sus circunstancias, la mayoría de las personas con TEA pueden llegar a participar activamente en la sociedad y tener la vida plena que todos merecemos.

Viven en su mundo

No, no viven en su mundo. Viven en tu mundo, en el mundo de todos, porque, que yo sepa, todos vivimos en el mismo planeta. ¿O no?

Es responsabilidad de todos y cada uno de nosotros hacerles la vida un poco más fácil, a ellos y a sus familias, que luchan día a día por una inclusión real. Derribar estos mitos es un primer paso, así que gracias por leerme.

12

El *bullying* NO es cosa de niños

Abrimos este capítulo con tres titulares que requieren de una pausa para tomar aire tras cada uno de ellos:

- El *bullying* es la **principal causa de suicidio** en niños y adolescentes.
- **Uno de cada cuatro estudiantes en España sufre *bullying*,** datos que pueden elevarse a uno de cada dos si hablamos de adolescentes a nivel mundial.
- **Se multiplican por siete los casos de acoso escolar.** La cifra de víctimas de **acoso escolar** en **España** pasó de **768 casos** en 2021 a más de **7.600** un año después, según la **Asociación No al Acoso Escolar** (NACE). Los datos evidencian un problema social que crece exponencialmente, especialmente entre los ocho y los catorce años.

No encaja

—Lucía, estamos atravesando por un momento complicado y ya no sé cómo podemos ayudar a nuestra hija —me confesó una madre en consulta esta misma semana.

—¿Qué ocurre? —le pregunté preocupada. Había venido sin la niña; sin la jovencita, más bien, porque ya tenía catorce años.

—No sabemos si hay algún problema. No encaja. No tiene amigas... y yo sufro mucho por ella, es tan buena niña, es tan buena persona que no termino de entenderlo —me dijo con los ojos llenos de lágrimas.

Pude sentir su dolor como propio. Solo el que ha pasado por ello sabe de lo que hablamos. Tomé aire, extendí mis brazos, abrí las palmas de mis manos, animándola a que me las cogiera, cosa que hizo, y le dije mirándola fijamente a los ojos:

—Cómo te comprendo. La adolescencia es una etapa complicada que dura varios años. En este viaje que necesariamente han de hacer, atraviesan por momentos en los que no encuentran su lugar. Has de explicarle que esto que le sucede a ella les sucede a millones de chicos y chicas de su edad, que no desista en su búsqueda, que no se rinda, que continúe, porque ahí fuera hay adolescentes con sus mismos gustos, aficiones y valores, seguro, segurísimo —afirmé—. Cuando te sales de la norma —proseguí— es habitual atravesar una crisis personal, más aún cuando tienes su edad, época de máxima vulnerabilidad. Crisis en la que incluso te llegas a plantear si el problema está en ti. NO ESTÁ EN TI. Está en esta sociedad que juzga y ataca y señala al diferente, cuando ser diferente en realidad es una virtud. Es extraordinario, de hecho. Lo que ocurre es que tu hija aún no lo sabe. Repíteselo. **Dile que es maravillosa tal cual es. Que no tiene que cambiar nada en ella que no quiera. Que encontrará su lugar.** Pero ve un paso más allá, adviértele también que el mundo está lleno de gente mediocre e ignorante que con sus dardos envenenados pretenden apagar su luz; esa gente existe. No son muchos, pero hay que saber identificarlos. Y esto es importante, porque si te rodeas de mediocres, terminas siendo un mediocre. Dile que se aleje de todos aquellos que no le hagan sentir bien. Que nunca tire la toalla. Repítele una y otra vez que es FUERTE, que es PODEROSA y que es CAPAZ. Y por supuesto, que tú estarás a su lado siempre, incondicionalmente.

Terminamos las dos emocionadas. Lo que creo que nunca supo es que quien le hablaba no era su pediatra, era una niña, una adolescente y una mujer adulta que en muchas ocasiones se tuvo que repetir ese mismo mensaje, que a su vez se lo habían grabado a fuego a ella sus padres, José y Covadonga, a pie de cama y entre lágrimas en su Asturias natal, y que ahora, muchos años después, se lo ha repetido a su hijo Carlos tras uno de los años más complicados de su vida.

—Mamá, me quiero hacer un tatuaje —me dijo mi hijo con sus dieciséis años cumplidos.

—No, cariño. Preferiría que esperaras a ser mayor de edad —le contesté, a pesar de que él sabía que yo misma me había tatuado a su misma edad en un ataque de rebeldía.

—¿Me dejas decirte qué quiero ponerme, al menos? Sería en una zona muy discreta, de verdad, mamá —insistió.

Mi hijo no es una persona impulsiva, como sí lo es el huracán de su hermana, con quien ya me tocó negociar el segundo y tercer agujero del lóbulo de la oreja, las salidas nocturnas y hasta un *PIERCING* en el ombligo, así que supuse que, si se quería tatuar, el motivo debía de ser lo suficientemente poderoso.

—A ver, dime, cariño, ¿qué te quieres tatuar? —le pregunté con curiosidad.

—«No encajes» —sentenció.

«Qué belleza guardan aquellos que no encuentran su lugar fácilmente entre tanta gente. Tal y como está el mundo, es un privilegio no encajar.»

ALEJANDRA PIZARNIK, POETA Y ESCRITORA ARGENTINA (1936-1972)

VAYAMOS A LOS MITOS

Y es que, aunque os parezca increíble, el *bullying* está lleno de mitos, la mayor parte de ellos basados en la ignorancia, en la soberbia del que se cree que lo sabe y lo ha vivido todo y en los prejuicios.

Eso es cosa de niños.
¡No exageres!

No. El *bullying* **no es un juego, un juego es algo divertido en lo que todos participan.** El *bullying* es un comportamiento atroz que se está llevando por delante la salud física y mental de nuestros jóvenes y es inadmisible e intolerable que algunos adultos sigan mirando a otro lado.

Es algo por lo que algunos niños
tienen que pasar, eso los hará madurar

Mito. El *bullying* es un abuso de poder cruel mantenido y continuado en el tiempo sobre un niño o niña que por los motivos que sea no se puede defender. Lejos de hacerlos madurar, los mina, los merma, los agota, los puede y los machaca. Ataca a su autoestima, a su manera de relacionarse con los demás, y afecta directamente a su personalidad presente y futura.

Nunca le he pegado.
¡Yo no le he hecho bullying!

El *bullying,* que no es otra cosa que un maltrato continuado y repetido hacia la misma persona, es un acto violento que puede ser físico, pero también puede ser verbal, psicológico y cibernético, a través de las redes sociales. Cualquiera de los cuatro casos es grave e intolerable.

Solo sufren bullying los niños con sobrepeso, los migrantes, los jóvenes LGTBI y aquellos con alguna discapacidad

Mito. Nadie está exento de ser atacado. Ningún niño, ningún adolescente. Efectivamente, los niños o niñas con diversidad funcional, o discapacidad física u obesidad son carne de cañón de los acosadores, pero no nos engañemos, un niño o niña sin ninguno de estos factores, con buen rendimiento escolar y amigo de sus amigos también sufre *bullying* por algo tan primitivo y devastador como la envidia.

Si mi hijo sufriera bullying, me daría cuenta enseguida

A la mayor parte de los padres y madres que descubren que su hijo está sufriendo *bullying* los pilla por sorpresa y lo habitual es que la situación se haya prolongado más de seis meses.

Los niños, niñas y adolescentes tienden a esconderlo. Y lo hacen por varios motivos:

- Tienen miedo. Y el miedo paraliza.
- Sienten vergüenza. «¿Y si lo que dicen es verdad?», se llegan a cuestionar algunas víctimas.
- Creen que se acabará pronto y que no merece la pena decir nada.
- Piensan que quizá pueden gestionarlo ellos solos.
- No quieren preocupar a sus padres.
- No quieren ser el chivato de la clase. Temen represalias.
- No quieren que nadie más se entere. No quieren ser el centro de las miradas.

- No tienen fuerzas más que para ir al colegio y volver a casa, su único lugar seguro, y en ocasiones ni eso, porque si la violencia y el acoso se extienden a las redes sociales, el maltrato es continuo, constante, las veinticuatro horas del día.

Lo mejor es no hacer caso a los acosadores, ya se les pasará

Ya se les pasará, no. Si nadie los para, no se les pasa. Buscarán otra víctima a la que humillar. **El *bullying* se ha de denunciar desde el mismo momento en el que tenemos conocimiento de él.** Debemos ser implacables. Y lo tenemos que hacer por responsabilidad social y porque nadie, absolutamente nadie, merece ese trato.

¿Mi hijo? ¿Acosador?
¿Que le está haciendo bullying a otro?
Imposible

Por cada caso de *bullying* (uno de cada cuatro) hay al menos un acosador, en muchos casos más de uno, e incontables testigos, así que este es un tema que de una manera u otra nos toca a todos.

Y todos, absolutamente todos, podemos encontrarnos el día menos pensado en uno de los bandos. Da igual el que sea. Lo importante es detectarlo, pararlo y poner todo lo que esté en nuestra mano para cesar de forma definitiva el ataque injusto y desmedido hacia otro ser humano, que en este caso es un niño o un adolescente.

MUY BIEN, Y ¿QUÉ PODEMOS HACER?

Denunciar el *bullying* es el primer paso. Poner medidas para erradicarlo es el siguiente. Y que nuestro hijo o nuestro alumno vea que los adultos de su alrededor estamos aquí para apoyarlo, protegerlo y ayudarlo a superar esta situación es el paso definitivo. No podemos dejarlos solos. No podemos mirar para otro lado. La inacción nos convierte en verdugos.

El bullying siempre ha existido y siempre existirá. Esto no tiene fin

El acoso escolar tiene solución, claro que la tiene, pero debe haber voluntad:

- **Voluntad** para invertir en recursos en las escuelas, institutos y universidades para establecer **protocolos de actuación ágiles,** eficaces y definitivos, como ya sucede en muchos centros educativos donde se ha demostrado que el 95 % de los casos detectados se frenan desde el propio centro escolar cuando estos protocolos funcionan.
- **Voluntad para proteger a los menores** y que no se vean obligados a abandonar el centro escolar, victimizándolos aún más, cuando la prioridad siempre debe ser cesar de inmediato todo comportamiento violento y garantizar por encima de todo el bienestar y la protección de la víctima. ¿En qué cabeza cabe que haya infinidad de casos en los que la única vía posible es sacar a la propia víctima de su colegio? ¿Qué tipo de sistema tenemos que no es capaz de garantizar la seguridad de un menor en un colegio y es la víctima la que ha de abandonar al resto de sus compañeros, a sus profesores y a lo que hasta entonces era su vida? ¿Qué tipo de castigo cruel es este? ¿Os imagináis una denuncia en vuestro centro de trabajo porque

una persona os está acosando, insultando, humillando y en muchos casos agrediendo físicamente y que el sistema responda: «Creemos que lo más conveniente es que cambie usted de trabajo»? ¿Os lo imagináis? ¿Y esto es lo que está ocurriendo con niños, niñas y adolescentes inocentes?

- **Voluntad para que las familias tengan información de qué hacer en caso de *bullying*,** de cuáles son los pasos a seguir. Desde mi experiencia, las familias están completamente perdidas cuando esto sucede.
- **Voluntad para formar a los pediatras y al personal sanitario** en la detección precoz de todos aquellos signos y síntomas que pueden suponer la punta del iceberg de que un niño está sufriendo.

Signos de alarma

- **Dolores abdominales recurrentes** sin causa justificada, con resultados normales en pruebas médicas. No te conformes con el «Todo está bien, no tiene nada». Quizá no tenga nada orgánico que justifique el dolor. No tendrá una infección, ni una enfermedad celiaca, ni una enfermedad inflamatoria, pero si tu hijo se sigue quejando de dolor abdominal, busca ayuda: es lo que llamamos **dolor abdominal funcional** y debemos intentar encontrar la causa; aunque esta sea de origen emocional, no por ello duele menos. Sobre todo, si el dolor es los domingos por la tarde, cuando ya se acerca la hora de irse a la cama y volver al cole, si ocurre a la hora de hacer los deberes, de pensar en el colegio. Si el dolor cede los fines de semana y en vacaciones, aún nos dará más pistas de que ese dolor se pueda deber al malestar que les genera el mero hecho de pensar que han de volver al colegio.
- **Aislamiento** cuando antes no era así, comportamientos atípicos en él, como no querer salir de casa, no querer hacer planes, no querer separarse de su familia más cercana...

- **Problemas con el sueño:** pesadillas repetidas, terrores nocturnos, episodios de insomnio...
- **Pérdida o ganancia de peso:** de pronto un día cualquiera te das cuenta de que se le caen los pantalones. Los niños habitualmente acusan el estrés dejando de comer. Aunque también los hay que de repente tienen un hambre desmedida debido a la ansiedad y comen a todas horas. Vigila su comportamiento.
- **Dolores de cabeza** frecuentes, sobre todo al atardecer, los domingos, cuando hablamos del colegio.
- **Negativa a ir al colegio,** llanto sin motivo, ensimismamiento, ausencia de amigos, mensajes de desesperanza: «No sirvo para nada», «Nadie me quiere», «Soy invisible», «Mejor no haber nacido», «Ojalá desaparecer», «Ojalá no salir de casa nunca».
- **Problemas de rendimiento escolar:** de pronto un trimestre su rendimiento escolar baja de forma global. ¡Ojo! No lo dejes pasar. Si se da el caso de ver a tu hija o hijo feliz, enamorado quizá, si ha empezado a salir y está exultante, es evidente que los tiros no irán por ahí y lo que necesita probablemente es que nos sentemos tranquilamente con ella o con él y le recordemos las prioridades y límites. Pero si la bajada de rendimiento escolar coincide con una época en la que no sale de la habitación, no quiere ir por ahí, lo veis más tristón o tristona, no lo dejéis pasar. Es importante también comentar que hay adolescentes o niños que se refugian en los estudios y, lejos de bajar el rendimiento escolar, lo que hacen es sacar unas notas excelentes, y en este caso aún es más complicado detectar que está pasando algo: cómo lo iba a imaginar, es un niño de diez, no le gusta salir, pero en casa está tranquilo, saca muy buenas notas, es superresponsable... Es verdad que últimamente estaba más callado de lo normal y siempre en su habitación, pero también eso es normal en la adolescencia, ¿no?

Efectivamente, así es, a veces se solapan hechos que de por sí se dan en la adolescencia (ensimismamiento, quedarse en su habitación, compartir menos, irascibilidad, etc.). Pero, aun así, intenta hacer todas las comidas juntos, acompáñalo a sus entrenamientos o que te acompañe a ti a hacer recados, intenta promover espacios y tiempos para que hable un poco, no fuerces, no interrogues, haz que se sienta a gusto, libre y en paz... Transmítele tu apoyo incondicional siempre: «Hijo, pase lo que pase, ocurra lo que ocurra, yo siempre estaré aquí para ayudarte y para apoyarte».

- **Voluntad para formar al profesorado, docentes, orientadores, directores de colegios e institutos en detección precoz** de *bullying,* pero no solo de ello, sino también del resto de los problemas de los que venimos hablando en los últimos capítulos: depresión, autolesiones, ansiedad y pensamientos suicidas. Asimismo, reconocimiento de signos y síntomas de alarma. Sí; definitivamente **la información es poder** y ahí fuera hay miles de docentes que están esperando a que se les den todos estos recursos formativos y educativos para proteger a sus alumnos.
- **Voluntad para que los propios alumnos tengan formación continuada en estrategias de prevención del *bullying*.** Y no, no vale una charlita al año de una pediatra, de un psicólogo o del papá de uno de los alumnos que es policía, no; no es suficiente. ¿Acaso es suficiente una charla al año de matemáticas por parte de una eminencia para que adquieran las competencias que se les exigen en esa disciplina? ¿Verdad que no? Pues ¿cómo vamos a pretender combatir el *bullying* con una charla al año?

  Necesitamos formación continua en los programas escolares, donde se incluyan conocimientos tanto teóricos como prácticos de gestión emocional, de psicología, de resolución de conflictos y de salud mental. Sí; expliquemos a los niños y a los adolescentes qué ocurre cuando un individuo sufre *bullying,* o qué es la depresión, o la ansiedad, o que «desear desaparecer» es un pensamiento impropio de un niño o de un adolescente y que precisa de ayuda de un adulto que le escuche.

Enseñemos a nuestros niños desde bien pequeños a identificar sus propias emociones, a ponerles nombre, a verbalizarlas, a trabajar la empatía, la tolerancia, la diversidad, el amor por el prójimo y el compañerismo.

Y, por supuesto e imprescindible, enseñémosles la importancia de poner límites a los demás, de ser asertivos, de decir con respeto aquello que no te gusta. Grabémosles en el ADN que nadie tiene derecho a meterse con ellos, a insultarlos, a reírse, a humillarlos ni a chantajearlos, nadie. Y que, si lo hacen, deben denunciar.

Enseñemos a los alumnos qué deben hacer si son testigos de *bullying* y logremos que, al hacerlo, se sientan empoderados, en lugar de unos chivatos. ¡Acabas de salvar a un compañero de un sufrimiento terrible!

- **Necesitamos voluntad para que mejoren las leyes,** para que la inoperancia, la negligencia, el caso omiso y el abuso continuado sobre el vulnerable tenga consecuencias legales. Insisto, debemos proteger a la víctima y no esconderla, apartarla y acallarla. El hecho de que un niño o un adolescente se tire por un balcón a consecuencia del *bullying* es un terrible y doloroso fracaso de todo un sistema: el nuestro, el de los adultos. Y esto, lamentablemente, ocurre todas las semanas... ¡Nosotros somos quienes debemos proteger a nuestros jóvenes!

El colegio debe ser un lugar seguro. Los padres y las madres no podemos enviar a nuestros hijos a un lugar que no garantice su estabilidad física y mental. Por eso desde aquí quiero aplaudir a todas aquellas escuelas, que me consta que las hay, que son implacables en este asunto y animo a las demás a alzar la voz y exigir los medios necesarios para acabar con esta lacra que se está llevando la salud y, en algunos casos, la vida de nuestros hijos.

Y, por último, miremos lo que tenemos dentro de casa. **El ejemplo educa.**

Tú eres el espejo donde se reflejan tus hijos cada día.

Si te escuchan insultar al televisor cuando alguien que no es de tu agrado interviene, si te oyen reírte, mofarte o humillar en la mesa a un conocido que en esos momentos no está, si te ven perder el control al volante con amenazas e insultos, ¿cómo esperas que se comporte tu hijo en el patio del colegio?

Si de tu propia boca salen expresiones como «Esa es una payasa», «Tu profesor es un gilipollas y punto», «Esa, una gorda de mierda», «A la próxima que me adelante ese motorista le reviento», «Este camarero es un atontado»..., ¿qué esperas que diga tu hijo dentro de unos años?

Es más, si te dedicas a insultar en redes sociales, a faltar al respeto, a reírte de desconocidos, porque ten por seguro que llegará un día en el que tu hijo lea los comentarios que dejas en redes, ¿cómo esperas que responda él cuando tenga un móvil en la mano?

—Lucía, he leído los tuits que ha escrito mi padre contestando a otros en Twitter (o X, como parece llamarse ahora) y me he quedado muerta —me confesó consternada en una ocasión una adolescente.

Que se nos llena la boca al hablar de *bullying,* de acoso, de violencia, de suicidio y, sin embargo, cada día hay millones de adultos escribiendo auténticas barbaridades en los perfiles de personas a las que ni conocen personalmente. Insisto, comentarios que tus hijos leerán.

¿Sabéis qué me dice mi hijo cuando le pregunto por un titular leído en RRSS?

—A ver, a ver..., déjame leer los comentarios.

Es lo primero que hacen los jóvenes y, en base a muchos de esos comentarios, tristemente se forjan una idea de lo sucedido, sea real o, como suele suceder, no tenga nada que ver con lo que de verdad ha pasado.

Triste, pero real.

Así que, antes de hablar, piensa. Antes de escribir, piensa. **No tendrás una responsabilidad más grande en esta vida que educar a tu hijo.** Y no, no te preocupes tanto de si te escucha, te obedece o te hace caso, que como decía la madre Teresa de Calcuta: «No te preocupes porque tus hijos no te escuchen. Te observan todo el día».

Enséñales a tus hijos el valor de la amabilidad. Sé amable. Pero enséñales también que nadie tiene derecho a reírse de nadie.

Enséñales a ser asertivos y a poner límites: «No me gusta que me hables así». Y anímalos a alejarse de todas aquellas personas que no les hacen sentir bien. **Que a los padres nos preocupa mucho que nuestros hijos socialicen, pero no les damos recursos para alejarse de aquellas personas que no son buenas para ellos.** Esto también es importante.

Y no se trata de crear a pequeños seres desconfiados: todo lo contrario, muéstrales que la vida es bonita y que tiene un lado amable que es precioso, y que ahí fuera hay personas que los querrán por lo que ellos son, ni más ni menos, por su esencia y su bondad, ahí es donde está la grandeza del ser humano. Reconocernos, unirnos y caminar de la mano. Juntos.

Y ahora me dirijo a ti...: tú, que has sufrido *bullying*. Quizá esta carta no te llegue directamente, quizá tu padre o tu madre o quizá uno de tus profes te la ha dado para que la leas, pero el caso es que estas palabras son para ti. Toma asiento, por favor, coge aire y lee...

Ya está. Ya se terminó. Ya pasó todo. Fin. Has dado el tremendo paso y lo has logrado, has salido de ahí. Enhorabuena. Sé que es una victoria agridulce, que no la vives como tal, que no quieres ni oír hablar del tema, pero necesito que leas estas pocas líneas. Todos los que estamos a tu alrededor nos sentimos inmensamente orgullosos de ti, mucho, muchísimo.

Quiero que sepas que el problema nunca estuvo en ti. Jamás. Siempre estuvo en ellos, de principio a fin. Que nada de lo que hiciste o dijiste ha provocado esta situación. Nada. Que nadie tiene derecho a hacerte lo que te hicieron. Absolutamente nadie.

Quiero que entiendas que nada en tu cuerpo, en tu mente o en tu forma de ser está mal. Nada. Eres maravilloso. De hecho, el mundo debería inspirarse en personas como tú, mi cielo. Tú estás en ese grupo privilegiado de seres humanos en los que todos los demás deberíamos inspirarnos.

Quiero que tengas siempre presente que es tu luz, tu brillantez, tu maravillosa forma de ser la que deslumbra a los que no saben ver..., pobres; yo he terminado por compadecerme de todos ellos. Afortunadamente para el resto de las personas de este mundo, que somos muchos, tú eres alguien a quien admirar, a quien respetar y a quien amar incondicionalmente. Y eso es inmenso.

Cabeza alta, mirada al frente y sonríele a la vida, que, aunque ahora no lo creas, es preciosa. Rodéate de personas bonitas que te hagan sentir bonito y huye de los mediocres, ahora ya sabes cómo identificarlos, juegas con ventaja. 😉

Vive la vida intensamente, como tú desees, como tú decidas, así está bien, así estará bien. Siéntete y sé libre. Siempre libre. Ahora ya no habrá nada que te frene, la vida está a tus pies, sal ahí fuera y cómetela a bocados.

Yo confío en ti, pero también juego con ventaja, aunque sea por años de experiencia. Yo sé que vas a ser feliz, mucho, y que vas a hacer muy felices a las personas que tengan la suerte de acompañarte en este viaje, lo sé..., pero lo que quiero que hagas ahora es algo mucho más simple, es el principio de todo: que tú confíes en ti.

¡Hazlo, sin miedo, vamos!

Gracias por tu fuerza y valentía, siempre a tu lado,

Lucía

Y ahora quiero que les devuelvas este libro a tus padres, porque tengo algo muy importante que decirles.

Esta carta es para ti, madre o padre de un joven que ha sufrido *bullying*.

No te culpes. Venga, sécate las lágrimas y deja de culparte, por favor. Que sí, que lo sé... ¿Cómo no me pude dar cuenta antes? ¿En qué estaba pensando? ¿Por qué no me lo dijo cuando empezó todo? ¿Cómo no lo sospeché antes? Estaba demasiado ocupada y es mi culpa todo este sufrimiento...

¡Para! ¡Por favor! ¡No sigas! Escúchame, lo has hecho bien. Lo hacemos de la mejor manera que sabemos y podemos. Esto por fin ha terminado. Tu hijo/a ha tenido la valentía de salir de ahí y de contarlo, y eso es lo único que importa ahora mismo. Probablemente ese pequeño paso para la mayoría, inmenso para nosotras, ha sido lo más grande que haya hecho hasta ahora. Hay muchos jóvenes que no son capaces de darlo nunca. Ahora tienes ante ti la posibilidad de reconstruiros juntos, porque, escúchame, ahora empieza la reconstrucción y, aunque el camino no será del todo fácil (nada es fácil en la maternidad ni en la paternidad, ¿verdad?), será una oportunidad maravillosa de consolidar vuestra relación, estableciendo unos lazos indestructibles en el tiempo; unos lazos que perdurarán siempre. Has demostrado a tu hijo/a que estás. Y ahora ya sabe que estarás siempre, incondicionalmente. ¿Es o no es grandioso?

Enhorabuena por la persona tan maravillosa que has criado, que has educado y que a partir de ahora ya brilla con luz propia; eso también es mérito tuyo, nada sucede por casualidad. Disfruta de ahora en adelante de esa forma serena pero sentida que nos dejan los años y los daños... Acompaña su paso con esa mirada de orgullo y satisfacción por el trabajo bien hecho, ponte esa medallita que mereces y, como le he dicho a tu hijo/a: cabeza alta, mirada al frente y sonríele a la vida, que a pesar de todo es preciosa y es única y es nuestra.

¡A por ella!

Siempre tuya,

Lucía

13

Neuromitos: neurociencia y neuroeducación

«Entender cómo funciona el cerebro es el mayor desafío de la ciencia.» Con estas palabras exactas empezó el doctor Rafael Yuste, neurocientífico español, **catedrático de la Universidad de Columbia en Nueva York** y considerado por la revista *Nature* como uno de los científicos más influyentes del mundo, un discurso que me atrapó en una gala en la que ambos compartíamos galardón, aunque en disciplinas muy distintas. Su discurso me mantuvo cautiva durante días y días tras haber seguido durante años su trabajo en Estados Unidos en el campo de la investigación en neurociencia. Añadía el doctor Yuste:

> El cerebro, con sus 1.500 gramos de peso y sus más de 100.000 millones de neuronas, representa el órgano más complejo y desconocido del cuerpo humano. Conocer las estructuras nerviosas y anatómicas, así como su función en nuestro cerebro y en el resto de nuestro cuerpo, en nuestra forma de sentir, de aprender, de actuar y hasta de enfermar, es una materia muy compleja que se lleva estudiando desde hace siglos y de la que aún no sabemos cuestiones que son trascendentales..., aunque cada vez estamos más y más cerca.

Y qué razón tenía, porque, a pesar de los siglos de estudio, no fue hasta finales del siglo XIX y principios del siglo XX, con los descubrimientos del gran Santiago Ramón y Cajal, primer premio nobel de Medicina español en reconocimiento de su trabajo sobre la estructura del sistema nervioso, cuando el estudio del cerebro dio un salto sustancial que conformó el inicio de la neurociencia moderna tal y como la entendemos ahora.

La teoría neuronal de Cajal, que reconoce a las neuronas y las conexiones que estas establecen unas con otras en lo que llamamos sinapsis, supuso la mayor revolución en el campo de la neurociencia de todos los tiempos. Aun así, como apunta el doctor Rafael Yuste, nos queda un largo recorrido en investigación, pues el cerebro sigue siendo, hoy por hoy, el gran desconocido.

La neurociencia moderna es el resultado del estudio de varias competencias científicas, entre las cuales están la anatomía, la embriología, la fisiología, la bioquímica, la farmacología, la psicología, la psiquiatría, la neurología, la genética o la física, entre otras, y a las que se han sumado disciplinas más modernas, como la bioingeniería o la computación. Es por todo ello que entenderéis que hablamos de asuntos muy complejos, de los que, a pesar de lo mucho que hemos avanzado y descubierto, aún hay un campo muy amplio y maravilloso por descubrir.

Y, como sucede en estas situaciones en las que en relativamente poco tiempo se han descubierto tantas cosas, los mitos y las falsas creencias siguen campando a sus anchas. Veamos los más comunes para que en la próxima cena con tu cuñado puedas rebatirle con argumento.

CREENCIAS POPULARES

Mira que da de sí el cerebro, a pesar de su kilito y medio de peso. Y es que todos queremos tener los niños más listos, más graciosos, más espabilados y más precoces del mundo. Y en base a eso la «sabiduría» popular ha tejido toda una red de falsas creencias que tratan de justificar que todos, de una manera o de otra, podemos ser listísimos. Y lo cierto es que no. «Aprende a utilizar un 10 % más de tu cerebro y lograrás cosas increíbles», «Los diez alimentos que convertirán a tu hijo en un superdotado», «La música que transforma cerebros y crea genios»... Todos ellos parecen titulares de una serie de Netflix, y de las malas, pero se alejan mucho de la realidad, al menos de la realidad que sí conocemos.

Ya hemos aprendido que querer no siempre es poder y que repetir un mito mil veces no lo convierte en verdad. Por lo tanto, a pesar de la importancia de la genética en todo este asunto, a pesar también del impacto del ambiente y de la educación durante la infancia y la adolescencia, que es innegable, aún nos queda mucho por aprender de nuestro órgano pensante.

Hoy vamos a repasar lo que ya se ha demostrado en infinidad de estudios científicos que no es como nos lo han contado... ¿No os parece fascinante la ciencia? Una no deja nunca de aprender.

Uy, qué cabeza más grande tiene el chiquillo, eso es que va a ser listísimo

Mito. Una cosa es que el chiquillo tenga la cabeza grande porque su padre, o su madre, o ambos tienen la cabeza grande, y otra muy diferente es **la macrocefalia.** La macrocefalia es el crecimiento del perímetro cefálico por encima de dos desviaciones estándar para la media de edad y sexo de ese niño. Es decir, medimos la circunferencia de la cabeza a la altura de la frente con una cinta métrica y trasladamos su valor a unas gráficas de percentiles similares a las que usamos con el peso y la talla. Y en esas gráficas vamos viendo la evolución de crecimiento de esa cabeza durante los primeros dos años de vida. Pues bien, si nos encontramos en percentiles superiores al P97 u observamos un crecimiento rápido y excesivo de ese perímetro cefálico, es cuando los pediatras nos ponemos en marcha para investigar cuál podría ser el origen.

La mayor parte de las veces una cabeza grande en un niño es fruto de un padre o madre con cabeza grande. Punto.

Por eso es muy importante que, ante estas consultas médicas, acudáis ambos. Más que nada porque a mí me ayuda veros a los dos y me evita la incómoda pregunta de «¿El padre es cabezón?»,

«¿La madre es cabezona?». Preguntas que obviamente disfrazo tras una sonrisa y un «¿Por alguna casualidad la cabeza de tu pareja es llamativamente grande?».

Aunque en ocasiones son las abuelas las que nos sacan de dudas:

—Uy, mi hijo, qué lata dio con esto. Era un cabezón y al pediatra lo traía loco. Oye, eso sí, por ahí iba con su cabezabuque, pero más listo que un rayo; míralo, él, ahora ingeniero, doctora, in-ge-nie-ro —me dijo en una ocasión una abuela con todo su desparpajo mientras su hijo, con sus cuarenta años cumplidos, miraba a su madre con ojos de asesino...

Desde entonces, cada vez que venía aquel padre por la consulta, yo no podía borrar de mi memoria aquello de «cabezabuque».

No quise contradecir a aquella mujer que presumía orgullosa de hijo, ¡como debe ser!, pero cabeza grande no implica altas capacidades intelectuales. No tiene nada que ver. El tamaño (de la cabeza) importa, pero no para la inteligencia.

Y ahora, volviendo a la ciencia, el tamaño de la cabeza guarda una estrecha relación con:

- El volumen del cerebro.
- El grosor de la sustancia gris y de la sustancia blanca del cerebro.
- El volumen de líquido cefalorraquídeo. Cuando este es excesivo, se produce una patología que denominamos ***hidrocefalia,*** que hace aumentar el perímetro craneal rápidamente y nos pone en alerta a los pediatras para iniciar estudio.

Por eso, si en la gráfica de los percentiles el tamaño de la cabeza de tu hijo se sale tanto por arriba como por abajo, nosotros los pediatras valoraremos si se debe ampliar estudio dentro del contexto de lo que llamamos *macrocefalias* o *microcefalias*.

Utilizamos el 10 % de nuestro cerebro

Mito. La neurociencia lo ha desmentido en infinidad de estudios a lo largo de los últimos años, pero los hay que siguen dándolo por cierto y defendiéndolo con una vehemencia que convence a casi cualquiera. Digo casi porque a ti que estás leyendo este libro ya no te va a convencer. No, no utilizamos solo un 10 % de nuestro cerebro. **Casi en cualquier tarea que realizas estás utilizando la totalidad de tu cerebro.** Se activan distintas zonas y áreas cerebrales que a su vez están interconectadas unas con otras en un todo. Y no, no es cierto que si en lugar de un 10 utilizásemos un 20 % de nuestro cerebro seríamos más inteligentes, no. Las personas más inteligentes no activan más zonas de su cerebro, sino que las conexiones se establecen de forma diferente, digamos que lo hacen de una manera más eficiente, pero el cerebro igualmente funciona como un todo.

Los bebés que escuchan a Mozart serán más inteligentes

Mito. A finales de los años noventa se popularizó la idea de que los bebés y niños que escuchaban la música de Mozart tendrían un mayor cociente intelectual en lo que se denominó el ***efecto Mozart,*** que fue acogido con gran entusiasmo por parte de la sociedad y los medios de comunicación. Esto hizo que se multiplicara de una manera abrumadora la venta de todo tipo de artilugios para que embarazadas, recién nacidos y niños pudieran disfrutar de la obra de dicho compositor y, de paso y por encima de todo, tener hijos más inteligentes.

Sin embargo, en aquel momento no existían datos ni registros serios sobre investigaciones hechas con bebés, dado que los estudios se habían realizado con jóvenes universitarios a los que se les propuso escuchar la *Sonata para dos pianos en re mayor, K. 448,* de

Mozart, durante diez minutos antes de hacer los test. El resultado fue que los que escuchaban a Mozart obtenían mayor puntuación en inteligencia visoespacial, que estos efectos duraban quince minutos y que luego desaparecían.

Antes de que se pudiera avanzar en estudios mucho más serios, rigurosos y realizados en niños, el sensacionalismo ocupó todos los medios de comunicación y la prensa se llenó de titulares en la misma línea: escuchar a Mozart hacía a los niños más inteligentes y aumentaba el cociente intelectual de los adolescentes. Como resultado, solo en esos pocos años del final de la década de los noventa se vendieron unos **dos millones de discos** de música de Mozart para niños con este fin.

Escuchar música tiene innumerables efectos beneficiosos para la salud, esto es innegable, y la bibliografía científica es muy amplia al respecto, pero no, escuchar la obra del gran Wolfgang Amadeus Mozart no hace que los niños y niñas sean más inteligentes.

NI SUPERPODERES NI FALTA DE ELLOS

A medida que la neurociencia ha ido avanzando, una se da cuenta de lo casi perfecto que es nuestro cerebro, de cómo sin buscarlo él mismo se regula, se ajusta, aprende, sobrevive, potencia lo que considera que será útil y elimina lo superfluo. Es impresionante ser consciente de este engranaje milimétrico de nuestra maquinaria y al mismo tiempo de cómo este se puede ir al traste cuando aparece una patología que ponga en riesgo este equilibrio. El milagro de la vida y la vulnerabilidad ante la enfermedad...

Las neuronas, una vez que se mueren, ya no se regeneran

Mito. Es probable que hayas oído alguna vez que las neuronas son las únicas células de nuestro cuerpo que, una vez muertas, no se regeneran. Pues bien, esto no es así. Ya se ha demostrado en distintos estudios que sí nacen neuronas nuevas a lo largo de toda nuestra vida, con capacidad de memoria y aprendizaje, aunque la velocidad de creación de estas nuevas neuronas con el paso de los años se va enlenteciendo. Esto ocurre siempre y cuando no haya una enfermedad como el alzhéimer, por ejemplo, que lo impida.

«A pesar de producirse una ligera reducción en la cantidad de neuronas generadas durante el envejecimiento, un gran número de estas neuronas se encuentra aún presente en individuos que no padecen ninguna enfermedad neurológica al menos hasta los 87 años de edad», explica **María Llorens-Martín,** investigadora en el Centro de Biología Molecular Severo Ochoa (centro mixto del CSIC y la Universidad Autónoma de Madrid) y autora de un reciente estudio publicado en la revista *Nature*.

Es decir, que hasta al menos los 87 años seguimos generando neuronas nuevas. ¿No es fantástico?

La letra con sangre entra

Refrán popular que venía a decirnos que, por las buenas o por las malas, pero que sí o sí tenías que estudiar la lección. Nada más lejos de la realidad.

El cerebro premia todo aquello que venga asociado a una emoción agradable: «Si me hace sentir bien, si me estimula, si me divierte, si me activa..., es que es relevante, lo recordaré mejor». **Por eso el juego como mecanismo de aprendizaje es tan sumamente importante, porque es la herramienta más efectiva para que los niños y niñas aprendan.**

Por el contrario, fundamentar el aprendizaje en el miedo, en el acoso o en la amenaza lo que hace es poner al cerebro en alerta y generar un rechazo hacia eso que le ha provocado esas emociones tan intensas que sentimos cuando hay un peligro inminente. ¿Qué haces cuando sientes miedo? ¿Qué haces cuando escuchas una explosión y ves fuego? Huyes, ¿verdad? **Pues si fundamenta-**

mos la educación en el miedo y la amenaza lo más probable es que ese niño no tenga ningún interés en el futuro para seguir aprendiendo cosas, para ir al colegio o para avanzar intelectualmente.

Los ingredientes preferidos en la receta ideal de nuestro cerebro para aprender son: juego, curiosidad, sorpresa, diversión, motivación, entretenimiento y emoción.

—Mamá, no me gustaban nada las mates hasta este año. Tengo un profesor tan genial que ahora me encantan y encima he descubierto que se me dan bien. Jo, es que sus clases son una pasada... Me lo paso genial.

Esto lo escuchamos en muchos de los hogares donde convivimos con adolescentes. No son las mates las que han cambiado, no se han vuelto fáciles de repente; es la emoción que generan en nuestros hijos lo que ha hecho que, casi por arte de magia, les gusten, les diviertan, les apasionen y, como consecuencia de todo ello, nuestros hijos mejoren sus notas en esa disciplina. Y quien dice mates dice historia, dice inglés o dice literatura. Todos recordamos a aquel profesor que consiguió que detestáramos una materia o, por contra, consiguió que la adoráramos, ¿verdad?

En casa, cuando nuestros hijos son más pequeños, ocurre algo parecido.

Creemos que jugar con nuestros hijos es matar el tiempo y en realidad es ganar tiempo y contribuir positivamente en su neurodesarrollo.

La Academia Americana de Pediatría lo tiene claro en su último informe clínico titulado *El poder del juego: su función pediátrica para mejorar el desarrollo de los niños pequeños,* donde explica cómo y por qué jugar con sus progenitores y otros niños es fundamental para formar mejores cerebros, cuerpos y vínculos sociales. Y esto se encuentra en consonancia con lo que ya ha descubierto la neurociencia en el terreno de la neuroeducación, y es que jugar puede mejorar las capacidades de los niños para planificar, organizar, mejorar sus vínculos afectivos y relaciones sociales y regular sus emociones, además de ayudar en el lenguaje, las destrezas matemáticas e incluso a sobrellevar el estrés.

Sin contar con que **el juego es un derecho fundamental de la infancia recogido en la Convención de los Derechos del Niño** ocupando un lugar tan importante como la educación, la salud o la protección.

Dicho sea de paso, recordemos que la Convención sobre los Derechos del Niño es un tratado con 54 artículos que recogen los **derechos humanos, económicos, sociales, culturales, civiles y políticos** de todos los menores de dieciocho años y que obliga a los Gobiernos a cumplirlos. Fue proclamada y adoptada por la Asamblea General de la ONU el 20 de noviembre de 1989 y se convirtió en ley en 1990:

> La Convención sobre los Derechos del Niño es el tratado de derechos humanos más ratificado de la historia y los 196 Estados que la han ratificado tienen que rendir cuentas sobre su cumplimiento al Comité de los Derechos del Niño. Hoy podemos afirmar que su adopción es casi universal, siendo aceptada por todos los países del mundo con la única excepción de Estados Unidos.

Los niños a los que se les habla en dos idiomas tardan más en hablar

Mito. Son muchos ya los estudios que confirman que los niños a quienes se les habla en dos o más idiomas empiezan a hablar al mismo tiempo que aquellos a los que se les habla en un único idioma. Y que, lejos de ser una desventaja o entorpecer su desarrollo, el bilingüismo resulta ser todo lo contrario.

Annick De Houwer, de la Universidad de Erfurt (Alemania), investigadora y especialista en bilingüismo en la infancia, sostiene: «No existe base científica para afirmar que recibir dos o más idiomas conduzca a retrasos o desórdenes en la adquisición del lenguaje».

En el año 2002, L. Petitto, neuróloga especializada en desarrollo cognitivo, y la psicóloga S. Holowka, publicaron un **estudio muy**

exhaustivo que revisaba múltiples publicaciones realizadas hasta la fecha, y sus conclusiones fueron prácticamente iguales:

> Nuestra conclusión más clara y contundente es que la exposición temprana al bilingüismo no genera retraso en la consecución de los hitos lingüísticos clásicos. Tampoco causa confusión respecto a las bases semánticas y conceptuales del lenguaje. Y esto es cierto en relación a cada uno de los dos idiomas del joven bilingüe.

Los niños bilingües a los que se les habla en dos idiomas desde que nacen tienen peor rendimiento escolar y van más lentos. Es que hablarles en dos idiomas los confunde

Pues ya hemos visto que no. El bilingüismo no tiene efectos negativos en el desarrollo de los niños, sino que incluso ejerce una influencia positiva sobre el cerebro. Las investigaciones demuestran numerosas ventajas académicas:

- Mayor capacidad para resolver problemas.
- Mayor capacidad para tomar decisiones.
- Mayor capacidad para desempeñar tareas múltiples.
- Mayor flexibilidad cognitiva, lo que mejora la concentración y la creatividad.

Además, las personas bilingües son más eficientes a la hora de llevar a cabo tareas que requieren determinadas destrezas, como:

- Concentrarse.
- Ignorar estímulos superfluos.
- Focalizar su atención para la resolución de problemas.

Digamos que las personas bilingües están acostumbradas a que su cerebro esté eligiendo continuamente (un idioma u otro) y esto hace que en general, en la vida cotidiana, tomen decisiones más acertadas.

Según el estudio «Los efectos del crecimiento bilingüe en la función ejecutiva de los niños pequeños», publicado por *Journal of Experimental Child Psychology:*

> A nivel neuronal, **el bilingüismo mejora la «flexibilidad cognitiva»,** el cerebro trabajará a otra velocidad, ampliando la capacidad auditiva del niño y por consiguiente mejorando el desarrollo de las regiones cerebrales asociadas a las funciones ejecutivas. Es decir, aquellas tareas que requieren control inhibitorio, memoria de trabajo visuoespacial o flexibilidad cognitiva.

Pero es que, además, el bilingüismo puede contribuir así a retrasar los síntomas de la demencia y supone un factor protector de enfermedades como el alzhéimer.

Como veis, el cerebro no es poca cosa y cuanto más sabemos, más necesidad tenemos de seguir investigando, aprendiendo y hallando respuestas a los grandes enigmas del pensamiento humano.

Dice **Neil deGrasse Tyson,** astrofísico, escritor y divulgador científico estadounidense:

> Todo lo que hacemos, cada pensamiento que hemos tenido, es producido por el cerebro humano. Pero exactamente cómo funciona sigue siendo uno de los mayores misterios sin resolver y parece que, cuanto más investigamos sus secretos, más sorpresas nos encontramos.

Así que intentemos educar a nuestros hijos con esa mente abierta, despierta y curiosa del científico que está dispuesto a seguir aprendiendo, pero con ese corazón sensible, generoso y compasivo que todos necesitamos para seguir viviendo en paz y en equilibrio.

14

Dardos envenenados

¿En qué momento nos hicieron creer que el que la sigue la consigue, que querer es poder y que una vez llegamos a este mundo estamos en manos del destino, así que, simplemente, «que pase lo que tenga que pasar»?

¿De verdad hubo un momento en el que nos creíamos todo esto? **¿Habrá algo más desesperanzador y castrante en cuanto a talento, esfuerzo, motivación y crecimiento?**

Vayamos por partes.

Querer es poder

Por supuesto que no. Yo puedo querer tener una mansión en Costa Esmeralda en Cerdeña con un yate en mi embarcadero privado y otra en los Alpes suizos con un balcón colgante desde el que pueda ver el amanecer cada día, pero obviamente desearlo no lo hará realidad. También puedo querer ganar unos juegos olímpicos a mis 45 años en la categoría de cien metros lisos cuando las únicas carreras que he echado han sido las que hacía detrás de mis hijos pequeños cuando no querían darme la mano en la calle. También es evidente que no lo lograría.

Puedo querer dormir ocho horas seguidas sin un solo despertar y ya no lo consigo nunca, o puedo querer dejar de preocuparme cuando mis hijos adolescentes salen por la noche y, aunque no me genera ansiedad, no puedo evitar pensar que están fuera y no dentro.

Puedo querer sacarme la carrera de Psicología u optar por una nueva especialidad, como Psiquiatría, hacer un máster en gestión empresarial en Estados Unidos, tres cosas que me encantaría hacer, y es obvio que necesitaría un par de vidas más para ello.

Querría también no tener que levantarme a las 6:30 de la mañana todos los días para ir a trabajar y me encantaría que mi jornada laboral no superara las cuarenta horas semanales, pero actualmente todo ello es sencillamente inviable.

Quiero que mis hijos no sufran, quiero que se relacionen con buenas personas, quiero que estudien y se labren un futuro digno. Quiero cenar con mi chico al menos una vez a la semana, tranquilos, solos, sin interrupciones ni prisas, con un final feliz, como nos merecemos, de esos que te dejan con la sonrisa tonta durante un par de días mientras la gente te observa guiñando ligeramente los ojos y pensando: «Y a esta, ¿qué le pasa que trae hoy esa sonrisita...?». Todo eso quiero en lugar de mirar el reloj en mitad de la cena y decir: «Uf, qué tarde es, vámonos a dormir, que mañana hay que madrugar», tumbarte en la cama y no ser consciente de quién fue el último en dar las buenas noches o siquiera si alguno de los dos abrió la boca al apoyar la cabeza en la almohada.

En realidad, quiero tantas cosas.

Quiero cosas tan profundas y universales como «Por favor, que ninguno de mis hijos tenga una enfermedad grave», así como livianas, del tipo «Quiero comer sin engordar, por el amor de Dios, que es oler la barbacoa del vecino y ponerme dos kilos encima».

Pero, desgraciadamente, QUERER NO SIEMPRE ES PODER. Y no, no deberíamos grabarles a fuego esto a nuestros hijos, porque habrá cosas que, por mucho que deseen, no podrán hacer, ya sea por limitaciones económicas, físicas, personales, profesionales o intelectuales. No, no todos podemos hacerlo y lograrlo todo. No. La vida no va de esto.

Y no es una visión negativa ni oscura de la vida: todo lo contrario. A mí este pensamiento me ha ayudado muchísimo a centrar el foco, el mío y el de mis hijos.

Hazte estas preguntas:

- ¿En qué eres bueno o buena? Pues ahí es.
- ¿Qué te gusta, qué te apasiona? Pues ahí es.
- ¿Dónde te ves realmente en unos años? ¿Qué estás haciendo para llegar hasta ahí? ¿Qué pasos has dado o qué pasos vas a dar? Este es el inicio de todo.

Y esto es algo que debemos repasar con nuestros hijos periódicamente.

¿Tu hijo no es especialmente bueno en artes, no le gusta dibujar, no es muy creativo? No pierdas el tiempo en clases de pintura, de dibujo o de arte. Por mucho que a ti te encante el dibujo.

¿Le encantan las mates? A por ellas. Cómprale juegos de lógica, numéricos, busca actividades que le estimulen, que le motiven.

¿Le gusta el deporte? No desaproveches esa oportunidad. El deporte es vida. Apúntalo a distintas disciplinas hasta que encuentre la suya, si la tiene, y si no, da igual, se estará moviendo, estará desarrollando su potencial, estará ayudando a su cuerpo y su mente a crecer sanos y felices.

¿Le gusta leer, escribir, es creativo? Vamos, a por ello. Lee con él o con ella, ve a la biblioteca, a museos, busca actividades que le estimulen intelectualmente. Quizá tenéis pensado hacer un viaje: busca referentes en ese lugar que hagan de esa experiencia algo inolvidable.

CENTRA EL FOCO

—¿Qué has hecho este verano, Marta? —le pregunté a una pequeña paciente el año pasado.

—Estuve en Londres con mis padres —dijo sonriente.

—*Wow!* ¡Qué chulo! ¿Y qué fue lo que más te gustó de Londres? —le pregunté con curiosidad real.

—De Londres, no sé..., no me acuerdo mucho —dijo encogiéndose de hombros ante la mirada atónita de sus padres—. Pero—añadió— ¡fue el mejor viaje de mi vida! —sentenció alzando las cejas y regalándome una sonrisa de oreja a oreja.

—Ah, ¿sí? No me digas, cuenta, cuenta. ¿Y eso? —la animé para que prosiguiera.

—Pues porque hicimos un *tour* guiado de Harry Potter y fue... increíble —contestó echándose hacia atrás en la silla, asintiendo con la cabeza y espirando profundamente.

La pequeña Marta llevaba años leyendo *Harry Potter* y hacer esa actividad fue tan impactante que lo describió como el mejor viaje de su vida. ¡Bravo! Unas semanas después me confesó que estaba escribiendo su primera novela... ¡Una niña de diez años y estaba escribiendo su primera novela! Quizá no acabe en nada, o quizá sí, quién sabe. Yo a su edad ya escribía relatos cortos y poesía y cuentos infantiles. Pero indudablemente, llegue o no llegue, ese es el inicio de todo: una pasión, un impulso, una visión de las personas adultas que la rodean. A partir de ahí viene todo lo demás: esfuerzo, perseverancia, constancia, derrotas, sacrificio y horas, muchas horas de trabajo. Así sí tiene posibilidades Marta y cualquiera de lograr sus sueños.

Soñarlo no es suficiente.

—¿Qué es eso que escribes, Lucía? —me preguntó mi madre curiosa al verme durante días escribiendo en unas hojas que yo misma había grapado a modo de libro.

—Estoy escribiendo un cuento —contesté airosa a mis ocho años de edad.

—¿Ah, sí? ¿Y de qué va el cuento? —preguntó mi madre con auténtico interés.

—Pues es *El cuento de la W* y va de una letra, la W, que está muy triste. Es infeliz.

—¿Y por qué? —preguntó mi madre, conectando de una forma sincera con esa emoción, la tristeza.

—Pues porque vive en España y aquí la W casi no se utiliza y ve como todas sus amigas, el resto de las letras, están en todos los lugares que te puedas imaginar y ella no. Solo la sacan para señalar los aseos en algunos restaurantes, junto a su amiga la C.

Mi madre me miraba atónita y orgullosa al mismo tiempo. Recuerdo que no supe interpretar bien su cara de incredulidad y añadí:

—Sí, mamá. ¿No te has fijado en que, en algunos baños, en lugar de «aseos», pone WC? Pues ahí está la W.

—Claro, claro —asentía mi madre con los ojos como platos.

—Bueno, pues el caso es que decide irse a Madrid a probar suerte, porque al ser la capital a lo mejor ahí hay más movimiento. Pero al coger el avión resulta que se equivoca y al aterrizar... ¿Cuál es su sorpresa? Que de pronto se ve en un cartel gigante de aquel lugar: NEW YORK. ¡Qué emoción más grande, mamá! De pronto sentirse útil, sentirse querida e importante, allí arriba, tan grande, en un nombre tan conocido como New York. ¡Por fin podía ser útil a la sociedad!

La historia era mucho más larga, esto era solo el principio; a la pequeña W le pasaban infinidad de aventuras en Estados Unidos hasta que finalmente decidía volver a España, su tierra, el lugar donde había nacido.

Mi madre, tras terminar de escuchar la historia completa, corrió a contársela a mi padre.

«Pero ¿de dónde ha sacado todas esas ideas?», se preguntaban mis padres.

Yo, una niña que por aquel entonces casi no había salido de mi Oviedo natal más que para pasar los veranos en Benidorm tras trece larguísimas horas de carretera, en una época en la que en la tele había dos canales, la Uno y la Dos, y en la que, por supuesto, no había internet, ni móviles, ni ordenadores y la única información externa que me llegaba era de la revista *Súper Pop* que le robaba a mi hermano José cuando no se daba cuenta. Pero era una niña curiosa a la que sus padres siempre le habían contado cuentos e historias, a la que siempre le regalaban libros y que, a medida que fue creciendo, leía los libros de la mesita de noche de sus padres en lugar de los suyos propios de El Barco de Vapor.

Mis padres, con las mismas, me animaron a enviar el relato a un concurso de literatura infantil.

—Vale, pero yo lo paso a máquina —dije decidida.

Y lo intenté, vaya que si lo intenté. Pero recuerdo que mis deditos rechonchos se colaban entre las teclas de la máquina y no era capaz de hacerlo correctamente.

Mi padre, con toda la paciencia que le caracterizaba, sentado a mi lado, me iba instruyendo, pero no era suficiente, así que, finalmente, bajé los brazos, me rendí y le dije:

—No puedo, papi. No podemos presentarlo así de sucio. Hazlo tú. Pero yo me quedo aquí y te lo voy dictando, que tiene que ser tal cual lo he escrito yo.

Y así pasamos la tarde, mientras mi madre entraba y salía del despacho muerta de la risa.

Los días pasaron y una mañana cualquiera mi padre entró por la puerta de la cocina con una carta y una sonrisa de oreja a oreja.

—Luci, mi amorín, que has ganado. ¡Has ganado el primer premio de literatura infantil!

Aquel día fue una fiesta. ¿El premio? Ver mi cuento publicado en una revista con una tirada de varios cientos de ejemplares y un lote de libros que nunca llegó, motivo por el que me pillé un cabreo monumental y quise escribir al director para quejarme.

Sin embargo, el enfado se me pasó pronto. Recuerdo sentir una alegría inmensa cuando vi mi nombre impreso:

«*El cuento de la W,* por Lucía Galán Bertrand. 8 años».

Así que soñarlo, como os decía, no es suficiente. Cuánto les debo a mis padres por cada uno de esos empujones que me hicieron saltar del nido, perder el miedo y volar tan alto...

Pero, entonces, ¿no debería intentar todo lo que desee?

Los sueños hay que aterrizarlos y convertirlos en planes. De lo contrario se quedan en el limbo de lo inalcanzable, en la mansión en Costa Esmeralda o en la taza de té tras una cristalera viendo los copos de nieve caer en mitad de los Alpes suizos. «Los sueños, sueños son», ¿no? Ya lo decía Calderón de la Barca. Pues eso.

Los sueños se sueñan, claro que sí, y se visualizan, se sienten y se disfrutan incluso..., pero los sueños también se trabajan, se sudan, se madrugan, se lloran a veces y se persiguen día tras día.

«Las ideas no duran mucho. Hay que hacer algo con ellas», decía el gran Santiago Ramón y Cajal y qué razón tenía.

Así que no caigas en el simplón «Querer es poder» y transmite a tus hijos el valor de soñar y de crear.

Anímalos a perseguir ese sueño en la vida real, con sus circunstancias personales, iniciando un camino en el que sin lugar a dudas habrá esfuerzo y habrá sacrificio, pero también habrá alegrías en cada uno de los logros. Que el éxito no radica tanto en una única meta. Por el camino nos vamos encontrando con maravillosas recompensas que hacen que este viaje merezca la pena de verdad: personas a las que no pensabas que encontrarías y que de pronto aparecen para iluminarte el camino. Momentos emocionantes y sentidos que no esperabas vivir y de pronto los vives, oportunidades que no creías que tendrías y un día se abren ante tus ojos...

Esa es la magia de la vida, el aprendizaje constante, con esa mirada siempre abierta, curiosa y preparada para disfrutar de los pequeños placeres que nos brinda, y con esas espaldas recias que irás forjando para sobrellevar cada una de las batallas en las que te veas inmerso, que las habrá...

Así que querer no siempre es poder y... ¡menos mal! ¿Os imagináis un mundo donde lográramos lo que quisiéramos con tan solo desearlo? ¿Os imagináis a niños creyendo eso? ¿A adolescentes que piensan que, con lanzar su deseo al universo, este se lo devolverá hecho realidad? No, por favor...

«QUE SEA LO QUE DIOS QUIERA...» Y OTRAS FORMAS DE PERDER EL OPTIMISMO

¿Habrá frase menos alentadora que esta? Dejando a un lado nuestras creencias e ideologías, demos un paso más. Ante la adversidad, tenemos dos caminos principales que tomar: «Pues esto es lo que me ha tocado vivir; aquí me quedo. ¿Qué le vamos a hacer? Que venga lo que tenga que venir...».

O «De acuerdo, esto es lo que ha ocurrido, ya no lo puedo cambiar, pero ¿ahora qué? ¿Qué puedo hacer? ¿Cuáles son los próximos pasos? ¿Qué está en mi mano y qué no depende de mí? ¿Qué me puede ayudar a sentirme mejor? ¿Hacia dónde avanzar? ¿Puedo solo? ¿Pido ayuda? No ha salido como esperaba, pero... ¿y si descubro algo interesante por el camino? Me va a llevar más tiempo, vale, pero ¿quién me dice que no llegaré a lo que busco? ¡Empecemos!».

¿Cuántas veces os ha pasado que lo que *a priori* parecía una adversidad se convirtió en una oportunidad de mejora, de crecimiento, de descubrimiento de algo o de alguien que posteriormente ha traído mucha alegría y mucha paz a tu vida?

Y la diferencia entre estar en el lugar de la desesperanza y la inacción o en el otro no está en la suerte ni en la motivación. **Hacer cosas cuando estás motivado es facilísimo.** La motivación está sobrevalorada. El verdadero reto, la hazaña, se encuentra en seguir haciendo cosas, seguir caminando, seguir avanzando, seguir subiendo peldaños, aun no estando motivado. ¡Claro! Ahí está lo difícil. Adquirir el compromiso de seguir, de continuar, de avanzar, de dar pasos, aunque estos sean cortos, aunque a veces te tiemblen las piernas, aunque tengas incluso que hacer descansos y parar, por supuesto que sí; pero con la mente siempre en el horizonte.

«Si no puedes volar, corre; si no puedes correr, camina; si no puedes caminar, gatea. Sin importar lo que hagas, sigue avanzando hacia delante.»
MARTIN LUTHER KING JR.

No, a mí no me gusta ir al gimnasio, no lo disfruto nada. Pero voy. Y voy porque es bueno para mi salud física y mental, voy porque a medida que voy cumpliendo años es más difícil mantenerte en tu peso sin morirte de hambre, voy porque mi salud ósea y metabólica lo necesita como el respirar, voy porque mi salud mental es mi prioridad y el ejercicio me resetea, me reinicia y oxigena cada célula de mi cuerpo, cuerpo que podría ser mejor, sí, sin duda, pero es el que tengo y en él está puesta toda mi esperanza de vida, de salud y de plenitud.

Y volviendo al «que sea lo que tenga que ser», ¿qué hay detrás de esta frase?

LA INDEFENSIÓN APRENDIDA

Os contaré un concepto que se usa en psicología que me fascina, la **indefensión aprendida,** y que me parece importantísimo cuando hablamos de niños, de adolescentes y de educación.

El concepto de indefensión aprendida fue desarrollado por Martin Seligman, psicólogo americano, y su equipo en el año 1975. Se refiere a la condición de un ser humano o animal que ha «aprendido» a comportarse pasivamente ante una situación adversa, ya que tiene la sensación y el convencimiento de no poder hacer nada para cambiar su entorno, aun existiendo oportunidades reales de cambiarlo. Esto se suele desarrollar tras varias experiencias negativas en el sujeto. En resumen, el «para qué intentarlo si ya sé que todo me va a salir mal». El doctor Seligman desarrolló esta teoría tras experimentar con animales y observar cómo reaccionaban ante situaciones adversas.

Años después llegó la investigadora Charisse Nixon, doctora en Psicología del Desarrollo y directora de Investigación y Evaluación del Proyecto Ofelia, y realizó un experimento en el aula de un instituto para demostrar cómo es posible inducir de forma deliberada y premeditada la indefensión en un grupo de personas. El vídeo es impactante y os animo a verlo. En él se observa como la doctora Nixon entrega una hoja a cada alumno de la clase y les dice que hay tres ejercicios muy sencillos. Las instrucciones son claras:

—Le vais a dar la vuelta a la hoja, vais a leer el primer ejercicio. Cuando tengáis la respuesta, sin decirla, vais a levantar la mano.

Así lo hicieron todos los alumnos. La mitad de la clase levantó la mano rápidamente y la otra mitad no la llegó a levantar.

—Ahora vamos con el segundo ejercicio. En cuanto tengáis la solución, levantad la mano, por favor.

A los poquísimos segundos, la misma mitad de la clase levantó el brazo ante la mirada atónita e incrédula de la otra mitad.

—Y, por último, vamos con el tercer ejercicio.

En este último ejercicio, ocurrió algo parecido, aunque algún alumno más logró levantar la mano. Los que no llegaron a levantar la mano se sentían abatidos.

«¿Cómo puede ser que la mitad de mis compañeros supieran la respuesta en un tiempo récord mientras yo ni siquiera sé por dónde van los tiros? ¿Tan poco inteligente soy?», pensaban muchos de ellos.

Una vez terminado el ejercicio, la psicóloga dijo:

—Bien, os quiero explicar que no todos teníais la misma hoja. Había dos tipos. En esta mitad —dijo señalando al grupo que había levantado la mano rápidamente—, los dos primeros ejercicios eran sencillos, pero, en este otro grupo, esos ejercicios no tenían solución.

Los alumnos miraron sorprendidos a la profesora.

—Pero ¿qué ocurrió con el tercer ejercicio? —preguntó la doctora Nixon—. Que era el mismo para todos. Antes de seguir, quiero hacer una pregunta al segundo grupo, los que no levantasteis la mano en las dos primeras preguntas: ¿cómo os sentisteis?

Enseguida los chavales hablaron: «Me sentí un estúpido», «Me sentí confusa», «Yo, agobiado», «Yo me estresé», «Yo no entendía qué estaba pasando», dijeron uno a uno.

—Lo siento, chicos, tenía que hacerlo —se excusó la psicóloga—. ¿Y qué ocurrió en el tercer ejercicio, que era igual para todos? Que la mayoría de vosotros tampoco levantasteis la mano —les dijo a este segundo grupo—. Esto es lo que se llama *indefensión aprendida.*

Los sentimientos negativos generados en apenas cinco minutos acerca de ellos mismos disminuyeron su propia confianza y su autoestima hasta tal punto que esto afectó a su capacidad real de resolver el tercer ejercicio que se les planteó.

¿Qué os parece? Impactante, ¿verdad? ¿Sois capaces de trasladar esto a vuestros hijos, alumnos, niños y jóvenes de vuestro alrededor? Nos podemos hacer una idea del impacto tan grande que genera el ambiente en nuestro comportamiento, ¿verdad? Y que no todo lo que pensamos es cierto. Que no todo lo que nos dice nuestro cerebro sobre nosotros mismos es real. Sí, lamento deciros que nuestro cerebro hace interpretaciones en función de lo que recibe del exterior y a veces se confunde.

EFECTO PIGMALIÓN

Pues ahora hablemos de otro fenómeno que me apasiona, y que me acompaña no solo desde que era una niña con los padres que he tenido, que siempre han creído en mí, sino desde que me convertí en madre también: el **efecto Pigmalión o profecía autocumplida.** Un término conocido en la ciencia de la psicología y que no es más que **la influencia que tienen las creencias, acciones o palabras de otras personas sobre nuestra propia autoestima, sobre nuestras capacidades y sobre lo que podemos o no conseguir.**

Dicho en otras palabras, que seguro que os suenan: si yo cada mañana le digo a mi hija frente al espejo «Eres fuerte, eres poderosa y eres capaz», mi hija tendrá más posibilidades de sentirse preparada para asumir ciertos retos que si no se lo digo.

Por lo tanto, el efecto Pigmalión explica cómo yo acabo asumiendo y cumpliendo aquellas expectativas que otras personas han depositado en mí, para bien o para mal.

No es más que la influencia que una persona puede ejercer sobre otra, basada en la imagen que esta tiene de ella. Si nos sentimos valorados, tenemos más posibilidades de lograr lo que nos propongamos.

Y ahora, la traca final: mete en esta receta a tus hijos, la indefensión aprendida y el efecto Pigmalión y reflexiona: ¿es o no es alucinante saber todo lo que somos capaces de hacer con nuestras palabras y con nuestras acciones?

¿BUENAS? INTENCIONES, MALAS ACCIONES

> ***Estáis creando una generación de blandengues, de inútiles. Yo a mi hijo le compro el alcohol para que beba en casa, así al menos no le dan garrafón por ahí***

No son pocas las veces que he escuchado estos comentarios y, en muchas ocasiones, en boca de adultos que, a su vez, ya llevaban unas cuantas copas encima. Motivo por el que largaban por esa boca sin control alguno, ajenos a lo que tan solo unas horas después los demás pensaríamos de todo aquello.

Vamos a ver cómo os explico esto sin extenderme demasiado.

Que todos hemos sido adolescentes, correcto. Que todos hemos salido de marcha, exacto. Que aquí casi todos hemos consumido alcohol, vale. Y que todos hemos sido jóvenes, toda la razón. Pues por eso mismo podemos opinar. Porque yo, como tú, he vivido esa época y he estado allí donde mucha gente a nuestro alrededor no solo bebía, sino que cogía el coche borracho, consumía drogas y se metía en líos menores o mayores que no siempre terminaban bien.

—Qué exagerada eres, todos hemos hecho esas cosas y aquí estamos, vivitos y coleando.

Uno: todos hemos hecho esas cosas, no. Cree el ladrón que todos son de su condición. No generalicemos, que la sociedad es plural y diversa.

Dos: y con eso de que aquí estamos todos vivitos y coleando discrepo mucho. Muchísimo.

Antes de continuar, déjame que te explique el sesgo de supervivencia.

El **sesgo de supervivencia** es un término ampliamente estudiado en psicología que consiste en concentrarse solo en los elementos que superaron un proceso o una situación, obviando aquellos que no lo hicieron y que, por tanto, ya no existen en la actualidad. Esto hace que parezca que la única realidad es la de los supervivientes, cuando a lo mejor estos son minoría. Como entenderéis, esta situación puede hacer que caigas en un optimismo irreal o en una interpretación de la realidad y de los hechos que puede que se aleje completamente de la que sería si analizaras todos los datos.

Todos tenemos amigos o conocidos que, por desgracia para ellos y para sus familias, no lo contaron. O que, si lo han contado, nunca volvieron a ser los mismos. O, lo que es peor, que, de no haber llevado esa vida, muy probablemente ahora tendrían otra mucho mejor. Lo que ocurre es que estos últimos no son conscientes de ello.

Y no es que los jóvenes de hoy en día estén sometidos a más riesgos de lo que estuvimos nosotros. Discrepo. Que yo vengo de salir en los años noventa, cuando no había móviles, cuando salías de tu casa con un «Cuando vuelva ya te aviso de que he llegado», cuando te ibas al festival de Benicàssim tres días y no dabas señales de vida hasta que volvías, cuando el botellón no estaba prohibido, cuando los controles de alcoholemia eran testimoniales, cuando la gente se moría de sida, cuando ver jeringuillas en cualquier parque no era raro, cuando te ofrecían droga por la calle como el que te pregunta dónde está la oficina de Correos y cuando, en cualquier discoteca que entraras, si no había pastillas, había coca en cada esquina, en cada aseo o en cada mirada. Y no es que yo me haya criado en las Barranquillas de Madrid, considerado el mayor supermercado de droga de Europa, no, en absoluto. Tuve una infancia y adolescencia muy felices y muy sanas en el centro de Oviedo, pero en cuanto cumplí dieciséis años decidí trabajar de camarera los fines de semana para poder tener algunos ahorros (y libertad) y estuve sirviendo copas hasta los diecinueve en mis ratos libres. Y una, que es curiosa y observadora y que ha viajado mucho desde muy joven, ha ido acumulando experiencias que la han ayudado a tomar cada una de las decisiones que han forjado mi vida hasta llegar al lugar exacto en el que me encuentro ahora: mujer de 45 años, madre de dos adolescentes, que ha disfrutado intensamente, que ha vivido mucho y en ocasiones rápidamente, pero, sobre todo, que ha aprendido a no perder de vista nunca el foco y a situar de una manera exacta, casi milimétrica, dónde están los límites, los propios y los ajenos.

Por lo que, cuando yo les digo a mis hijos adolescentes que no beban alcohol, que no prueben las drogas, que cuando llegue el momento utilicen siempre preservativo y que jamás se suban a un coche de alguien que ha bebido, lo hago con el conocimiento profundo, sentido y hasta llorado de las consecuencias que eso puede acarrear en su vida.

Y ahora vamos con algunos datos, que esto me encanta, ciencia y emoción:

- El consumo de alcohol en España se inicia alrededor de los trece años.
- El 75,1 % de los adolescentes de catorce a dieciocho años ha consumido alcohol alguna vez en su vida.
- Seis de cada diez adolescentes se han emborrachado alguna vez en su vida.
- Uno de cada tres lo ha hecho en los últimos treinta días.
- Pero, ojo, vamos con otro dato que es aún más importante: la mitad de los adolescentes españoles no cree que consumir cuatro o cinco copas durante los fines de semana pueda ocasionar problemas de salud.

A lo que yo añado que muy probablemente muchos padres tampoco lo vean como un problema de salud.

Pero ¿qué hay de cierto en todo esto?

Pues la realidad es que el consumo de alcohol por los adolescentes produce graves efectos sobre su salud física, psíquica y social, al no haberse completado su desarrollo, y aumenta la probabilidad de ser dependiente del alcohol en la edad adulta.

Los mensajes clave que les repito a mis hijos cada vez que sale este tema son:

- **Sufrir un coma etílico, lejos de ser algo gracioso, puede poner en riesgo tu vida. Te puedes morir.** Si en alguna ocasión ves a un amigo tuyo borracho hasta tal punto que no es capaz de articular palabra, que no se puede levantar o que pierde el conocimiento, por favor, llámame, que iré a ayudaros, o llama a un adulto para llevarlo urgente al hospital. Nunca lo dejéis solo.
- **El cerebro de los adolescentes es especialmente vulnerable a los efectos del alcohol porque todavía es inmaduro,** no ha terminado de formarse. Existen infinidad de estudios científicos que demuestran **la asociación entre el consumo de alcohol y el daño cerebral en los adolescentes** no solo en el momento agudo, sino también a largo plazo, es decir, que las consecuencias las podéis sufrir toda la vida, entre otras cosas porque se produce muerte neuronal y se altera la estructura cerebral. Beber durante la adolescencia reduce la capacidad de completar tareas relacionadas con la memoria e incluso puede afectar el desarrollo de las regiones frontales del cerebro, tan necesarias para la toma de decisiones.

  Además, el consumo de alcohol a estas edades **aumenta el riesgo de alcoholismo en la edad adulta** y está íntimamente ligado a la edad de inicio: cuanto más temprano se empieza a beber, mayor es la posibilidad de que haya abuso y dependencia en la vida adulta.
- **Consumir alcohol en la adolescencia aumenta el riesgo de tener o sufrir actos violentos:** accidentes de tráfico, ahogamientos (alcohol y agua cerca nunca es buena idea), embarazos no deseados, enfermedades de transmisión sexual, traumatismos, peleas, abusos y un largo etcétera.
- **Con el alcohol disminuye la capacidad de atención, de elección, la rapidez mental, el tiempo de reacción, el autocontrol y la percepción de tu alrededor y eso indudablemente te pone en riesgo.**

La última vez que aporté estos datos a un conocido terminó con un:

—Qué radical, tú, ¿no?

—Radical, no, son datos objetivos y constatados. Esta es la realidad. Realidad que ahora ya conocemos y que hace cincuenta años no sabíamos. Ahora cada uno que coja estos datos y haga con ellos y con sus hijos lo que considere. Entenderás que, sabiendo todo esto, yo no se lo voy a facilitar a mis hijos y no les pienso comprar alcohol para que se lo beban en mi casa o en el parque sabiendo que es neurotóxico y que los estoy poniendo en riesgo. Como no los voy a subir al coche y ponerlo a 200 km/h para que sientan conmigo lo que es la velocidad y no con otros —le contesté, harta de que me mirasen con condescendencia, como si yo hubiese nacido ayer—. Sirviendo copas hasta las seis de la mañana y pasando la fregona antes de cerrar mientras aporreas la puerta de los baños para que los últimos rezagados salgan ya, una aprende mucho. La escuela de la vida, se dice, ¿no? Pues eso. Que una tiene estudios, pero vida también —le espeté.

Y, para terminar, os voy a intentar transcribir una conversación que tuve hace apenas unos días con mis dos hijos:

—Niños, entiendo que en algún momento quizá tengáis curiosidad por tomar una copa o una cerveza. Cuanto más tarde sea esto, mejor. Si es a los dieciocho años, mejor que a los dieciséis, y si es a los dieciséis, mejor que a los catorce. Pero mi mensaje debe ser este: **preferiría que no lo hicierais hasta que fuerais mayores de edad; incluso, si no bebéis, mejor aún.** No hay ninguna necesidad de beber para pasárselo bien ni para sentirse reconocido como grupo. Quien os quiera os tiene que respetar en esto también. Y quien os señale con el dedo por no beber no merecerá vuestra amistad. Respecto a las drogas, esto es una línea roja: no las probéis, por favor os lo pido. Ni con curiosidad ni sin ella. No las probéis.

»Cuando seáis más mayores, ya decidiréis si un día en una terraza os apetece tomaros una caña con unas bravas, o quizá una copa con unos amigos una noche de viernes, pero esto no tiene nada que ver con el **consumo de alcohol desmedido, exagerado y de atracón que hacen hoy en día muchos adolescentes en la calle.**

¿Entendéis la diferencia en cuanto a edades, cantidades y líneas rojas infranqueables, como es el caso de las drogas?

—Sí, mamá —asintieron los dos muy serios.

—Gracias, chicos. Y una última cosa: si en algún momento ocurre, por las circunstancias que sean, y perdéis el control de la situación, por favor, llamadme. No tengáis miedo. Llamadme. Os ayudaré siempre.

No me separo por mis hijos

Y bajo esta demoledora frase, que tiene más de sentencia que de opinión, nos conformamos con ser infelices porque tenemos miedo al sufrimiento, propio y ajeno, tenemos miedo al cambio, tenemos miedo a no saber qué camino tomar, tenemos miedo a perdernos..., y ese miedo a sufrir de una forma desmedida invade todo nuestro cuerpo y nos impide pensar de una manera objetiva y realista.

Pero, frente a esto, yo me pregunto: ¿acaso no hay sufrimiento llevando una vida que no deseas? ¿No hay dolor ante un hogar sin amor verdadero? ¿Ese amor que todo niño y niña debería ver, sentir y respirar cada vez que mira a sus progenitores? ¿Acaso ese es el ejemplo que queremos darles a nuestros hijos cuando vivimos en pareja?

Piénsalo bien... ¿Te gustaría que asumieran como normal un hogar donde dos personas conviven, pero no se aman, donde en ocasiones hay faltas de respeto, gritos y ausencia de gestos de cariño y cuidados? ¿Donde no hay ternura? ¿Ese es el modelo que queremos que ellos tomen como referencia? ¿Así es como deseamos que se relacionen con su futura pareja cuando la tengan?

Desde mi humilde opinión, no. Yo personalmente no quiero, ni quise en su día, que mis hijos renunciaran a una madre y a un padre felices y enamorados.

Porque una cree que los niños no se dan cuenta de las cosas, pero lamento deciros que todo queda impreso en ellos y todo, de una manera o de otra, puede influir no solo en su vida futura, sino en su personalidad.

Mis hijos han visto a una madre con el corazón roto, cierto, esto también forma parte de la vida, yo no me levanto todos los días del año cantando canciones de Abba. Pero también han visto a una mujer que no se ha resignado, que ha tomado decisiones, que con miedo o sin él no se ha quedado inmóvil.

Han visto a una mujer que, con sus equivocaciones a cuestas, ha seguido dando pasos, ha seguido aprendiendo, y para quien la renuncia nunca fue una opción.

Han visto a una mujer que, contra todo pronóstico, se ha vuelto a enamorar, y han tenido la suerte de convivir con el amor que considero que todo niño debería vivir si has decidido tener pareja: las risas cómplices, las bromas inesperadas en casa mientras todos esperan tu reacción, la ternura tras el inocente gesto de taparte con la manta en una sobremesa de domingo en la que te has quedado dormida en el sofá, el «Shhh, chicos, bajad el volumen, que vuestra madre está durmiendo», el «Madre mía, qué guapa se ha puesto hoy mamá, está espectacular»... Que sí, que son pequeños detalles, insignificantes para muchos, pero todo un mundo para otros.

Pensamos que no separarse por los hijos es un acto de generosidad hacia ellos y no nos damos cuenta de que, muchos años después, lo que confiesan estos niños, siendo ya adultos, es: «Ojalá os hubieseis separado antes; fue muy doloroso ver que no erais felices...». Y sin poder evitar ellos cierto sentimiento de culpa, como si los propios hijos les hubiesen robado el derecho a su madre y a su padre de ser felices.

Todos merecemos ser felices en esta vida. Con pareja o sin ella, pero felices. Y este es uno de los mantras que les he repetido a mis hijos hasta la saciedad desde que tienen uso de razón y a mis propios pacientes: TODOS MERECEMOS SER FELICES.

Entendiendo por felicidad el equilibrio, la paz, la serenidad, la seguridad y la determinación que uno siente cuando lleva las riendas de su vida.

«Yo tengo el control.» ¿Habrá algo más poderoso que esto?

Que una o uno, cuando decide separarse, no lo hace para buscar al amor de su vida ni para empezar a picar de flor en flor en un intento por recuperar los años de juventud; esta es una idea absurda, superficial e irreal que nada tiene que ver con la verdadera catarsis que supone dar ese paso. Porque en eso os doy la razón, una separación, un divorcio, es una auténtica catarsis en la que uno decide romper esa relación porque no es feliz. Tan sencillo como eso.

No, separarse consiste en otra cosa.

«No soy feliz y merezco ser feliz.»

Uno decide emprender este nuevo camino para buscar o para recuperar algo valiosísimo que hace demasiado tiempo que perdió: la paz mental.

—Luci, he ido al terapeuta de pareja, más de treinta años de experiencia, una maravilla de hombre, pero... me ha dicho algo que me ha chocado bastante y que creo que no se ajusta a la realidad —me expresó una amiga, médica como yo y, por tanto, muy cercana a datos, estadísticas y probabilidades.

—¿Qué te dijo? —le pregunté con curiosidad.

—Que un divorcio es uno de los acontecimientos más traumáticos por los que puede atravesar una persona a lo largo de su vida. Que el dolor es desgarrador y real. Y que se tarda años, bastantes, en superarlo. ¿Crees que es así? —me dijo confundida, porque aún ni ella misma se creía que ya había iniciado su propio proceso, en el que ya no había marcha atrás.

—No soy experta en esto, solo te puedo hablar desde mi propia experiencia y desde los muchos libros que leí en su día, pero me temo que sí, que puede que tenga razón —asentí, apretando los labios y cogiéndola de las manos.

Nos emocionamos. Nos abrazamos. Ella arrancó con un llanto desconsolado, doloroso, intenso..., yo con un llanto tranquilo, sereno y silencioso, como la madre que llora al sentir el sufrimiento de un hijo en sus brazos, pero que posee el convencimiento de que esto, como todo lo demás, pasará y lo superará. Con esa confianza en ella brotaban de mis ojos unas lágrimas cargadas de recuerdos, pero también de sabiduría.

El gran Luis Rojas Marcos, uno de los psiquiatras más reconocidos a nivel mundial, español, que dirigió el Sistema de Salud y Hospitales Públicos de Nueva York y lideró toda la atención sanitaria —tanto médica como psicológica y psiquiátrica— de las víctimas de los atentados del 11S y a quien admiro, he leído y leo, describe muy bien un término que me ha ayudado mucho: el ***crecimiento postraumático*** que experimentan entre el 30 y el 35 % de las personas que sufren un trauma.

En mi experiencia, el dolor no fortalece el carácter ni nos hace más resistentes. Es en la lucha por vencerlo donde descubrimos en nosotros mismos cualidades positivas que desconocíamos. El crecimiento postraumático no es fruto del sufrimiento, sino de nuestra lucha por vencerlo.

Y creo que aquí está la clave. **Ante una situación adversa, ¿qué puedo hacer? ¿Cuáles son mis opciones? ¿Por dónde empezar?** O, lo que es lo mismo, establecer un plan realista de los próximos pasos a dar. En esos primeros pasos, cuando los dejamos escritos, negro sobre blanco, ya estamos avanzando, ya estamos cambiando y ya estamos creciendo.

ES HORA DE ACTUAR

Siempre que me he topado con pacientes que se han enfrentado a situaciones verdaderamente adversas, como una enfermedad grave de un hijo, la muerte inesperada de un familiar cercano, un accidente con graves consecuencias y, por supuesto, numerosos casos de divorcios entre mis pacientes a lo largo de estas dos décadas de profesión, muchos de ellos me confesaban: «Nunca pensé que sería capaz de hacer lo que luego hice. ¿Quién me lo iba a decir a mí? Soy infinitamente más fuerte de lo que creía».

Somos mucho más fuertes, resistentes y resilientes de lo que imaginamos, lo que ocurre es que en ocasiones nuestro cerebro nos intenta convencer de lo contrario: «No serás capaz, no lo intentes...». Eso y que en este caso el dicho «más vale lo malo conocido que lo bueno por conocer» ha calado demasiado hondo.

Pero no, nada merece la pena si es a costa de nuestra salud mental, que si cambiamos felicidad por salud mental, la cosa cambia, ¿verdad?

Todos merecemos ser felices. Todos merecemos tener salud mental. Y si la salud mental de la que hablamos es la de nuestros hijos, más aún.

Sí, nuestros hijos merecen infancias y adolescencias felices con plenitud de bienestar emocional, y no hay nada en esta vida que eduque más que el amor. El amor hacia ellos, el amor hacia las personas que nos rodean y el amor hacia nosotros mismos, el origen de todo.

Y es ese amor el que justamente nos hace pelear y luchar hasta el final. Que hay crisis de pareja que se superan, por supuesto que las hay, muchísimas, y es entonces cuando ante ti se abre una nueva oportunidad de crecimiento personal. Es maravilloso cuando esto sucede. Pero también las hay en las que, aun invirtiendo toda nuestra energía, todo nuestro esfuerzo y, por supuesto, todo nuestro amor, no se logra. Ya está. No te culpes más. Has hecho todo lo que estaba en tu mano. Pasado el *shock* inicial, que lo es, necesariamente debemos continuar... Que sí, que la realidad de pronto te noquea y tus cimientos se tambalean. Cierto.

Pero ante ti la vida se sigue abriendo paso y en ella siguen estando tus hijos, esperando a que te levantes y... continúes.

De ahí ese alegato en mi libro *La vida va de esto,* en referencia a esto mismo, y es que la vida improvisa, y nosotros con ella. No tengas prisa, que la vida es larga y es bonita a pesar de todo. No olvides que la vida es elección, es aprendizaje y es cambio. Que ese cambio no sucede si antes no te perdonas. **Perdonarte es el inicio de la reconstrucción.** Una vez que lo logras, toca volver a creer en el amor. ¿Por qué no? ¿Qué te hace pensar que allí fuera no hay nadie como tú? Date permiso para sentir de nuevo. No te prives de ello.

Pero es que, además, la vida también es hablarse bonito a uno mismo, que a esto nadie nos enseña, pero es sumamente necesario para lograr la paz mental. No seas tan duro. Sé compasivo en la forma en la que te diriges a ti mismo, sé comprensivo y tolerante. No te juzgues y trabaja el perdón, el perdón de tus errores. Todos los cometemos, sin excepción. También en ellos hay mucho aprendizaje, aprovéchalo. Porque caminos habrá muchos, personas, aún más y horizontes a los que mirar, infinitos...

Y es que la vida es vivir muchas vidas en una, así que no te rindas. No lo hagas, porque el día menos pensado serás tú quien calme el llanto desconsolado de alguien que está empezando a transitar este camino, el que algún día fue también el tuyo.

EPÍLOGO

El poder de las redes sociales

¡Qué toxicidad las RRSS! ¡Solo sirven para perder el tiempo!

Ay, las redes sociales. Gran cuna de bulos y mitos como los que hemos expuesto en este libro. Y también hay toxicidad, claro que la hay. Hay violentos ataques e injustos linchamientos que antes o después deberían regularse, los hay. Hay auténticas cacerías de brujas y de brujos donde los cobardes ocultos bajo el «anonimato» de las redes vomitan toda su bilis en un delirio que representa la definición de locura para unos y el perfecto argumento para echar más leña al fuego para otros. Pero ya lo decía Jean Cocteau, escritor y artista francés: «No se debe confundir la *verdad* con la *opinión* de la mayoría».

Hay juicios de valor, hay personas maleducadas, hay zafios, mediocres e ignorantes; claro que los hay. También hay toneladas de una envidia desmedida que los hace embestir a unos y a otros con argumentos que se caen por su propio peso, pero que ahí quedan. No os lo voy a negar. Llevo casi diez años en este mundo virtual y las experiencias que he vivido yo en primera persona darían para escribir otro libro, un *thriller* probablemente, pero no es el momento, no por ahora...

El ahora está en desmentir ese «las RRSS solo sirven para perder el tiempo».

Desde hace años, tengo por costumbre, todos los viernes, abrir una cajita de preguntas en las *stories* de Instagram que se llama «la Ronda de los Viernes». En ella todo el mundo que lo desee puede dejar por escrito sus dudas durante veinticuatro horas y yo, en mis ratillos libres, a lo largo de la semana, voy dando respuesta. Surgen dudas de crianza, de pediatría, de alertas sanitarias, de enfermedades varias. A veces hago encuestas para que veáis que no sois los únicos que estáis en una situación determinada o que vuestro sentir es el sentir de muchos. En ocasiones pedís ayuda, consejo o simplemente buscáis evadiros un poco. Entran también mensajes de agradecimiento sincero hacia mi labor, comentarios preciosos de mis libros... La verdad es que he de reconocer que, a través de esta ronda, yo me siento un poquito más cerca de mis lectores, más unida a vosotros y menos sola. Me gusta esta sensación.

De hecho, la comunidad se ha hecho tan grande y tan humana que le he puesto nombre: la Tribu. Porque así es como lo siento. No soy yo sola hablando al mundo, somos más de un millón de personas las que interactuamos cada día sin juzgar, sin atacar, respetando profundamente las opiniones ajenas e intentando aportar nuestro granito de arena en la medida de lo posible. En mi caso, yo siento que formo parte de algo, que todos de una manera o de otra contribuimos a hacer de este mundo un lugar más habitable, más amable y más de verdad.

Sufro malos tratos. No sé cómo salir. Tengo miedo por mi hija pequeña

Aquel mensaje de la Ronda hizo que me levantara del sofá y me pusiera en alerta. Inmediatamente le escribí por privado y me contó su desgarradora historia. Una historia de tantas... A su petición anónima de auxilio la siguieron cientos de testimonios de mujeres como ella que habían logrado salir del horror. Aquello la llenó de fuerza y esperanza. Incluso una mujer, abogada de profesión y especialista en violencia de género, se ofreció a asesorarla desinteresadamente y así lo hizo, como luego, unos días después, supe. La generosidad de la Tribu no tenía límites ni barreras; escribieron de todas las partes del mundo con un deseo sincero y honesto de ayudar. Fue tan emocionante vivirlo.

Unos meses después, el mensaje llegó. Hice una captura de pantalla para no olvidarme jamás de la fuerza que existe en nosotras:

Lucía tengo que decirte que finalmente HOY di el paso!!!
DI EL PASO. El miedo realmente me tenía paralizada,
pero ¡¡¡se acabó!!!!! Lo denuncié y ¿ahora qué?
Ahora comienza el viaje de mi vida con mi bebé.
Mil gracias por crear esta Tribu y por estar siempre ahí.
Cuando vaya a Alicante iré a verte y darte un super
abrazo. Gracias siempre

Esa noche no dormí bien. Pero no por angustia ni ansiedad, sino por la magnitud de lo logrado con un simple mensaje. Esa mujer, esa bebé, esa nueva vida alejada ya para siempre de la violencia.

Las historias que he ido acumulando en estos años darían para varios libros y, a riesgo de que mi editora me diga que este capítulo es demasiado largo, no puedo terminarlo sin antes hablaros de ella...

Hace dos años, de pronto hubo un mensaje entre los miles que recibo que llamó mi atención.

Se murió mi padre.
Tengo 14 años.
Creo que necesito ayuda.
No sé cómo pedirla

Inmediatamente me puse en contacto con ella de forma privada, y allí estaba. Al otro lado. Desconsolada. Una chiquilla de la edad de mis hijos escribiendo desde un pueblecito catalán, a través del móvil de su madre, porque ella no tenía móvil, lanzando un mensaje desesperado de ayuda que no sé ni cómo leí entre la interminable lista de preguntas que habían llegado.

¿Os parece que la llamemos María?

—María, soy Lucía —le dije—. Lamento muchísimo tu pérdida, de verdad. ¿Has intentado hablar con tu madre?

—No quiero preocuparla más. Bastante tiene. Mi padre se fue de repente...

—Querida, hablar con tu madre de tu dolor, lejos de sobrecargarla, te acercará más a ella y a tu padre. Las madres, los padres, queremos estar en la vida de nuestros hijos, en sus momentos buenos y gloriosos, claro que sí, pero sobre todo y por encima de todo, en vuestros momentos de tinieblas, mi cielo. Habla con ella.

Su petición de ayuda, anónima para todos los demás, generó miles de mensajes que me llegaban para que se los transmitiera. Desde mujeres que habían perdido a sus parejas siendo jóvenes a psicólogas que ofrecían sus servicios gratuitamente, también hombres y mujeres que se habían quedado huérfanos a su edad y hasta adolescentes que querían ayudarla de alguna manera. Todos empezaban de la misma manera: «Lucía, hazle llegar este mensaje, por favor».

Fui seleccionando los más bonitos, los que de verdad lograrían hacerla sentir mejor, y se los envié.

—Estoy llorando de la emoción, Lucía. ¡Qué fuerza tienes! —me decía.

—No es mi fuerza —le dije—. Es la fuerza de esta comunidad, que no deja a nadie atrás.

Además, como no podía ser de otra manera, le puse deberes. Le dije que, antes de nada, hablara con su madre o con un adulto de su confianza y que soltara todo ese peso que llevaba encima. Además, le sugerí que escribiera un diario: era evidente que tenía una madurez por encima de lo normal con unas reflexiones impropias para una chica de su edad.

A los pocos días me volvió a escribir, entusiasmada:

—Luci, he hablado con mi madre y con mi tutor. Ay, me siento mucho mejor..., gracias, de verdad. Mi madre te va a escribir. Quiere darte las gracias. Y, además, que sepas que ya he terminado *La vida va de esto,* ay, qué bonito escribes y qué suerte Carlos y Cova de tenerte ahí todos los días.

Y aquí empezó una relación preciosa, y desde entonces no dejo escapar ni una sola oportunidad cuando voy a Barcelona para avisarla a ella y a su madre y merendar juntas. Sus abrazos son medicina en vena. Tan bonita, tan dulce, tan niña y tan mujer al mismo tiempo.

Su vida no es fácil; al poco de empezar a escribirnos, una noche recibí un mensaje:

—Lucía, estoy muy preocupada. Mi madre tiene algo y los médicos no saben qué es...

Esa misma noche la llamé. La vida a veces se ceba con los más vulnerables, ¿verdad?

Muchos domingos por la tarde, que sé que está en casa tranquila, nos llamamos, charlamos y me pone al día: su madre y el avance de su enfermedad, sus amigas, el instituto, su resistencia a hacer planes...

—No creo que vaya al viaje de fin de curso —me dijo abatida.

—¿Y eso por qué, cariño?

—Porque me sabe mal. Quiero quedarme con mi madre —me decía.

—¿Y qué dice tu madre? —le pregunté.

—Mi madre insiste en que vaya. Todo el rato me dice que vaya. Pero, Lucía, me sabe mal dejarla sola...

—A ver, María, pensemos. ¿Quién podría estar esos seis días pendiente de tu madre? —le pregunté elucubrando ya un plan de acción.

Tras más de media hora de conversación, en la que nuestra pequeña María se iba cargando de energía, le dije:

—Bien, vayamos por partes. Habla todo esto con tu madre, explícale el plan y entre las dos decidís. Pero escúchame bien, cariño, tienes quince años. No te olvides de esto. Y, aunque te haya tocado vivir una vida de mujercita, que en realidad ya lo eres, tienes quince años y tienes que hacer cosas de una chica de quince años y eso incluye ¡IRTE DE VIAJE DE FIN DE CURSO! —le dije como si fuera yo la que me fuera con ella.

—Tienes razón... —contestaba entre risas—. En unos días te cuento.

Los días pasaron, la vorágine de mi trabajo hizo que perdiera la noción del tiempo y no le volví a escribir en varias semanas, hasta que, de pronto, un día recibo un carrusel de doce fotos llenas de vida. Con las fotos, un mensaje:

«Adivina dónde estoy. Gracias, Lucía. Te quiero».

Allí estaba la pequeña María, en Mallorca, rodeada de una chavalería maravillosa rebosante de fuerza y de luz. Una luz que traspasó la pantalla y me dejó con una sonrisa tonta todo el día.

—¿Por qué sonríes así? —me preguntó mi hija al verme embobada mirar el móvil.

—Es María, cariño. Mira. Al final se ha ido de viaje.

—Jo, mamá, qué suerte tenemos nosotros —me dijo mi hija, con los ojos humedecidos.

Y es que allí mismo, en ese preciso instante, mi hija acababa de tomar conciencia de lo difícil que se pone el camino para algunas personas, de lo injusta que es la vida a veces, y de lo poco que cuesta hacer felices a los demás...

—¿Me llevarás algún día a conocerla? —me preguntó emocionada.

—Claro que sí, cariño. Y, si no, la invitamos a pasar unos días aquí.

—¡Eso sería increíble!

El tiempo sigue avanzando y me gusta saber de ella, me gusta pensar que de un mensaje lanzado al viento en una loca red social se forjó esta preciosa amistad y me gusta pensar que quizá, en este vuelo, pueda acompañar a María muchos años más..., en realidad, todos los que ella necesite.

AGRADECIMIENTOS

Antes de abrir un trocito más de mi corazón y agradecer a esas personas que me sostienen, quiero darte las gracias a **ti,** que me estás leyendo. Gracias. Gracias por mantener vivos los libros, gracias por no conformarte, gracias por intentar seguir aprendiendo cada día y gracias por intentar dejar legado en esta vida de locos que llevamos... Todo lo que has aprendido en este libro ahora te pertenece. Es todo tuyo. Yo ya he hecho el trabajo, ahora te toca a ti compartirlo para que todos a tu alrededor vivan más tranquilos y mejor informados. Y es que no hay nada que dé más tranquilidad que saber.

Gracias a **mis pacientes** y a **sus familias,** que llevan a mi lado tantos años. Gracias por vuestra confianza. Es un honor para mí ser la pediatra de vuestros hijos. Gracias por elegirme.

Por supuesto, gracias a todos **mis compañeros de Centro Creciendo,** gracias por confiar en que otra medicina era posible. Gracias por luchar contra viento y marea por recuperar la medicina para la que estudiamos tantos años, basada en la escucha activa, en la humanidad, en la compasión, en la sensibilidad y en el rigor científico. Estoy muy orgullosa de vosotros.

Gracias a **todos mis lectores y seguidores.** Somos legión. Gracias por demostrarle al mundo entero que formar una tribu respetuosa, empática y generosa es posible, aun en redes sociales. ¡Nosotros hemos sido capaces! Gracias por ser ejemplo de vida con vuestro respeto hacia el trabajo de los demás y vuestras palabras siempre cariñosas en momentos difíciles. Gracias por vuestro apoyo incondicional.

Gracias a mi editora, pero sobre todo amiga, **Ángeles Aguilera.** Diez años juntas. Gracias por tu comprensión, tu visión, tu paciencia y tu inmensa capacidad de trabajo. Aprendo cada día a tu lado. Compartimos libros y vida, querida, sobre todo, vida. Gracias, siempre.

Gracias a todos los editores de Editorial Planeta con los que he tenido el lujo de trabajar y aprender. Cada uno de mis éxitos lleva vuestro sello: **David Figueras, Javi Moreno, Lucía Álvarez, Laura Morán, Sara Esturillo y Amanda Díaz.**

Gracias a mis amigas, veinte años juntas, mis personas refugio: **Lourdes Ortiz, Raquel Velasco, Ruth Gilabert, Carolina Torres, María Jesús Fuentes, Ana de la Vega, Rocío Torregrosa.** Siempre estáis, siempre estuvisteis, desde el principio y hasta el final. Os quiero.

Fran, gracias. Sé que no te gusta aparecer..., pero lo cierto es que desde que apareciste con un «vengo a quedarme» hace ahora seis años, mi vida cambió. Y cambió para bien, mi amor, cambió para bonito y cambió para verdad. Porque tú eres verdad. Mi cable a tierra. Mi equilibrio. Mi paz. Gracias, siempre.

Papá, mamá, hermano, me repito una y otra vez, pero no tendré vidas para agradecer todo lo que habéis hecho y hacéis por mí.

Papá, mamá. Mi columna vertebral. Vosotros me enseñasteis el verdadero significado de *amor incondicional.* ¡Qué bien lo habéis hecho! ¡Qué infancia más maravillosa me habéis regalado a pesar de los momentos de dificultad que una niña nunca ve! ¡Qué gran ejemplo y qué difícil estar a vuestra altura! Os quiero.

Gracias, **José, mi hermano.** ¿Para cuándo un libro contando nuestra historia? Resistencia, resiliencia, superación, esfuerzo, disciplina y pasión. Todo eso somos tú y yo. Juntos, hermano, empezamos esto y juntos lo acabaremos. Te quiero.

Y, como siempre, gracias a mis adorados y amados hijos, **Carlos y Covi.** Gracias. Gracias por la infancia que me habéis regalado; ha sido un auténtico lujo ser vuestra madre. Gracias por cada uno de nuestros aprendizajes, gracias por vuestro amor incondicional, vuestras palmaditas en la espalda, vuestros masajes en los pies, vuestras conversaciones sobre mi cama. Gracias por compartir conmigo vuestras «primeras veces», gracias por hacerme sentir la mujer más afortunada de esta tierra. Gracias por vuestra bondad y vuestra fuerza. Vais a ser muy felices, queridos míos, lo tenéis todo para ello. Ahora ya sí. Volad alto, amores, todo lo alto que deseéis.

Os quiero hasta doler. Siempre vuestra, mamá.

BIBLIOGRAFÍA

1. *Babymitos:* la ramita de geranio por el culete y otras genialidades

American Academy of Pediatrics, «FDA: Teething necklaces can lead to choking, strangulation», *AAP News,* 20 de diciembre de 2018. Disponible en <https://publications.aap.org/aapnews/news/9241?autologincheck=redirected>.

Cota, A. L. S., E. A. D. Silva, N. B. B. S. Freitas, J. S. L. I. Bisneto, G. M. Buriti, J. Q. L. M. Valente y M. A. Nemezio, «Use of the amber teething necklace by the child population: risks versus benefits», *Revista Paulista de Pediatria,* 2022, 40, e2020412. Disponible en <https://pubmed.ncbi.nlm.nih.gov/35648980/>.

Cox, C., N. Petrie y K. F. Hurley, «Infant strangulation from an amber teething necklace», *Canadian Journal of Emergency Medicine,* 2017, 19 (5), 400-403. Disponible en <https://pubmed.ncbi.nlm.nih.gov/27503268/>.

Esparza Olcina, M. J., y G. Orejón de Luna, «Mitos y realidades sobre la erupción dentaria primaria: ¿realmente produce tantos síntomas?», *Pediatría Atención Primaria,* 2016, 18 (72), 375-377. Disponible en <http://scielo.isciii.es/scielo.php?script=sci_arttext&pid=S1139-76322016000400021&lng=es&tlng=es>.

Moon, R. Y., «Cómo mantener seguro a su bebé cuando duerme: explicamos la política de la AAP», *Healthy Children (American Academy of Pediatrics),* 18 de agosto de 2022. Disponible en <https://www.healthychildren.org/Spanish/ages-stages/baby/sleep/Paginas/a-parents-guide-to-safe-sleep.aspx>.

Nissen, M. D., E. T. L. Lau, P. J. Cabot y K. J. Steadman, «Baltic amber teething necklaces: could succinic acid leaching from beads provide anti-inflammatory effects?», *BMC Complementary and Alternative Medicine,* 2019, 19 (1), 162. Disponible en <https://pubmed.ncbi.nlm.nih.gov/31277614/>.

Tárraga Marcos, M. L., J. M. Romero de Ávila Montoya, A. Tárraga Marcos y P. J. Tárraga López, «Síndrome de muerte súbita del lactante», *Journal of Negative and No Positive Results,* 2022, 7 (3), 282-297. Disponible en: <http://scielo.isciii.es/scielo.php?script=sci_arttext&pid=S2529-850X2022000300282&lng=es&nrm=iso>.

2. Lactancia materna: «Esa teta que le das ya es puro vicio» y otras perlas

Asociación para la Promoción e Investigación Científica y Cultural de la Lactancia Materna, *E-lactancia.* Disponible en <https://www.e-lactancia.org/>.

Unicef, *14 mitos sobre la lactancia materna*. Disponible en <https://www.unicef.org/lac/crianza/14-mitos-sobre-la-lactancia-materna>.

VELASCO, Raquel, *Lactancia materna,* Barcelona, Planeta, 2023.

3. La consulta de una pediatra puede ser la mar de divertida

ANGELETTI, Eros Miguel, «Eficacia de la miel para el tratamiento de la tos aguda en niños atendidos en forma ambulatoria», *Evidencia, Actualización en la Práctica Ambulatoria,* 2020, 23 (4), e002075. Disponible en <https://www.evidencia.org/index.php/Evidencia/article/view/6887>.

ODUWOLE, O., E. E. UDOH, A. OYO-ITA y M. M. MEREMIKWU, «Honey for acute cough in children», *Cochrane Database of Systematic Reviews,* 2018, 4, CD007094. Disponible en <https://www.cochrane.org/es/CD007094/ARI_miel-para-la-tos-aguda-en-ninos>.

ORTEGA PÁEZ, E., y E. CUESTAS MONTAÑÉS, «¿Mejora la miel la tos nocturna asociada a infecciones del tracto respiratorio superior?», *Evidencias en Pediatría,* 2012, 8, 74. Disponible en <https://evidenciasenpediatria.es/articulo/6125/mejora-la-miel-la-tos-nocturna-asociada-a-infecciones-del-tracto-respiratorio-superior>.

4. A comer: «Estas moderneces de hoy en día»

Academia Americana de Pediatría, «Los trastornos del espectro alcohólico fetal», *American Academy of Pediatrics, HealthyChildren.org,* 18 de agosto de 2022. Disponible en <https://www.healthychildren.org/Spanish/health-issues/conditions/chronic/Paginas/Fetal-Alcohol-Spectrum-Disorders.aspx>.

Agencia Española de Seguridad Alimentaria y Nutrición, *Seguridad alimentaria.* Disponible en <https://www.aesan.gob.es/AECOSAN/web/subhomes/seguridad_alimentaria/aecosan_seguridad_alimentaria.htm>.

BAÑA, A., M. J. TABERNERO, A. PÉREZ-MUÑUZURI, O. LÓPEZ-SUÁREZ, S. DOSIL, P. CABARCOS, *et al.,* «Prenatal alcohol exposure and its repercussion on newborns», *Journal of Neonatal-Perinatal Medicine,* 2014, 7 (1), 47-54. Disponible en <https://pubmed.ncbi.nlm.nih.gov/24815705/>.

CHIANDETTI, Antonella, Gimena HERNÁNDEZ, María MERCADAL-HALLY, Airam ÁLVAREZ, Vicente ANDREU FERNÁNDEZ, Elisabet NAVARRO TAPIA, *et al.,* «Prevalence of prenatal exposure to substances of abuse: questionnaire versus biomarkers», *Reproductive Health,* 2017, 14, 137. Disponible en <https://reproductive-health-journal.biomedcentral.com/articles/10.1186/s12978-017-0385-3>.

DEHGHAN, Mahshid, Andrew MENTE, Sumathy RANGARAJAN, Patrick SHERIDAN, Viswanathan MOHAN, Romaina IQBAL, *et al.,* «Association of dairy intake with cardiovascular disease and mortality in 21 countries from five continents (PURE): a prospective cohort study», *The Lancet,* 392 (10161), 2288-2297. Disponible en <https://www.thelancet.com/journals/lancet/article/PIIS0140-

6736(18)31812-9/fulltext?_ke=eyJrbF9lbWFpbCI6ICJpcmphbHV5aWNl-QHlhaG9vLmNvbSIsICJrbF9jb21wYW55X2lkIjogIm15NzV5NiJ9>.

MATEUS, Daniela, Isabel M. P. L. V. O. FERREIRA y Olívia PINHO, «Headspace SPME-GC/MS evaluation of ethanol retention in cooked meals containing alcoholic drinks», *Food Chemistry*, 2011, 3, 1387-1392. Disponible en <https://www.sciencedirect.com/science/article/pii/S0308814610015360>.

MAYA ENERO, Silvia, Sofía Martina RAMIS FERNÁNDEZ, Marta ASTALS VIZCAÍNO y Óscar GARCÍA ALGAR, «Perfil neurocognitivo y conductual del trastorno del espectro alcohólico fetal», *Anales de Pediatría*, 2021, 95 (3), 208. Disponible en <https://www.analesdepediatria.org/es-perfil-neurocognitivo-conductual-del-trastorno-articulo-S1695403320305385>.

MENTE, Andrew, Mahshid DEHGHAN, Sumathy RANGARAJAN, Martin O'DONNELL, Weihong HU, Gilles DAGENAIS, *et al.*, «Diet, cardiovascular disease, and mortality in 80 countries», *European Heart Journal*, 2023, 44 (28), 2560-2579. Disponible en <https://pubmed.ncbi.nlm.nih.gov/37414411/#:~:text=Conclusion%3A%20A%20diet%20comprised%20of,of%20these%20foods%20is%20low>.

RYAPUSHKINA, Julia, Erik SKOVENBORG, Arne ASTRUP, Jens RISBO, Lene MØLSKOV BECH, Morten Georg JENSEN y Pia SNITKJÆR, «Cooking with beer: How much alcohol is left?», *International Journal of Gastronomy and Food Science*, 2016, 5-6, 17-26. Disponible en <https://www.sciencedirect.com/science/article/pii/S1878450X16300427>.

5. A dormir: o, más bien, a no dormir hasta los dos años

PIN, Gonzalo, *El sueño es vida*, Barcelona, Planeta, 2023.

6. Vacunas: el rey de los mitos

Academia Americana de Pediatría, *Immunizations*. Disponible en <https://www.aap.org/en/patient-care/immunizations>.

Asociación Española de Pediatría, *Comité Asesor de Vacunas*. Disponible en <https://vacunasaep.org/>.

Centro para el Control y la Prevención de Enfermedades, *Vaccines & Immunizations*. Disponible en <https://www.cdc.gov/vaccines/>.

Organización Mundial de la Salud, *Vacunas e inmunización*. Disponible en <https://www.who.int/es/health-topics/vaccines-and-immunization#tab=tab_1>.

Unicef, *Inmunización. Las vacunas son el método más seguro que hay en el mundo para proteger a los niños de enfermedades mortales*. Disponible en <https://www.unicef.org/es/inmunizacion>.

7. Y llega el verano y los mitos también van a la playa

Academia Americana de Pediatría, «Clases de natación: cuándo comenzar y qué deben saber los padres», *Healthy Children (American Academy of Pediatrics)*, 22 de junio de 2023. Disponible en <https://www.healthychildren.org/Spani-

sh/safety-prevention/at-play/Paginas/Swim-Lessons.aspx#:~:text=Clases%20de%20nataci%C3%B3n%20para%20padres,las%20edades%20de%201%2D4>.

Ballesteros, A., M. Marambio, C. Trullas, E. Jourdan, J. Tena Medialdea y J. M. Gili, «Effect of rinse solutions on *Rhizostoma pulmo (Cnidaria: Scyphozoa)* stings and the ineffective role of vinegar in *Scyphozoan* jellyfish species», *International Journal of Environmental Research and Public Health,* 2023, 20 (3), 2344. Disponible en <https://pubmed.ncbi.nlm.nih.gov/36767709/>.

Giavedoni, Priscila, «Picadura de medusa. Lo que hay que hacer y no hacer a pie de playa. Prevención de picaduras», *Fundación Española de Toxicología Clínica.* Disponible en <http://www.fetoc.es/presentaciones/Jornada_playas_2017/2_Picadura%20de%20Medusas.pdf>.

Gutiérrez de la Peña, José Javier y Catalina Marqués Cardell, «Picaduras de medusas», *Medicina Balear,* 2012, 27 (2), 45-48. Disponible en <https://www.medicinabalear.org/pdfs/Vol27n2.pdf>.

Organización Mundial de la Salud, *Informe mundial sobre los ahogamientos por sumersión.* Disponible en <https://www.sanidad.gob.es/areas/promocionPrevencion/lesiones/medioAcuatico/internacional/oms/docs/AhogamientosSumersion_ResumenEjecutivo.pdf>.

Wilcox, C. L., J. L. Headlam, T. K. Doyle y A. A. Yanagihara, «Assessing the efficacy of first-aid measures in *Physalia sp.* envenomation, using solution- and blood agarose-based models», *Toxins (Basel),* 2017, 9 (5), 149. Disponible en <https://pubmed.ncbi.nlm.nih.gov/28445412/>.

10. Salud mental: los niños también sufren ansiedad, autolesiones, depresión y suicidio

Fundación ANAR, *La Fundación ANAR presenta su Estudio sobre Conducta Suicida y Salud Mental en la Infancia y la Adolescencia en España (2012-2022),* 1 de diciembre de 2022. Disponible en <https://www.anar.org/la-fundacion-anar-presenta-su-estudio-sobre-conducta-suicida-y-salud-mental-en-la-infancia-y-la-adolescencia-en-espana-2012-2022/>.

Fundación Española para la Prevención del Suicidio, *Observatorio del Suicidio en España.* Disponible en <https://www.fsme.es/observatorio-del-suicidio/>.

Grupo de trabajo del OPBE sobre evaluación y manejo clínico de las autolesiones en la adolescencia: protocolo basado en la evidencia, *Evaluación y manejo clínico de las autolesiones en la adolescencia: protocolo basado en la evidencia,* Madrid, Ministerio de Sanidad, Santiago de Compostela, Agencia Gallega para la Gestión del Conocimiento en Salud, ACIS, Unidad de Asesoramiento Científico-Técnico, Avalia-t; 2022. Disponible en <https://portal.guiasalud.es/wp-content/uploads/2023/02/2020_avalia-t_opbe_autolesionesadolesc_def_nipo.pdf>.

Huebner, Dawn y Bonnie Matthews, *¿Qué puedo hacer cuando me preocupo demasiado?,* Barcelona, TEA, 2012.

Jain, Renee y Shefali Tsabary, *Tienes superpoderes: Vence la ansiedad con autoestima, confianza y valentía,* Barcelona, B de Blok, 2021.

Jiménez Pietropaolo, Javier, y colaboradores, *¡No estás solo! Enséñales a vivir,* Comunidad de Madrid. Disponible en <https://www.madrid.org/bvirtual/BVCM017853.pdf>.

Organización Mundial de la Salud, *Suicidio.* Disponible en <https://www.who.int/es/news-room/fact-sheets/detail/suicide>.

Oteíza Collante, Macarena, Iría Méndez, Pilar Santamarina Pérez y Soledad Romero, «Los trastornos depresivos de la infancia y la adolescencia. Principales signos de alerta. Orientación para el tratamiento», *Pediatría Atención Primaria,* 2023, 25, 83-93. Disponible en <https://pap.es/articulo/13926/los-trastornos-depresivos-de-la-infancia-y-la-adolescencia-principales-signos-de-alerta-orientacion-para-el-tratamiento>.

Pérez Domínguez, Tais y Sergio García Morilla, *Tu ansiedad bajo control,* Barcelona, Zenith, 2022.

Pérez Pascual, M. y P. Sánchez Mascaraque, «Ansiedad en la infancia y adolescencia», *Pediatría Integral,* 2022, XXVI (1), 40-47. Disponible en <https://www.pediatriaintegral.es/publicacion-2022-01/ansiedad-en-la-infancia-y-adolescencia/>.

Snel, Eline, *Tranquilos y atentos como una rana,* Barcelona, Kairós, 2020.

11. Mitos en el TDAH, TEA y altas capacidades (AACC)

Carmona, Olga y Alejandro Bustos, *Hijos con altas capacidades,* Barcelona, Plataforma Actual, 2021.

Confederación Autismo España, *Conocer, respetar, incluir: Derribando falsos mitos del TEA,* 2 de marzo de 2018. Disponible en <https://autismo.org.es/mitos-tea/>.

Guerrero, Rafael, *Trastorno por déficit de atención con hiperactividad,* Barcelona, Cúpula, 2016.

Mas Salguero, María José, *El cerebro en su laberinto,* Pamplona, Nextdoor Publishers, 2020.

Polanczyk, Guilherme V., Erik G. Willcutt, Giovanni A. Salum, Christian Kieling y Luis A. Rohde, «ADHD prevalence estimates across three decades: an updated systematic review and meta-regression análisis», *International Journal of Epidemiology,* 2014, 43 (2), 434-442. Disponible en <https://pubmed.ncbi.nlm.nih.gov/24464188/>.

Zeidan, J., E. Fombonne, J. Scorah, A. Ibrahim, M. S. Durkin, S. Saxena, *et al.,* «Global prevalence of autism: A systematic review update», *Autism Research,* 2022, 15, 778-790.

12. El *bullying* NO es cosa de niños

Asociación NACE (No al Acoso Escolar). Disponible en <https://www.noalacoso.org/>.

Fundación ANAR, *V Informe de Prevención del Acoso Escolar en Centros Educativos.* Disponible en <https://www.anar.org/colabora/acoso-escolar/?gad_source=1&gclid=Cj0KCQiApOyqBhDlARIsAGfnyMpFV0F8woEcgrTJHrCntxneY2uhtlwctuxBKv6J5pGCSPKaxXG9XYwaAnT4EALw_wcB>.

Unesco, *Entornos de aprendizaje seguros: Prevención y tratamiento de la violencia en la escuela y sus alrededores,* 6 de septiembre de 2018. Disponible en <https://www.unesco.org/es/health-education/safe-learning-environments>.

Unicef, *Guía para prevenir el acoso escolar.* Disponible en <https://www.unicef.es/acoso-escolar-bullying/guia>.

Unicef, *La mitad de los adolescentes del mundo sufre violencia en la escuela*, 8 de diciembre de 2018. Disponible en <https://www.unicef.org/es/comunicados-prensa/la-mitad-de-los-adolescentes-del-mundo-sufre-violencia-en-la-escuela>.

13. Neuromitos: neurociencia y neuroeducación

Academia Americana de Pediatría, «7 mitos y realidades sobre el aprendizaje del idioma en niños bilingües», *Healthy Children (American Academy of Pediatrics),* 25 de septiembre de 2018. Disponible en <https://www.healthychildren.org/Spanish/ages-stages/gradeschool/school/Paginas/7-Myths-Facts-Bilingual-Children-Learning-Language.aspx>.

Crivello, Cristina, Olivia Kuzyk, Monyka Rodrigues, Margaret Friend, Pascal Zesiger y Diane Poulin-Dubois, «The effects of bilingual growth on toddlers' executive function», *Journal of Experimental Child Psychology,* 2016, 141, 121-132. Disponible en <https://pubmed.ncbi.nlm.nih.gov/26402219/>.

Moreno Jiménez, Elena P., Miguel Flor García, Julia Terreros Roncal, Alberto Rábano, Fabio Cafini, Noemí Pallas Bazarra, *et al.,* «Adult hippocampal neurogenesis is abundant in neurologically healthy subjects and drops sharply in patients with Alzheimer's disease», *Nature Medicine,* 2019, 25, 554-560. Disponible en <https://www.nature.com/articles/s41591-019-0375-9>.

Petitto, Laura Ann y Siobhan Holowka, «Evaluating attributions of delay and confusion in young bilinguals: special insights from infants acquiring a signed and a spoken language», *Sign Language Studies,* 2022, 3 (1), 4-33. Disponible en <https://www.jstor.org/stable/26204891?_ga=2.137973619.2129984052.1692883616-1854870452.1692883616>.

Shaw, G. L., *Keeping Mozart in mind,* San Diego, Academic Press, 2000.

14. Dardos envenenados

Rojas Marcos, Luis, *Estar bien aquí y ahora,* Madrid, Harpercollins, 2022.

Rojas Marcos, Luis, *Somos lo que hablamos,* Barcelona, Grijalbo, 2019.